suhrkamp taschenbuch
wissenschaft 2438

Die Vernunft ist ein vielfältiges Vermögen. Ein vernünftiges Wesen erkennt, wie die Dinge *sind*; zugleich kann es sich vorstellen, was sein *soll*, und entsprechend handeln. Wie aber können zwei scheinbar so verschiedene Fähigkeiten – Erkennen und Handeln – als Teile desselben Vermögens begriffen werden? Lea Ypi geht der Einheit der Vernunft in einem oft vernachlässigten Kapitel von Kants Hauptwerk nach: der »Architektonik der reinen Vernunft«. Die Vernunft gleicht hier einem Bauwerk, dem ein Plan zugrunde liegt, der jedem Bestandteil seinen festen Platz zuweist. Doch ihr theoretischer und ihr praktischer Teil werden von einem fragilen Bindeglied zusammengehalten, an dem sich die Stabilität des Ganzen entscheidet. Diesem spürt dieses meisterhafte Buch nach.

Lea Ypi ist Professorin für politische Philosophie an der London School of Economics. Im Suhrkamp Verlag erschien 2022 ihr autobiografisches Werk *Frei. Erwachsenwerden am Ende der Geschichte*.

Lea Ypi

Die Architektonik der Vernunft

Zweckmäßigkeit und systematische Einheit in Kants *Kritik der reinen Vernunft*

Aus dem Englischen von Antonia Grunert

Suhrkamp

FAGI
FORSCHUNGSKOLLEG
ANALYTIC GERMAN IDEALISM

Titel der Originalausgabe:
The Architectonic of Reason. Purposiveness and Systematic Unity in Kant's Critique of Pure Reason
Die Originalausgabe in englischer Sprache, die dieser Übersetzung zugrunde liegt, erschien erstmals 2021 bei Oxford Publishing Limited

Klimaneutral
Druckprodukt
ClimatePartner.com/14438-2110-1001

Erste Auflage 2024
Deutsche Erstausgabe
suhrkamp taschenbuch wissenschaft 2438

Umschlag nach Entwürfen von Willy Fleckhaus und Rolf Staudt
Druck und Bindung: C. H. Beck, Nördlingen
Printed in Germany
ISBN 978-3-518-30038-1

www.suhrkamp.de

A Paola e Mario

Inhalt

Die Architektonik der Vernunft
Zweckmäßigkeit und systematische Einheit in Kants *Kritik der reinen Vernunft*

Andrea Kern

Analytischer Deutscher Idealismus

Vorwort zur Buchreihe

Die Philosophie des Deutschen Idealismus – und damit meinen wir die Philosophie von Kant bis Hegel – scheint vielen durch die analytische Philosophie überholt. Nicht selten wird sie als Gegenprojekt zu dieser Tradition der Philosophie verstanden. Mit der Buchreihe *Analytischer Deutscher Idealismus* wollen wir sichtbar machen, dass die Philosophie des Deutschen Idealismus keinen Gegensatz zur analytischen Philosophie darstellt, sondern umgekehrt ihr Maßstab und Fluchtpunkt ist.

Die Reihe antwortet auf eine intellektuelle und gesellschaftliche Herausforderung, die durch die Renaissance des Naturalismus in den Wissenschaften erneut ins Zentrum der Aufmerksamkeit gerückt ist. Sie liegt in der für uns grundlegenden Frage, wie wir es verstehen können, dass wir geistbegabte Tiere sind, die einerseits das, was sie tun, aus Freiheit tun, deren Leben aber andererseits durch Gesetzmäßigkeiten bestimmt ist, die sie nicht selbst hervorgebracht haben. Es ist offenkundig, dass man diese Frage nicht beantworten kann, indem man ihre eine Seite – die Freiheit des Menschen – leugnet. Eine Naturalisierung des Geistes, die leugnet, dass all das, was das menschliche Leben ausmacht – Denken, Sprechen, Handeln, soziale Institutionen, religiöser Glaube, politische Ordnungen, Kunstwerke etc. –, Gegenstände sind, die, um mit Kant zu sprechen, dem Reich der Freiheit angehören, löst das Problem nicht, sondern kapituliert vor ihm. Doch auch wenn jeder sieht, dass diese Leugnung, die der Szientismus unablässig predigt, nicht das Resultat einer Erkenntnis sein kann, sondern vielmehr Ausdruck einer intellektuellen Hilflosigkeit ist, führt uns diese Reaktion ebenso vor Augen, dass die Frage nach der Einheit von Geist und Natur eine echte Frage ist, bei deren Beantwortung unser Selbstverständnis als geistige Wesen auf dem Spiel steht.

Die beschriebene Situation ist indes nicht neu. Blicken wir ins 18. Jahrhundert zurück, erkennen wir eine ähnliche intellektuelle Lage. Auch damals war es der Fortschritt der modernen Naturwissenschaften, der unser Selbstverständnis als geistbegabte Tiere herausgefordert hat. Der Deutsche Idealismus antwortet auf diese Herausforderung, indem er die Philosophie explizit durch die Frage nach der Einheit von Geist und Natur definiert. Im Angesicht der modernen Naturwissenschaft ringt die Philosophie von Kant bis Hegel darum, die zwei Seiten des Menschen zusammenzubringen: dass er ein Tier ist und doch ein geistiges Wesen, dass er Natur ist und doch Gesetzen unterliegt, die von anderer Art sind als die Gesetze der Natur: Gesetzen der Freiheit. Die Philosophie des Deutschen Idealismus ist von dem Bewusstsein durchdrungen, dass das Begreifen dieses Verhältnisses – des Verhältnisses von Geist und Natur, wie Hegel es zu Anfang seiner *Enzyklopädie der philosophischen Wissenschaften* formuliert – die bestimmende Aufgabe der Philosophie ist. Wenn wir daher mit der Buchreihe *Analytischer Deutscher Idealismus* die Philosophie des Deutschen Idealismus stärken wollen, dann weil wir meinen, dass der Deutsche Idealismus für die intellektuelle Herausforderung, der wir uns gegenübersehen, die maßgebliche Orientierung ist. Der Deutsche Idealismus liegt nicht hinter uns, sondern vor uns. Damit meinen wir, dass die Art und Weise, wie der Deutsche Idealismus seine grundlegenden Begriffe und Ideen, allen voran die Begriffe der Freiheit, der Vernunft und der Selbstbestimmung, entwickelt und artikuliert, dem gegenwärtigen philosophischen Bewusstsein vielfach unbekannt und verstellt ist. Das liegt teilweise daran, wie die Philosophie in Westdeutschland nach 1945 mit diesem philosophischen Erbe umgegangen ist. Sie hat ihre durch den Nationalsozialismus verursachte Verstümmelung viel zu wenig als solche erfasst und zu heilen gesucht. Damit hat sie sich in eine Lage gebracht, in der sie aus sich heraus nicht mehr die Mittel schöpfen konnte, um die Begriffe und Ideen, in denen sie zu Recht ihre Bedeutung sah, so zu artikulieren, dass sie als Maßstab der systematischen Arbeit erscheinen konnten. Für einen großen Teil der Jüngeren wurde dieser Maßstab stattdessen die analytische Philosophie angloamerikanischer Prägung.

So wichtig diese Erneuerung der Philosophie war, so entstand dadurch doch der falsche Eindruck, die analytische Philosophie und die Philosophie des Deutschen Idealismus seien Gegensätze, nämlich Orientierungen und Vorgehensweisen, die nicht nur nichts miteinander zu tun haben, sondern einander ausschließen. Die Bücher dieser Reihe möchten darum auch sichtbar machen, dass der

Deutsche Idealismus von Kant bis Hegel nicht nur kein Gegensatz zur analytischen Philosophie ist, sondern eine Form, und zwar eine maßgebliche Form, der analytischen Philosophie. Der Deutsche Idealismus, als analytische Philosophie, ist eine Reflexion auf elementare Formen des Denkens und damit auf die Quelle unserer grundlegenden Begriffe, die diese Begriffe zugleich als notwendig ausweist. Philosophie ist, so sagt es Hegel, der Versuch, das Denken aus sich selbst zu begreifen. Sie ist ein Begreifen des Denkens, das von keinen »Voraussetzungen und Versicherungen« abhängt, wie er sagt, eine radikal voraussetzungslose Untersuchung der Voraussetzungen des Denkens. Darin liegt der gemeinsame Zug der Philosophie des Deutschen Idealismus: dass die Begriffe, die sie durcharbeitet, von nirgendwoher – von keiner Wissenschaft und keinem Common Sense – übernommen werden, sondern diese Begriffe nur so weit verwendet werden, wie sie als notwendig für das Denken erkannt werden. Diese Einsicht, dass die Philosophie ihre Begriffe nur aus dem Denken selbst nehmen kann, macht den radikalen Anspruch des Deutschen Idealismus aus. Und so ist die Idee der analytischen Philosophie, die Idee der Philosophie als logischer Analyse der grundlegenden Formen des Denkens und der Aussage, nirgends so streng durchgeführt worden wie im Deutschen Idealismus.

Unter dem Label *Analytischer Deutscher Idealismus* versammelt die Buchreihe Texte und Bücher, die auf exemplarische Weise Philosophie als analytische Aufklärung verstehen, im Geist und mit den Begriffen des Deutschen Idealismus. Die analytische Philosophie kommt erst da zu sich selbst, wo sie sich nicht von der idealistischen Philosophie abwendet, sondern auf diese ausgerichtet ist: in ihren Grundbegriffen und in der Radikalität ihrer Methode. Das mag manchen als provokante These anmuten, doch es gibt viele Beispiele, die ihr entsprechen. Gottlob Freges *Begriffsschrift*, die vielen als Gründungsdokument der analytischen Philosophie gilt, ist kein Gegenprojekt zum Deutschen Idealismus, sondern eine Weiterführung der kritischen Philosophie Kants. Und wenn wir uns zwei andere große Werke der analytischen Philosophie vergegenwärtigen, Wilfrid Sellars' *Empiricism and the Philosophy of Mind* (dt.: *Der Empirismus und die Philosophie des Geistes*) und Peter Strawsons *The Bounds of Sense* (dt.: *Die Grenzen des Sinns*), sehen wir, dass sich die herausragenden Repräsentanten der analytischen Philosophie niemals vom Deutschen Idealismus abgewendet, sondern stets dessen Nähe gesucht haben. Das offizielle Selbstverständnis der analytischen Philosophie, in dem sie sich dem Empirismus verschreibt und sich damit dem Deutschen Idealismus entgegensetzt, ist ein Selbstmissverständnis. Der Empirismus, der sich für aufgeklärt hält, weil er die empirischen Wissenschaften zum Maß der Erkenntnis erklärt, ist in Wahrheit der Widersacher der analytischen Philosophie, nämlich der radikalen, der grundlegenden Analyse der Formen unseres Denkens und Verstehens. Soweit der Empirismus die analytische Philosophie dominiert, verdeckt er deren eigentliche Orientierung, die dieselbe ist wie die des Deutschen Idealismus.

Der vorliegende Band von Lea Ypi, *Die Architektonik der Vernunft*, ist der siebte Band dieser Buchreihe, die 2015 durch den Band *Wiedererinnerter Idealismus* von Robert B. Brandom eröffnet wurde. Wie in allen Bänden der Reihe steht auch in diesem Band die Frage nach dem Wesen der Vernunft und der Freiheit des Menschen im Zentrum.

Lea Ypi ist Professorin für Politische Theorie an der London School of Economics. Sie nähert sich dieser für unser Selbstverständnis so zentralen Problemstellung aus der Perspektive Kants, der in der Frage «Was ist der Mensch?« die Grundfrage aller Philosophie sah. Die These des vorliegenden Bandes ist es, dass die Antwort auf diese Frage mit einem bestimmten Verständnis der Einheit der Vernunft verbunden ist. Wie können wir die Vernunft als ein einheitliches Vermögen verstehen, das für uns Menschen charakteristisch ist? Auf den ersten Blick scheint sie ein vielfältiges Vermögen zu sein. So erkennt ein vernünftiges Wesen einerseits kraft seiner Vernunft, wie die Dinge *sind*; zugleich kann es kraft seiner Vernunft vorstellen, was sein *soll*, und dementsprechend handeln. Das aber wirft die Frage auf, wie wir zwei scheinbar so verschiedene Fähigkeiten – Erkennen und Handeln – als Teile desselben Vermögens begreifen können. Für Lea Ypi steckt das Rätsel der Einheit der Vernunft in einem oft vernachlässigten Kapitel von Kants Hauptwerk, in der »Architektonik der reinen Vernunft«. Die Vernunft ist hier ein Bauwerk, dem ein Plan zugrunde liegt und in dem jeder Teil seinen Platz hat. Dabei werden ihr theoretischer und ihr praktischer Teil von einem fragilen Bindeglied zusammengehalten, an dem das Gebäude zu zerbrechen droht und dem Lea Ypi in diesem Band nachspürt.

Die Buchreihe wird von einem internationalen Forschungszentrum getragen, dem *Forschungskolleg Analytic German Idealism* (FAGI), das 2012 an der Universität Leipzig gegründet wurde und dessen Arbeit durch ein international besetztes Gremium unterstützt wird (siehe ⟨www.sozphil.uni-leipzig.de/institut-fuer-philoso phie/fagi⟩). Ziel des FAGI ist es auch, die Stimme des Analytischen Deutschen Idealismus in die außerakademische Öffentlichkeit hineinzutragen und ihr Gewicht in den Debatten über unser Selbstverständnis zu stärken.

Die Architektonik der Vernunft

Zweckmäßigkeit und systematische Einheit in Kants *Kritik der reinen Vernunft*

Abkürzungsverzeichnis der Werke Kants

ApH	*Anthropologie in pragmatischer Hinsicht*, AA 7 (1798)
Bew	*Der einzig mögliche Beweisgrund zu einer Demonstration des Daseins Gottes*, AA 2 (1763)
BBM	*Bestimmung des Begriffs einer Menschenrasse*, AA 8 (1785)
BW	*Briefwechsel*, AA 10 (1747-1788)
DR	*Danziger Rationaltheologie* in *Vorlesungen über Metaphysik und Rationaltheologie*, AA 28 (1783/1784)
FM	*Welches sind die wirklichen Fortschritte, die die Metaphysik seit Leibnitzens und Wolf's Zeiten in Deutschland gemacht hat?* AA 23 (1793/1804)
IaG	*Idee zu einer allgemeinen Geschichte in weltbürgerlicher Absicht*, AA 8 (1784)
KrV	*Kritik der reinen Vernunft*, AA 3 (1781, 1787)
KpV	*Kritik der praktischen Vernunft*, AA 5 (1788)
KUEE	*Erste Einleitung in die Kritik der Urteilskraft*, AA 20 (1789)
KU	*Kritik der Urteilskraft*, AA 5 (1790)
LB	*Logik Blomberg*, AA 24 (ca. 1771)
LD	*Logik Dohna-Wundlacken*, AA 24 (1792)
LJ	*Logik Jäsche*, AA 9 (1800)
MM	*Metaphysik Mrongovius*, AA 29 (1782-1783)
Nachlass	*Reflexionen aus dem Nachlaß*, AA 14-23
Ped	*Immanuel Kant über Pädagogik*, AA 9 (1803)
Prol	*Prolegomena zu einer jeden künftigen Metaphysik*, AA 04 (1783)
RH	*Recensionen von J. G. Herders Ideen zur Philosophie der Geschichte der Menschheit*, AA 08 (1785)
RM	*Recension von Moscatis Schrift: Von dem körperlichen wesentlichen Unterschiede zwischen der Structur der Thiere und Menschen*, AA 02 (1771)
RP	*Religionslehre Pölitz*, AA 28 (1817)
Rel	*Religion innerhalb der Grenzen der bloßen Vernunft*, AA 6 (1793)
TPP	*Über den Gebrauch teleologischer Prinzipien in der Philosophie*, AA 8 (1788)
VM	*Vorlesungen über die Metaphysik*, AA 28 (1760-1790)
VRM	*Von den verschiedenen Rassen der Menschen*, AA 2 (1775, 1777)
WhDO	*Was heißt: Sich im Denken orientiren?* AA 8 (1786)
WL	*Wiener Logik*, AA 24 (1780)
ZeF	*Zum ewigen Frieden: Ein philosophischer Entwurf*, AA 8 (1795)

Alle Verweise beziehen sich auf Kants *Gesammelte Schriften*, Ausgabe der Preußischen (später Deutschen) Akademie der Wissenschaften [=AA], Berlin Georg Reimer, später Walter de Gruyter, 1902-.

Danksagung

Mit der Arbeit an diesem Buch habe ich vor sehr langer Zeit begonnen, vor mehr als zwanzig Jahren. Ich befand mich mitten in meinem Philosophiestudium an der Universität *La Sapienza* in Rom, wo ich mich nach einigen Jahren des Studiums der formalen Logik der Geschichte der Philosophie zuwandte. Ich war fasziniert vom Deutschen Idealismus und interessierte mich zudem aus einer Reihe persönlicher und politischer Gründe für Marx und seine Religionskritik. Als ich aber begann, mich mit Marx zu beschäftigen, stellte ich fest, dass ich für ein wirkliches Verständnis von Marx zunächst einmal Hegel begreifen musste. Und als ich mich Hegel zuwandte, erschienen mir seine Texte übermäßig schwer verständlich, ohne zunächst Kant gelesen zu haben, insbesondere seine *Kritik der Urteilskraft*, die weithin als »Lösung« des Problems des Verhältnisses von Natur und Freiheit zu gelten schien. Daher beschloss ich, meine Dissertation über die Idee der systematischen Einheit in Kants dritter *Kritik* zu schreiben. Im Zuge meiner Analyse der Entwicklung von Kants Theorie der Urteilskraft und ihrem Verhältnis zu seinen restlichen Werken stolperte ich über die einzigen früheren Seiten, in denen Kant explizit das Problem der Einheit des Systems diskutiert: »Die Architektonik der reinen Vernunft«. Mir schien dies ein wichtiger, tiefgründiger und komplizierter Abschnitt der ersten *Kritik* zu sein, und der Umstand, dass über eine so rätselhafte Passage nur so wenig (damals noch weniger als heute) geschrieben worden war, ließ schließlich mein Projekt, zu verstehen, was Kant hier zu tun versuchte, ein Eigenleben entwickeln.

Meine Gedanken und meine Beziehung zu Kant haben sich im Laufe der Zeit entwickelt, aber man kann mit Recht sagen, dass alles, was ich glaube – über Philosophie, Wissenschaft, Moral, Geschichte, Politik und das Verhältnis all dieser Bereiche zueinander –, seine Wurzeln in der »Architektonik« und meiner Interpretation derselben hat. Keiner dieser Gedanken wäre das, was er ist, ohne die inspirierenden Gespräche, herausfordernden Diskussionen und intelligenten Kommentare meiner Freundinnen und Mentoren in Rom, und ich bin insbesondere Renato Caputo, Filippo Gonnelli, Mario Reale und Paola Rodano dankbar. Dieses Projekt verdankt ihnen mehr, als ich sagen kann.

Das Projekt hatte eine sehr lange Entstehungszeit, so lang, dass ich mich nicht nur einmal fragte, ob es je zu einem Ende kommen würde. Dass es dazu kam, ist auch das Verdienst einer Reihe von Freunden und Kolleginnen, die ihren Enthusiasmus für Kant und ihr Wissen über seine Werke mit mir teilten. Besonders dankbar bin ich Sorin Baiasu, Luigi Caranti, Francesco Cori, Silvia De Bianchi, Karin De Boer, Katrin Flikschuh, Rainer Forst, Paul Guyer, Stefan Gosepath, Pauline Kleingeld, Michela Massimi, Jennifer Mensch, Sasha Mudd, Peter Niesen, Alessandro Pinzani, Gennaro Sasso, Andrew Stephenson, Francesco Valentini, Marcus Willaschek, Garrath Williams, Howard Williams und Tamara Jugov für ihre hilfreichen bibliographischen Vorschläge, für das Lesen und Kommentieren verschiedener Teile des Buchs und für viele anregende Gespräche über das Thema. Auch bin ich Bob Goodin sehr dankbar für seine unermüdliche Unterstützung meiner Arbeit.

Das Manuskript, auf dem dieses Buch basiert, war Gegenstand eines intensiven eintägigen Workshops an der LSE, und ich möchte der politikwissenschaftlichen Fakultät für die Unterstützung des Workshops sowie insbesondere Angela Breitenbach, Luigi Filieri, Gabriele Gava, Jakob Huber, Sofie Møller, Paola Romero und Thomas Sturm für ihre Teilnahme und ihre unglaublich hilfreichen und konstruktiven Hinweise danken. Außerdem danke ich meinem OUP-Lektor Peter Momtchiloff für sein Vertrauen in mein Projekt, drei anonymen Gutachterinnen für ihre exzellenten Kommentare, Marta Lorimer für ihre redaktionelle Unterstützung und Rainer Forst, Sandra Palermo und Garrath Williams für das Lesen eines vollständigen Entwurfs.

Das Buch wurde mit Mitteln des Instituto Italiano di Studi Storici in Neapel, der Alexander-von-Humboldt-Stiftung, von einem Leverhulme-Preis und einem »Kant in South America«-Horizon-2020-Stipendium der Europäischen Kommission gefördert. Ich bin diesen Institutionen sehr dankbar für die Ermöglichung der Forschung, auf der dieses Buch basiert.

Meine Familie – Arbien, Rubin, Hana, Jonathan, Doli, Lana und Noana – ist eine unerschöpfliche Quelle der Liebe und Unterstützung, der ich mehr verdanke, als es für eine Kantianerin zuzugeben angebracht wäre.

Paola Rodano und Mario Reale bin ich besonders dankbar dafür, dass sie mich an die Philosophie glauben ließen, als ich meine Reise begann, dass sie (mehr als einmal) sicherstellten, dass ich über die materiellen Mittel verfügte, um mich weiterhin in der Welt der Ideen aufzuhalten, und dass sie auf jedem Schritt meines Weges an meiner Seite waren. Dieses Buch ist ihnen gewidmet.

Einleitung:
Das Gebäude der Vernunft

Dieses Buch handelt von der Einheit der Vernunft in der *Kritik der reinen Vernunft*. Es versucht zu erklären, warum eine solche Einheit notwendig ist, wie Kant die Idee einer solchen Einheit verteidigt und warum das Projekt letztlich scheitert. Das Hauptargument ist, dass die Einheit der Vernunft in einem transzendentalen Prinzip der Zweckmäßigkeit begründet ist, das unabdingbar für die systematische Integration des theoretischen und praktischen Gebrauchs der Vernunft ist, zugleich aber die für Kants Projekt wesentliche Trennung von Kritik und Metaphysik bedroht. Autorinnen, die sich mit der Rolle der Einheit der Vernunft in der ersten *Kritik* beschäftigen, konzentrieren sich zumeist entweder auf den Beitrag der Zweckmäßigkeit zur systematischen Einheit der theoretischen Erkenntnisse oder ihren Beitrag zur Verwirklichung der praktischen Zwecke der Vernunft. Nur selten betrachten sie, inwiefern die theoretische Einheit die Verwirklichung von Zwecken beeinflusst und zugleich von ihr abhängt, und was beide Aspekte zusammengenommen uns über das Schicksal des gesamten kritischen Projekts verraten.

Dies ist nicht überraschend. Der *einzige* Teil der *Kritik der reinen Vernunft*, in dem Kant die organische Integration verschiedener Arten des Gebrauchs der Vernunft untersucht, ist die »Architektonik der reinen Vernunft«. Dieser Abschnitt ist einer der dichtesten, rätselhaftesten, ja zuweilen geradezu undurchdringlichen Texte in Kants gesamtem veröffentlichten Werk. Man kann kaum umhin, mit den vielen Kommentatoren zu sympathisieren, deren Frustration mit dem Text einen massiven historischen Boykott herbeigeführt zu haben scheint. Selbst nach hunderttausenden von Seiten, die in den 250 Jahre seit der Veröffentlichung der ersten *Kritik* über Kants systematisches Projekt geschrieben wurden, gibt es nur eine Handvoll Menschen, die sich explizit mit der »Architektonik« befassen – und noch weniger, die dies auf wohlwollende Weise tun.

Indem es die Rolle des Prinzips der Zweckmäßigkeit für Kants Analyse der Einheit der Vernunft untersucht, bietet dieses Buch eine Interpretation der »Architektonik der reinen Vernunft«, die die Zentralität dieses Abschnitts für Kants philosophisches Projekt wiederherstellt. Es betont die Bedeutsamkeit und Einzigartigkeit der »Architektonik« für das Verständnis der Notwendigkeit der Einheit der Vernunft, der Rolle des Prinzips der Zweckmäßigkeit für die Integration des theoretischen und praktischen Gebrauchs der Vernunft und der Relevanz der Auseinandersetzung mit Kants Problemstellung für das Nachdenken über das philosophische Problem der systematischen Einheit im Allgemeinen. Obwohl Kants Verteidigung der Einheit der Vernunft in der ersten *Kritik* scheitert, weil es Kants eigene Trennung von Kritik und Metaphysik gefährdet, ist dieses Scheitern produktiv. Im Gegensatz zur großen Mehrheit der Kommentatorinnen, die die »Architektonik« schlichtweg verworfen haben, versuche ich zu zeigen, dass ihr Fokus auf die Einheit der Vernunft entscheidend ist, um einige der wichtigsten Ideen Kants zu erhellen. Dazu gehören unter anderem der Übergang vom System der Natur zum System der Freiheit, das Verhältnis von Glauben und Wissen, die philosophische Verteidigung des historischen Fortschritts und die Rolle der Religion.

Diese Fragen haben bekanntlich die nachfolgende deutsche philosophische Tradition maßgeblich geprägt, von den ersten Reaktionen Jacobis, Reinholds, Schulzes und Maimons über die partielle Integration ihrer Analysen in den Idealismus Fichtes oder Hegels bis hin zu Marx' *Kritik der Hegelschen Rechtsphilosophie*.[1] Im Zentrum ihrer Anliegen steht immer dasselbe Problem: Woher kommt die Autorität der Vernunft? In welchem Verhältnis steht sie zur Natur? Wie ordnet die Vernunft die verschiedenen Schlüsse, die sie über die Welt zieht? Sie alle münden in einem Versuch, nicht nur das Verhältnis zwischen verschiedenen philosophischen Behauptungen in den Gebieten der Wissenschaft, Moral, Politik und Religion zu erklären, sondern auch ihren Zweck zu verstehen – welche Werte sie befördern. Kant präsentiert seine Verteidigung der Einheit der Vernunft in der »Architektonik« als weitere Ausführung dreier fundamentaler Fragen: »Was kann ich wissen? Was soll ich tun? Was darf ich hoffen?« (*KrV*, A 805/B 833). Zusammen konvergieren sie in einer vierten, die Kant zufolge die Philosophie im Ganzen motiviert: »Was ist der Mensch?« (*VM*, 533-534; LJ, 25).

1 Zu einer Diskussion des kantischen Erbes siehe Frederick C. Beiser, *The Fate of Reason: German Philosophy from Kant to Fichte*, Cambridge, MA 1987. Ich selbst habe den Vergleich mit Hegel und Marx diskutiert in Lea Ypi, »On Revolution in Kant and Marx«, in: *Political Theory* 42 (3) (2014), S. 262-287.

Was ist der Mensch? Dieses Buch legt nahe, dass Kants Antwort auf diese Frage an eine bestimmte Darstellung der Vernunft gekoppelt ist, die deren zweckmäßigen Charakter betont. Doch wie die folgenden Seiten zeigen werden, ist das Konzept der Zweckmäßigkeit, das Kant in der ersten *Kritik* vertritt, ein Konzept der »Zweckmäßigkeit als Design«, das sich von dem der »Zweckmäßigkeit als Normativität«, das in seinen späteren Werken eine zentrale Rolle spielt, stark unterscheidet. Im ersten Fall, Zweckmäßigkeit als Design, ist die Beziehung zwischen Vernunft und Natur in der Idee Gottes verankert. Im zweiten Fall, Zweckmäßigkeit als Normativität, ist sie im Begriff der reflektierenden Urteilskraft verwurzelt und durch transzendentale Freiheit begründet. Gott bleibt zwar Teil des Systems, spielt aber eine zunehmend marginale Rolle, eine, die nachfolgenden Autoren wie Marx und Hegel den Weg zu einer Geschichtsphilosophie ebnete, die ihn schließlich gänzlich überflüssig werden ließ.

In der »Architektonik der Vernunft« spielt das Prinzip der Zweckmäßigkeit, das mit der Verteidigung der Ideen der Vernunft verbunden ist, eine zentrale Rolle im Projekt der Vereinigung. Wie ich aber ebenfalls zu zeigen versuche, ist nur ein Konzept von Zweckmäßigkeit, das in transzendentaler Freiheit wurzelt, mit der Verpflichtung zur Kritik, wie sie in Kants früheren Werken dargelegt wurde, vereinbar. Da ein solches Konzept der Freiheit in der ersten *Kritik* noch nicht verfügbar ist, ist es schwierig, Kants Legitimation der Zweckmäßigkeit von der früheren metaphysischen Tradition zu trennen. Insbesondere ist es Kant unmöglich, einen Begriff von Zweckmäßigkeit zu finden, der sich deutlich von der Vorstellung eines »intelligenten Designs« abgrenzt, auf die seine Vorgänger aus dem 17. und 18. Jahrhundert ihre Überlegungen über die Ordnung der Natur gründeten. Dies stellt ihn vor ein Problem. Entweder ist das Projekt der Integration der verschiedenen Arten des Gebrauchs der Vernunft zum Scheitern verurteilt, oder man entwirft eine alternative Konzeption der Zweckmäßigkeit, die frei von dogmatischen Annahmen über das Vorliegen von Ordnung in der Natur ist. Das Verständnis dieses Übergangs hat wichtige Implikationen sowohl für Kants späteres Werk als auch für seine Rezeption in der nachfolgenden deutschen philosophischen Tradition. Nur durch Kants reflexive Konzeption des Prinzips der Zweckmäßigkeit konnten die geschichtsphilosophischen Theorien, die das 19. Jahrhundert bestimmten, Kants kritische Verpflichtungen teilen. Wenn sie zur Metaphysik zurückkehrten, dann zu der kritischen Metaphysik, die Kant begründet zu haben hoffte.

Die »Architektonik der reinen Vernunft« verdient es, ernst genommen zu werden, weil sie der einzige Teil der ersten *Kritik* ist, der sich ausdrücklich mit der Einheit der Vernunft befasst und durch den wir die zentrale Bedeutung eines transzendentalen Prinzips der Zweckmäßigkeit für dieses Projekt verstehen. Sie hilft uns aber auch, zu verstehen, welche Form Annahmen über die Ordnung der Natur annehmen müssen, um dem Schicksal der dogmatischen Metaphysik zu entgehen. Obwohl das Projekt letztlich scheitert, ist dieses Scheitern lehrreich. Die »Architektonik der reinen Vernunft« enthält sowohl die Lösung als auch das Rätsel des Problems der Einheit der Vernunft. Die Beschäftigung mit diesem Abschnitt und die Integration seiner Ergebnisse in Kants weiteres philosophisches System helfen uns, die Evolution des Prinzips der Zweckmäßigkeit zu illustrieren und die revolutionären Implikationen der Abgrenzung dieses Prinzips von der Idee des »intelligenten Designs« zu verstehen, die Kants späteres Werk bestimmt.

***

Um die Bedeutung von Kants architektonischem Projekt zu erkennen, müssen wir am Anfang beginnen, mit den Seiten der *Kritik der reinen Vernunft*, die die Wichtigkeit der Einheit der Vernunft für unser Verständnis von Kants Gesamtprojekt hervorheben. Dies wird zunächst durch eine seltsame, aber kaum überraschende Metapher verdeutlicht: Die Summe der theoretischen Erkenntnisse der Vernunft wird mit dem Material verglichen, das für den Bau eines Gebäudes benötigt wird, dessen Art, Festigkeit und Höhe Kant im ersten Teil dieses Werks bestimmt zu haben behauptet. Obgleich die Vernunft ursprünglich angestrebt habe, einen majestätischen, bis zum Himmel reichenden Turm zu errichten, reiche das entdeckte Material nur für ein Wohnhaus, ausreichend für die Befriedigung der menschlichen Bedürfnisse. Die verbleibende Aufgabe der *Kritik*, die ihrer »Methodenlehre«, bestehe darin, den Plan zu entwerfen, nach dem dieser Bau vollendet werden solle (*KrV*, A 707/B 735).

Kants methodologisches Vorgehen wird hier durch einen impliziten, aber deutlichen Verweis auf den Mythos des Turmbaus zu Babel eingeführt. Er vergleicht sein eigenes Unternehmen mit früheren Darstellungen der Vernunft, deren Ambitionen das ihnen zur Verfügung stehende kognitive Material überstiegen und die deshalb daran scheiterten, die Philosophie auf festen Boden zu stellen. Diese gescheiterten Versuche sollen allen philosophischen Projekten, die die menschlichen kognitiven Kapazitäten übersteigen, als Warnung dienen. Da aber eine einheitliche Beschreibung der Vernunft auch für die Befriedigung ihrer besonderen *Bedürfnisse* notwendig sei, müsse sich dieser Herausforderung im Rest der ersten *Kritik* gestellt werden. So jedenfalls erklärt es Kant.

Die Verwendung gebäudebezogener Metaphern zur Einführung von Fragen der philosophischen Methode war bei Philosophen des 17. und 18. Jahrhunderts sehr beliebt. Um nur das bekannteste Beispiel zu nennen: In einem der ersten Kapitel von Descartes' *Abhandlung über die Methode* wird mithilfe der Gebäudemetapher erklärt, warum der Autor die Notwendigkeit sah, von der scholastischen Untersuchungsmethode abzuweichen und sie durch eine radikalere Prüfung der ersten Prinzipien menschlichen Wissens zu ersetzen. Die Methode des Philosophen, so Descartes, gleiche der eines Baumeisters: Ein Baumeister, der ein Haus auf festen Grund bauen möchte, müsse zunächst den Boden untersuchen, das Terrain einschätzen und alles hinderliche Material entsorgen. Auf ähnliche Weise müsse der Philosoph, der sein Denken auf neuen und sicheren Grund stellen wolle, sich vergewissern, dass das Territorium untersucht, alles überflüssige Material entsorgt und Hindernisse aus dem Weg geschafft wurden, bevor er den Grundstein legen könne.[2]

Zugegeben, so betont Descartes, sei dies nicht die Art von Unternehmung, mit der sich Philosophen oder Baumeister typischerweise beschäftigen, und selbst wenn sie es täten, nähmen solche Aktivität selten die Form einer radikalen Zerstörung aller bisherigen Errungenschaften an. Dennoch komme es durchaus vor, dass einzelne bestehende Bauwerke durch passendere Gebäude ersetzt werden, wenn die Fundamente schwach sind und die Häuser zu zerfallen drohen. Auch wenn es also zunächst unvernünftig klingen möge, ein ganzes System zu zerstören, nur um es von Grund auf

2 René Descartes, *Abhandlung über die Methode* [1637], übersetzt von Artur Buchenau, Leipzig 1948, S. 9 ff.

wieder neu zu errichten, könne es auch für einen Philosophen zuweilen sinnvoll sein, sein Urteil über spekulative Dinge zunächst zurückzuhalten und zu versuchen, alle bestehenden Überzeugungen zu prüfen.[3]

Kants Aufnahme der Gebäudemetapher zur Erklärung der Relevanz methodologischer Überlegungen in der Kritik der Vernunft knüpft an eine Tradition an, die insbesondere durch die Schriften von Leibniz und Wolff vermittelt wurde. Leibniz betonte, dass die Arbeit des Philosophen, der die Verbindung verschiedener Elemente innerhalb eines kohärenten Glaubenssystems zu begründen versuche, der Arbeit eines Architekten gleiche: Um ein Gebäude in einem Gebiet voll instabilem, staubigem Material zu errichten, müsse dieser tiefer graben, bis eine solide Grundlage gefunden sei.[4] Auf ähnliche Art vergleicht Wolff die methodologische Aufgabe des Philosophen mit der eines Architekten, der Teile der Pläne von früheren und bereits bestehenden Gebäuden wiederverwendet, um sein eigenes in Übereinstimmung mit dem Satz vom zureichenden Grund zu errichten.[5]

Doch Kants Wiederaufgreifen der architektonischen Metapher in der »Methodenlehre« und an anderen Stellen ist gegenüber der früheren metaphysischen Tradition zugleich zutiefst innovativ. Um diese Innovation zu sehen, ist es wichtig, den einzigartigen Charakter der Verteidigung der Vernunft in der ersten *Kritik* in den Blick zu nehmen, die zwei Kämpfe zugleich ausficht: den Kampf

3 Descartes, *Abhandlung über die Methode*, S. 11.

4 »Quemadmodum in loco sabuloso aedificium molienti continuanda fossio est, donec soli dam rupem firmave fundamenta offendat [...] ita ad humanae scientiae Elementa constituenda, desideratur punctum aliquod fixum, cui tuto inniti atque unde secure progredi possimus.« Siehe Gottfried Wilhelm Leibniz, *Philosophische Schriften, Band 4: 1677 – Juni 1690. Teil A*, Berlin 2006, S. 670. Der Einfluss von Leibniz wird von Paula Manchester in ihrer ansonsten ausgezeichneten Rekonstruktion der historischen Wurzeln von Kants Gebäudemetapher in der *Methodenlehre* übersehen, siehe Paula Manchester, »Kant's Conception of Architectonic in its Historical Context«, in: *Journal of the History of Philosophy* 41 (2) (2003), S. 187-207.

5 Siehe Christian Wolff, *Vernünftige Gedanken von Gott, der Welt, und der Seele der Menschen, auch allen Dingen überhaupt, zu besserem Verstande und bequemerem Gebrauch derselben*, Frankfurt am Main 1724, S. 246-251. Zu einer weiterführenden Diskussion siehe Manchester, »Kant's Conception of Architectonic in its Historical Context«, S. 199.

gegen den Dogmatismus und den gegen den Skeptizismus.[6] Anders als etwa bei Descartes gehen Kants Verteidigung der Vernunft und seine Abhandlung über die Methode dem Sammeln des nötigen Materials für das kritische Projekt nicht voraus, sondern folgen ihm nach. Während ferner für Descartes die Konstruktionsaufgabe eine Soloaufgabe ist, die für die individuelle Auseinandersetzung des Philosophen mit seinen eigenen Überzeugungen und Irrtümern notwendig ist, ist sie bei Kant das Ergebnis einer kollektiven, gemeinschaftlichen Anstrengung.[7] Ein letzter, wichtiger Unterschied besteht darin, dass Descartes bei der Aufstellung praktischer Regeln verspricht, bestehende Normen und Konventionen zu akzeptieren und einzuhalten. Über die Entwicklung einer Moraltheorie wird in der *Abhandlung über die Methode* nicht einmal nachgedacht. Bei Kant hingegen sind die Zwecke der Vernunft entscheidend für die Richtung, die das gesamte kritische Unterfangen einschlagen soll.

Diese wichtigen Unterschiede, zusammen mit Kants Verteidigung der Vernunft und der Bedeutung der Methode für die Bewerkstelligung dieser Aufgabe, werden weithin anerkannt und gewürdigt.[8] Kants eigener »discours de la méthode«, so wird oft gesagt, umreißt eher die Konstruktion eines Prozesses als die Herstellung eines feststehenden Produkts. *Die Kritik der reinen Vernunft* beweist weder die ewige Gültigkeit irgendeines metaphysischen Satzes noch gesteht sie dem Relativisten zu, dass demzufolge alles ungewiss sei. Im Gegenteil: Die Autorität der Vernunft wird bejaht, indem sie in den Mittelpunkt eines konstruktiven Projekts gestellt wird, das rekursiven und öffentlichen Charakter hat. Die Kohärenz ihrer Prinzipien wird durch einen Prozess der Bewertung menschlichen Wissens hergestellt, dessen kumulative Ergebnisse mit einem

6 Zu einer einflussreichen Diskussion siehe Onora O'Neill, *Constructions of Reason*, Cambridge 1989, S. 3-27, und »Vindicating Reason«, in: Paul Guyer (Hg.), *The Cambridge Companion to Kant*, Cambridge 1992, S. 280-308.

7 Siehe dazu auch O'Neill, *Constructions of Reason*, und Yirmiyahu Yovel, *Kant and the Philosophy of History*, Princeton 1980.

8 Zu Abhandlungen in Buchlänge siehe Alfredo Ferrarin, *The Powers of Pure Reason: Kant and The Idea of Cosmic Philosophy*, Chicago 2015; Courtney Fugate, *The Teleology of Reason: A Study of the Structure of Kant's Critical Philosophy*, Berlin 2014; Klaus Konhardt, *Die Einheit der Vernunft. Zum Verhältnis von theoretischer und praktischer Vernunft in der Philosophie Immanuel Kants*, Königstein 1979; Susan Neiman, *The Unity of Reason: Re-Reading Kant*, New York 1994; und Angelica Nuzzo, *Kant and the Unity of Reason*, West Lafayette 2004.

fortlaufenden Gespräch konfrontiert werden, dessen Regeln prinzipiell jeder zustimmen kann.[9] Die Einheit der Vernunft wird deshalb als auf moralischen oder sogar politischen Gründen beruhend betrachtet.[10] Wenn wir das Projekt auf diese Weise begreifen, können wir sehen, was Kant dazu befähigt, das kritische Projekt der Begründung der Metaphysik als Wissenschaft in der ersten *Kritik* zu vollenden.

Das Verdienst der neueren konstruktivistischen Interpretationen der ersten *Kritik* besteht darin, ihre Analyse weg von einem reinen Interesse an den theoretischen Dimensionen der kritischen Philosophie und hin zu einer integrierten Darstellung der Einheit der Vernunft zu lenken, die ihre praktischen Interessen mit einbezieht. Aber diese Interpretationen lesen die erste *Kritik* oft rückwärts, im Lichte dessen, was wir über die Natur der praktischen Vernunft auf der Grundlage von Kants nachfolgenden Werken wissen, und nicht auf der Grundlage dessen, was die *Kritik* selbst über die systematische Einheit der Erkenntnis und die Rolle der praktischen Interessen der Vernunft hergibt. Dies ist an sich kein großer Fehler: Die Ziele dieser Interpretationen sind oft eher rekonstruktiv als exegetisch, sie sind enger auf die Metaethik bezogen und zögerlich in der Zustimmung zu Kants Metaphysik.[11] Ich hoffe jedoch, zeigen zu können, dass mithilfe eines Einblicks in die Entwicklung von Kants »Architektonik« und einer kontextualisierten Analyse des ihr zugrundeliegenden Prinzips der Zweckmäßigkeit eine Darstellung der Vernunft entwickelt werden kann, die nicht nur mit verschiede-

9 Siehe insbesondere O'Neill, *Constructions of Reason*, S. 4-15, und Onora O'Neill, »The Public Use of Reason«, in: *Political Theory* 14 (4) (1986), S. 523-551. Zu einer Diskussion siehe auch Katerina Deligiorgi, »Universalisability, Publicity, and Communication: Kant's Conception of Reason«, in: *European Journal of Philosophy* 10 (2) (2002), S. 143-159.

10 Zu einer Diskussion dieses Themas siehe Allen Wood, »Constructions of Reason: Explorations of Kant's Practical Philosophy«, in: *The Philosophical Review* 101 (1992), S. 647-650.

11 Zu einigen der einflussreichsten Interpretationen siehe John Rawls, »Kantian Constructivism in Moral Theory«, in: *The Journal of Philosophy* 77 (9) (1980), S. 515-572; O'Neill, *Constructions of Reason*; Onora O'Neill, »Constructivisms in Ethics«, in: *Proceedings of the Aristotelian Society* 89 (1) (1989), S. 1-17; Thomas E. Hill, *Dignity and Practical Reason in Kant's Moral Theory*, Ithaca, NY 1992; Barbara Herman, *The Practice of Moral Judgment*, Cambridge, MA 1993; Christine M. Korsgaard, *Creating the Kingdom of Ends*, Cambridge 1996; und Andrews Reath, *Agency and Autonomy in Kant's Moral Theory*, Oxford 2006.

nen strukturalistischen Neuinterpretationen vereinbar ist, sondern womöglich auch den Beitrag einer richtig formulierten kantischen Metaphysik zu ihrem Projekt (oder zumindest einigen Versionen desselben) erhellen kann.[12] Obwohl meine Methode eindeutig textbezogener ist als die vieler konstruktivistischer Interpretinnen, gilt unser gemeinsames Interesse Kants Verteidigung der Vernunft gegen den doppelten Vorwurf des Dogmatismus und des Skeptizismus. Doch damit diese Verteidigung gelingen kann, ist es lehrreich, sich mit Kants Werdegang auseinanderzusetzen, mit seinem Fauxpas, seinem Zögern und seinen Durchbrüchen. Und obwohl die »Methodenlehre« dafür einen wesentlichen Ausgangspunkt darstellt, ist es wichtig, zugleich die Gründe für Kants eigene Unzufriedenheit mit den Ergebnissen seines architektonischen Projekts nach der Veröffentlichung der ersten *Kritik* einzusehen.

Dass es eine Art Neubewertung der »Methodenlehre« gab, ist offensichtlich, wenn wir das Schicksal von Kants architektonischen Plänen in dem Werk, das unmittelbar auf die erste Ausgabe der ersten *Kritik* folgte, in den Blick nehmen: die *Prolegomena zu einer jeden künftigen Metaphysik, die als Wissenschaft wird auftreten können*. Hier scheint Kant sehr wenig Lust auf konstruktive Tätigkeiten zu haben: »Hohe Thürme und die ihnen ähnliche metaphysisch große Männer«, so schreibt er in einer Fußnote, »sind nicht für mich« (*Prol*, 373).

Man könnte meinen, dass diese Aussage lediglich die Position der ersten Hälfte der *Kritik der reinen Vernunft* zusammenfasst, ohne ihr etwas hinzuzufügen. Aber diese Interpretation wäre unvollständig. Wie schon betont wurde, werden Kants vorsichtige Aussagen im ersten Teil der ersten *Kritik* durch seine ehrgeizigeren Aussagen in der »Methodenlehre« und danach ergänzt. Doch in den *Prolegomena* scheint Kant diese konstruktiven Ambitionen wieder aufgegeben zu haben. Es fällt schwer, in diesem Werk auch nur Hinweise auf eine bescheidenere Art von Tätigkeit zu finden, die die Erkenntnisse der *Kritik* in Richtung einer Begründung der Metaphysik als Wissenschaft weiterentwickelt. Statt in Kontinuität

12 Zu einer Diskussion über die Schwierigkeiten bei der Entwicklung konstruktivistischer Normen bei gleichzeitiger Vermeidung von »obscure and panicky metaphysics« siehe O'Neill, »Constructivisms in Ethics«, S. 7. Wie ich zu zeigen hoffe, besteht kein Grund zur »Panik«, wenn die Rolle des Prinzips der Zweckmäßigkeit für das Projekt der Einheit der Vernunft richtig verstanden wird.

mit Wolffs methodischen Vorgaben eine bestimmte Art von Gebäude abzureißen, um es durch ein adäquateres zu ersetzen, besteht die Aufgabe der kritischen Philosophie hier lediglich darin, einen Überblick über die Grundlagenarbeit zu liefern. Es gibt keinen Hinweis auf einen »neuen Plan«: Der konstruktive Enthusiasmus der Vernunft wird durch den Appell gebremst, das Projekt auf seinen kritischen Teil zu beschränken.

Die skeptische Interpretation der *Prolegomena* wird dadurch erhärtet, dass Kants Vorsicht gegenüber allen auf die Begründung der Metaphysik als Wissenschaft abzielenden Bemühungen mit einem hohen Lob für das Werk von David Hume und einer unmissverständlichen Anerkennung seines Einflusses auf das eigene Denken gepaart wird.[13] Die *Prolegomena* sind sehr klar in Bezug auf die Priorität einer Kritik, die in allen ihren systematischen Teilen vollständig sein müsse, bevor die Metaphysik auch nur eine »entfernte Hoffnung« werden könne (*Prol*, 261). Dies macht es schwierig, die Einwände derjenigen zu entkräften, die die Aufgabe der *Kritik* als verschieden von der Mission der Umwandlung der Metaphysik in eine Wissenschaft interpretieren. Selbst wenn Kant einmal ein flüchtiges Interesse an einer solchen Umwandlung gehabt haben sollte, so argumentieren die Skeptiker, hat er es wohl recht schnell wieder aufgegeben.[14]

Was also sollen wir der Kraft skeptischer Interpretationen der kritischen Aufgabe entgegensetzen?[15] Eine Betrachtung der nach-

13 Hierzu finden wir etwa das berühmte Bekenntnis, dass »die Erinnerung des David Hume eben dasjenige [war], was mir vor vielen Jahren zuerst den dogmatischen Schlummer unterbrach« (*Prol*, 260).

14 Die Hinweise auf Humes Einfluss auf die *Prolegomena* haben Generationen skeptischer Lesarten von Kants erster *Kritik* geprägt. Sie standen im Mittelpunkt eines hitzigen Streits unter den frühen Kant-Forschern zwischen dem Ende des 19. und dem Beginn des 20. Jahrhunderts. Siehe u. a. Friedrich Paulsen, *Immanuel Kant, Sein Leben und seine Lehre*, Stuttgart 1899; Benno Erdmann, *Kants Prolegomena herausgegeben und historisch erklärt*, Leipzig 1878, S. LXXIX f.; Kuno Fischer, *Geschichte der neueren Philosophie*, Bd. IV, *Immanuel Kant und seine Lehre*, Bd. 1, Heidelberg 1898, S. 217 ff. und S. 290 ff.; Hans Vaihinger, *Commentar zu Kants Kritik der reinen Vernunft, I*, Stuttgart 1881, S. 47 ff. und S. 340-348; und Alois Riehl, *Der philosophische Kritizismus*, Bd. 1, Leipzig 1924, S. 308 ff. Zu einer detaillierten Rekonstruktion der Debatte und ihres Einflusses siehe Günter Gawlick und Lothar Kreimendahl, *Hume in der Deutschen Aufklärung. Umrisse einer Rezeptionsgeschichte*, Stuttgart-Bad Cannstatt 1987, S. 189 ff.

15 Zur Diskussion des Einflusses Humes auf die »Methodenlehre« und auf spätere

folgenden Entwicklung von Kants System kann womöglich eine Antwort liefern. Diese legt nahe, dass die Einheit der Vernunft ein unvollendetes systematisches Projekt bleibt, das Kant bis zur *Kritik der Urteilskraft* beschäftigt, wo schließlich das zweckmäßige Prinzip der reflektierenden Urteilskraft eine einheitliche Darstellung der Beziehung zwischen dem theoretischen und dem praktischen Gebrauch der Vernunft ermöglicht.[16] Das Problem ist einerseits, dass die Argumentation abgesehen davon, dass sie eine leicht stilisierte Version der drei *Kritiken* präsentiert (in der *Die Kritik der reinen Vernunft* von den Bedingungen der Möglichkeit theoretischen Wissens, *Die Kritik der praktischen Vernunft* von den Bedingungen der Möglichkeit praktischen Handelns und *Die Kritik der Urteilskraft*

Schriften siehe bereits Bruno Bauch, »Parallelstellen bei Hume und Kant«, in: *Kant-Studien* 19 (1914), S. 521-524, und später Dieter-Jürgen Löwisch, »Kants Kritik der reinen Vernunft und Humes Dialoge über natürliche Religion«, in: *Kant-Studien* 56 (1965), S. 170-207. Was die *Prolegomena* betrifft, so bemerkte bereits der frühe Kommentator Friedrich Paulsen, dass der Einfluss Humes auf dieses Werk bis auf die oben zitierten Passagen so marginal wie in den frühen Sechzigerjahren anzusehen sei. Allerdings sei das humesche Erbe in diesen Passagen unmissverständlich ausgedrückt und könne nicht missachtet werden, was die Frage aufwerfe, ob es zur Zeit der *Prolegomena* eine Rückbesinnung auf Hume gegeben habe. Siehe Paulsen, *Immanuel Kant, Sein Leben und seine Lehre*, S. 98 und S. 101 ff. In der jüngeren Forschung wird betont, dass trotz der oberflächlichen Evidenz die Zeit des deutlichen Einflusses Humes auf das Denken Kants auf den Beginn der Sechzigerjahre datiert werden sollte, wie auch die *Logik Blomberg* zeigt. Dies ist weit vor dem Entwurf der *Prolegomena* und untergräbt Interpretationen, die Kant eine vollständige Rückkehr zum Skeptizismus *nach* der Fertigstellung der ersten *Kritik* zuschreiben. Wahrscheinlicher ist, dass Kant mit bestimmten Aspekten derselben unzufrieden war, auch in methodischen Fragen, die für meine Interpretation zentral sind. Siehe zu diesem Thema die ausführliche Studie von Lothar Kreimendahl, *Kant. Der Durchbruch von 1769*, Köln 1990, S. 83 ff., und auch Kap. 2 (»Zur Forschungslage«), S. 15-82. Zu einer ausführlichen Diskussion siehe auch die Rezension in Reinhard Brandt, »L. Kreimendahl, Kant. Der Durchbruch von 1769«, in: *Kant-Studien* 83 (1992), S. 100-111.

16 Siehe hierzu Henry Allison, »The Gulf Between Nature and Freedom and Nature's Guarantee of Perpetual Peace«, in: Hoke Robinson (Hg.), *Proceedings of the Eighth International Kant Congress*, Milwaukee 1995, S. 37-49, hier S. 37 f.; Paul Guyer, »The Unity of Reason: Pure Reason as Practical Reason in Kant's Early Conception of the Transcendental Dialectic«, in: *The Monist* 72 (1989), S. 139-167; und Nuzzo, *Kant and the Unity of Reason*. Siehe auch Jürg Freudiger, »Kants Schlußstein: Wie die Teleologie die Einheit der Vernunft stiftet«, in: *Kant-Studien* 87 (4) (1996), S. 423-435.

vom Verhältnis der beiden zueinander handelt), den zahlreichen Verweisen auf die Einheit der Vernunft in mehreren früheren Werken nicht gerecht wird.[17] Andererseits wurden die wenigen Autoren, die sich dieser Interpretation widersetzen und auf Kants Einheitstheorie der Vernunft in früheren Werken aufmerksam machen, dafür kritisiert, dass sie lediglich auf die funktionalen Analogien zwischen der theoretischen und der praktischen Vernunft als Teile desselben philosophischen Systems hinweisen, ohne wirklich zu zeigen, wie eine organische Integration beider Arten des Gebrauchs der Vernunft erreicht wird.[18] Wenn wir aber annehmen, dass Kants Theorie der Einheit der Vernunft schon zur Zeit der ersten *Kritik* vollständig war, warum hat er dann die Aufgabe der Vereinigung als Projekt für die Zukunft bezeichnet statt als etwas bereits Vollendetes?[19]

Um den zweideutigen Status der Einheit der Vernunft in der *Kritik der reinen Vernunft* zu erkennen, müssen wir uns der Beschreibung der Metaphysik in ihrer Einleitung zuwenden. Das Schicksal der Metaphysik wird hier sowohl in durch und durch negativen als auch in überraschend optimistischen Worten beschrieben. Einerseits macht der düstere Ton von Kants Bemerkungen über die unvermeidbare Niederlage, die der Vernunft in jedem Versuch des Fortschreitens in metaphysischen Fragen bevorstehe, es schwer zu sehen, wie eine Wiederbelebung dieser untergegangenen Wissenschaft möglich sein soll, ohne dabei in die Fehler der Vorgänger zu verfallen. Andererseits stellt sich die *Kritik der reinen Vernunft* die Aufgabe, den »Kampfplatz dieser endlosen Streitigkeiten« (*KrV*, A VIII), der sich heute Metaphysik nennt, in einen sicheren Weg zu verwandeln, auf dem die Vernunft ohne Furcht vor dogmatischem Despotismus oder anarchischem Skeptizismus voranschreiten kann. Die Notwendigkeit der Metaphysik, so be-

17 Darauf hat Pauline Kleingeld hingewiesen, die vorschlägt, dass die Einheit der Vernunft als regulatives Ideal verstanden werden sollte. Siehe Pauline Kleingeld, »Kant on the Unity of Theoretical and Practical Reason«, in: *The Review of Metaphysics* 52 (2) (1998), S. 311-339. Siehe auch Jens Timmermann, »The Unity of Reason – Kantian Perspectives«, in: Simon Robertson (Hg.), *Spheres of Reason*, Oxford 2009, S. 183-198.

18 Siehe zu dieser Kritik Paul Guyer, »The Unity of Reason: Rereading Kant. Review of Kant and the Unity of Reason by S. Neiman«, in: *The Philosophical Review* 106 (2) (1997), S. 291-295.

19 Vgl. Kleingeld, »Kant on the Unity of Theoretical and Practical Reason«.

tont Kant auch in den *Prolegomena*, hänge mit dem »Interesse der allgemeinen Menschenvernunft« zusammen. Dafür sei es nötig, zuzugeben, dass »eine völlige Reform, oder vielmehr eine neue Geburt derselben *nach einem bisher ganz unbekannten Plane* unausbleiblich bevorstehe« (*Prol*, 257, meine Hervorhebung).

Bei der Analyse dieser Bemerkungen bestehen mehrere Interpretationen der ersten *Kritik* auf der Rolle des praktischen Interesses der Vernunft und darauf, dass die scheinbare Beschränkung des spekulativen Gebrauchs der Vernunft eine wichtige Erweiterung in ihrem »schlechterdings notwendigen praktischen Gebrauch« (*KrV*, B XXV) mit sich bringe. Ohne eine solche Einschränkung, so betont Kant, könnte die praktische Vernunft sich nicht über die Grenzen der Vernunft hinauswagen, ohne auf die Hindernisse der spekulativen Vernunft zu stoßen und mit sich selbst in Widerspruch zu geraten (*KrV*, B XXV). Aber welche Form nimmt die Rechtfertigung der Legitimität des praktischen Vernunftgebrauchs in der ersten *Kritik* an? Wie trägt die Behauptung der Einheit der Vernunft zur Klärung des Verhältnisses von Kritik und Metaphysik bei? Welche Begriffe ermöglichen die Verwirklichung der systematischen Einheit? Und wo findet Kant die philosophischen Mittel, um seine Darstellung der Einheit des Systems gegen die Einwände zu wappnen, auf die seine metaphysischen Vorgänger stießen?

In der neueren Literatur wird die Bedeutung der »Einheit der Vernunft« für Kants kritisches Projekt hervorgehoben und die Aufmerksamkeit auf die systematische Rolle der Ideen der Vernunft gelenkt. Viele Autorinnen haben argumentiert, dass die zweckmäßige Natur der Ideen und die Wichtigkeit der Verwirklichung des höchsten Gutes uns helfen zu verstehen, wie Kants kritische Mission sowohl als »negativ« als auch als »positiv« verstanden werden kann: Einerseits begrenzt der praktische Gebrauch der Vernunft die unzulässige Ausdehnung der spekulativen Vernunft auf Gegenstände, die in der sinnlichen Erfahrung nicht gegeben sind. Andererseits zeigt sie, wie das richtige Verständnis des reinen praktischen Gebrauchs der Vernunft den Glauben an metaphysische Begriffe wie Gott, Freiheit und die Unsterblichkeit der Seele begründen kann.[20]

20 Zu einem Überblick und einer Kritik konstruktivistischer Interpretationen, die sich von meiner unterscheidet, siehe Ted Kinnaman, »Problems in Kant's Vindication of Pure Reason«, in: *Journal of the History of Philosophy* 39 (4) (2001), S. 559-580.

Das Ziel dieses Buches ist es, diese Interpretation in Frage zu stellen. Mein Argument ist, dass in der *Kritik der reinen Vernunft* zwar die Einheit der Vernunft durch die zweckmäßige Funktion der Ideen der Vernunft erreicht wird, das Projekt aber gleichwohl letztendlich daran scheitert, Kants eigenen kritischen Standards gerecht zu werden. Es scheitert, wie ich zu zeigen hoffe, weil die praktische Vernunft in der ersten *Kritik* kein eigenes *Gebiet* für ihre Gesetzgebung und keine notwendige Verbindung zur *transzendentalen* Freiheit hat: Dies ist etwas, das erstmals in der *Grundlegung* auftaucht, in der *Kritik der praktischen Vernunft* weiterentwickelt wird und Kants Analyse der Zweckmäßigkeit in der *Kritik der Urteilskraft* prägt. Es scheitert auch daran, dass Kant in Ermangelung dieser Verbindung das Prinzip der Zweckmäßigkeit weiterhin mit der Idee des »intelligenten Designs« statt mit der besonderen praktischen Normativität der Vernunft verbindet. Kants Rückkehr zum Status der Zweckmäßigkeit als Normativität in der *Kritik der Urteilskraft* muss im Lichte der Probleme bewertet werden, denen sich die Zweckmäßigkeit als Design in der ersten *Kritik* gegenübersah.

Nichts davon sollte überraschen. Als Kant an der *Kritik der reinen Vernunft* arbeitete, rechnete er noch nicht damit, eine separate *Kritik der praktischen Vernunft* und eine weitere *Kritik der Urteilskraft* zu schreiben.[21] Im Gegenteil: In dem berühmten Brief an Markus Herz aus dem Februar 1772 verkündete er, »daß es mir, was das wesentliche meiner Absicht betrifft gelungen sey, und ich itzo im Stande bin eine Critick der reinen Vernunft, welche die Natur

21 Nicht nur fehlt in der ersten *Kritik* jeder Hinweis auf eine neue, nachfolgende *Kritik der praktischen Vernunft*, die 1785 veröffentlichte *Grundlegung zur Metaphysik der Sitten* schließt die Notwendigkeit einer solchen sogar ausdrücklich aus. Für Kant war die Aufgabe, den praktischen Gebrauch der Vernunft zu klären und die Metaphysik als Wissenschaft zu begründen, Gegenstand des *Kanons der reinen Vernunft*. Zu einer lehrreichen Diskussion der Genealogie der *Kritik der praktischen Vernunft* siehe Filippo Gonnelli, *Guida alla lettura della Critica della ragion pratica di Kant*, Rom, Bari 1999, S. 3-24. Die *Kritik der Urteilskraft* wurde indes erst 1787 unter dem Titel einer *Kritik des Geschmacks* bei Reinhold angekündigt. Auch hier zeigen der von der endgültigen Ausgabe abweichende Titel und die Aufteilung in eine *Kritik der ästhetischen Urteilskraft* und eine *Kritik der teleologischen Urteilskraft*, dass Kant ganz andere Probleme als in der ersten *Kritik* im Auge hatte. Eine nützliche Erörterung der Entstehungsgeschichte des Werkes findet sich in der Einleitung des Herausgebers in Paul Guyer (Hg.), Immanuel Kant, *Critique of the Power of Judgment*, Cambridge 2000, S. xiii-lii.

der theoretischen so wohl als practischen Erkentnis, so fern sie blos intellectual ist, enthält vorzulegen« (*BW*, 132). Wie die Einleitung der ersten Auflage der *Kritik der reinen Vernunft* zudem betont, dachte Kant zu diesem Zeitpunkt, dass »nicht eine einzige metaphysische Aufgabe« ungelöst geblieben sei (*KrV*, A XIII). Der Teil der ersten *Kritik*, in dem dieses Projekt zu Ende geführt wird, ist die »Architektonik der reinen Vernunft«. Sie ist der einzige Abschnitt des Buchs, in dem die Vernunft in ihrer Komplexität unter dem Gesichtspunkt des organischen Zusammenhangs zwischen ihrem theoretischen und praktischen Gebrauch analysiert wird. Das ausdrückliche Ziel des Abschnitts ist es, zu zeigen, in welcher Weise der praktische und der theoretische Gebrauch der Ideen nicht nur funktional analog sind, sondern durch ein Prinzip der zweckmäßigen Einheit integriert werden, das den Übergang von der Natur zur Freiheit ermöglicht.

Die Analyse der Entwicklung des Projekts der Einheit der Vernunft in der ersten *Kritik*, der Forderungen, die es auslösen, und der Schwierigkeiten, auf die es stößt, helfen uns, die radikal neue Richtung zu erhellen, die das Projekt in Kants späterem Werk annimmt. Die »Architektonik der reinen Vernunft« ist essenziell, um zu sehen, wie das Projekt der Einheit der Vernunft in der ersten *Kritik* ausgeführt wird, aber auch um Kants spätere Unzufriedenheit mit ihm zu erklären. Dies ist nicht nur aus einem Interesse für die Entwicklung von Kants Gedanken heraus wichtig, sondern auch, um einige Unklarheiten über die Beziehung zwischen Zweckmäßigkeit und der Idee Gottes zu klären, die spätere Kritiken von Kants Werk beeinflusst haben und die von ihm geprägte deutsche philosophische Tradition auszeichnen.

***

Dieses Buch lässt sich in drei Teile gliedern. Der erste Teil, der dem allgemeinen Problem der Einheit der Vernunft gewidmet ist, untersucht bestehende Interpretationen dieser Frage und verteidigt die Relevanz der »Architektonik« zur Erklärung des Verhältnisses zwischen dem theoretischen und praktischen Gebrauch der Vernunft. Das erste Kapitel hebt die Zentralität des Prinzips der Zweckmäßigkeit für das Projekt der Vereinigung hervor und stellt Kants Bemerkungen zur Architektonik in ihren historischen Kontext, wobei insbesondere das Verhältnis zwischen Kant und den architektonischen Projekten von Leibniz, Baumgarten, Wolff und Lambert untersucht wird. Es zeigt, dass Kant sich bestehende historische Quellen aneignete, um sein eigenes Projekt der Begründung der Metaphysik als Wissenschaft voranzutreiben und über eine vereinheitlichte Vision der Philosophie zu reflektieren, die eine *scholastische* und eine *weltliche/weltbürgerliche* Perspektive beinhaltet. Mit dieser Unterscheidung betont Kant die Wichtigkeit von Systematizität und Zweckmäßigkeit als Eigenschaften der menschlichen Vernunft und appelliert an die Notwendigkeit eines zweckmäßigen architektonischen Prinzips, um die spekulativen Erkenntnisse der Vernunft mit ihrem praktischen Interesse zu verbinden. Dieser Begriff der Zweckmäßigkeit, an dem sich die »Methodenlehre« orientiert, so argumentiert das Kapitel, wurde in vielen Interpretationen übersehen, ist aber hilfreich, um die Zentralität der »Architektonik der reinen Vernunft« in Kants gesamtem kritischen System wiederherzustellen.

Das nächste Kapitel untersucht die einleitenden Absätze der »Architektonik der reinen Vernunft« und vergleicht Kants Verständnis der Architektonik als »die Kunst der Systeme« mit den Projekten einiger seiner Vorgänger, darunter Leibniz, Wolff, Baumgarten und insbesondere Lambert. Die Analyse der Analogien und Unterschiede zwischen Kants Begriff der Architektonik und dem seiner historischen Gesprächspartner hilft, das Verhältnis zwischen »Ideen« und »Zwecken der Vernunft«, an das Kant in diesem Abschnitt und in den Vorlesungen zur Logik aus derselben Zeitperiode appelliert, zu verstehen. Das Kapitel endet mit dem Vorschlag, dass wir, um das Problem und die systematischen Implikationen des Prinzips der Zweckmäßigkeit in der ersten *Kritik* besser zu verstehen, untersuchen müssen, wie die »Architektonik« Kants Darstellung des theoretischen und praktischen Gebrauchs der Ideen, die wir in früheren Teilen dieses Werks finden, integriert und vervollständigt.

Der zweite Teil des Buchs ist der Analyse der Einheit der Vernunft aus theoretischer Perspektive gewidmet. Kapitel drei bietet eine Interpretation des Verhältnisses zwischen »Ideen« und »Zwecken der Vernunft«, die in der Analogie zwischen »System« und »Organismus« wurzelt, wie Kant sie in der »Architektonik« anführt. Durch die Identifizierung einiger Kontinuitäten und Diskontinuitäten zwischen Kants Position hier und seiner Position in der Einleitung der *Kritik der Urteilskraft* können wir die Verschiedenheit der Vorstellung von Zweckmäßigkeit in den beiden Werken besser verstehen. Eine Analyse von Kants Theorie der »Keime« zur Erklärung der Entwicklung organischer Wesen erklärt, wie die erste *Kritik* mit seiner frühen Philosophie der Biologie, insbesondere den Schriften zur Bestimmung des Begriffs der Menschenrasse, verbunden ist. Das Kapitel zeigt, dass die Funktion des Prinzips der Zweckmäßigkeit an dieser Stelle der *Kritik* noch immer mit der Idee von Zweckmäßigkeit als Design verbunden ist und sich aus einer präformistischen, von Leibniz und Bonnet inspirierten Entwicklungstheorie ableitet. Dieselbe Darstellung findet sich auch in anderen Schriften aus derselben Zeit, insbesondere in Kants Essay zur allgemeinen Geschichte. Der Vergleich ist insbesondere hilfreich, um seine Bemerkungen zur Bedeutung einer zweckmäßigen Konzeption der Geschichte mit seinen Forderungen nach systematischer Einheit in der »Architektonik« zu verbinden.

Kapitel vier versucht, ein vertieftes Verständnis des im Zentrum der »Architektonik« stehenden transzendentalen Prinzips der Zweckmäßigkeit zu entwickeln, indem die Wurzeln der Funktion und des Gebrauchs von *Ideen* in der ersten *Kritik* untersucht werden. Trotz des Fehlens eines systematischen Beweises, der die Legitimität zweckmäßiger Prinzipien zeigt (das heißt einer »Deduktion«, in Kants Begriffen), ist es möglich, Kants Bemerkungen über den Schematismus in der »Architektonik« mit seinen Beobachtungen über den legitimen Gebrauch von Ideen im »Anhang zur transzendentalen Dialektik« zu verbinden. Das Kapitel untersucht diese Verbindung, indem es die Funktion von Ideen und ihr Verhältnis zu den Verstandesbegriffen analysiert. Außerdem versucht es, Kants Bemerkungen zum hypothetischen Gebrauch der Ideen mit ihrer logischen Funktion und der Beziehung zwischen logischen und transzendentalen Prinzipien zu verbinden. Ich schlage vor, dass der »Anhang« am besten als (fehlgeschlagener) Versuch gelesen wird, dieselbe Art von Deduktion eines Prinzips der Zweckmäßigkeit anzubieten, das wir auch im Zentrum des Vereinigungsprojekts der dritten *Kritik* finden. Ich versuche aber auch zu zeigen, dass die Schwierigkeiten der Identifikation der genauen Natur des Verhältnisses zwischen einem Prinzip der Zweckmäßigkeit und der Annahme einer zweckmäßigen Ordnung der Natur die Unterscheidung zwischen Kritik und Metaphysik, auf der die erste *Kritik* zu beruhen scheint, zu sprengen drohen.

Kapitel fünf führt die Analyse der Ideen der Vernunft in Bezug auf das für die »Architektonik der reinen Vernunft« zentrale Problem der Systematizität und Zweckmäßigkeit fort. Es unterscheidet noch ausdrücklicher zwischen Zweckmäßigkeit als Design und Zweckmäßigkeit als Normativität und untersucht die transzendentale Deduktion der Ideen in ihrem Verhältnis zur Annahme einer zweckmäßigen Ordnung der Natur und deren Implikationen für den physikotheologischen Gottesbeweis. Das Kapitel fokussiert auf Kants Argumente zu diesem Thema in der »Dialektik der reinen Vernunft«, aber auch in verschiedenen Vorlesungen zur Religionsphilosophie, die ungefähr zur selben Zeit gehalten wurden. Es konzentriert sich einerseits insbesondere auf Kants Beurteilung von Humes Abneigung gegen Zweckmäßigkeit und andererseits auf seine Position gegenüber Wolffs Versuch, die leibnizianische Theodizee wiederzubeleben. Das Kapitel kommt zu dem Schluss, dass Kant zwar die Gültigkeit des physikotheologischen Beweises kritisiert, seine Bemerkungen dazu aber zweideutig bleiben, da er zugleich auf ein »Gesetz der Vernunft« verweist, das mehr als nur die abstrakte Möglichkeit einer systematischen Einheit der Naturzwecke notwendig macht. Die Natur dieser Notwendigkeit ist nicht nur spekulativ, sondern auch praktisch, verbunden mit der moralischen Bestimmung des Menschen. Diesen Punkt wird der dritte Teil des Buches detaillierter analysieren.

Der dritte Teil des Buchs erklärt, wie Kants Behauptungen über die Einheit des Systems in der »Architektonik« uns helfen, die Beziehung zwischen dem theoretischen Gebrauch der Ideen im »Anhang« und ihrem praktischen Gebrauch im »Kanon der reinen Vernunft« besser zu verstehen. Insbesondere untersucht Kapitel sechs den praktischen Gebrauch von Ideen im Lichte der Bemerkungen der »Architektonik« zur Einheit der Systeme der Natur und der Freiheit. Wie bereits betont, beharrt Kant hier auf der Relevanz einer »schematischen« Verbindung zwischen theoretischen Erkenntnissen und praktischen Interessen der Vernunft. Um aber diese Betonung des »Praktischen« richtig zu verstehen, ist es wichtig, sich dem Verhältnis zwischen dem Begriff der Zweckmäßigkeit und den Ideen der Vernunft im »Kanon der reinen Vernunft« zuzuwenden. Das Kapitel untersucht diese Beziehung mit besonderem Fokus auf

Kants Begriff der Freiheit. Es argumentiert dafür, dass Kant zwar darauf besteht, dass der praktische Gebrauch von Ideen die Forderung der »Architektonik der reinen Vernunft« nach systematischer Einheit zufriedenstellen könne; das Argument wird aber durch die Tatsache, dass Kant nicht zwischen praktischer und transzendentaler Freiheit unterscheidet, dass praktische Freiheit mit »liberum arbitrium« gleichgesetzt wird und dass der praktische Gebrauch der Vernunft (anders als in der dritten *Kritik*) kein eigenes Gebiet hat, in Richtung einer zweckmäßigen, auf der Normativität der Vernunft beruhenden Begründung des Systems verkompliziert.

Kapitel sieben führt die Untersuchung des Status der systematischen Einheit, auf den die »Architektonik« sich stützt, fort und erforscht Kants Behauptung, dass systematische Einheit im praktischen Gebrauch der Vernunft gefunden werden könne – trotz fehlender Rechtfertigung eines transzendentalen Begriffs der Freiheit. Es wird argumentiert, dass wir uns, um diese Behauptung zu verstehen, der Beziehung zwischen »Ideen« und dem platonischen Verständnis des »Guten« zuwenden müssen, auf das Kant bei der Erklärung der praktischen Kausalität der reinen Vernunftbegriffe (im Gegensatz zu den Verstandesbegriffen) aufmerksam macht. Die Erfahrung des »Guten« sei nur durch Ideen möglich, und durch die Erfahrung des Guten, wie sie in der menschlichen Konstruktion sozialer und politischer Institutionen widergespiegelt werde, könne die Möglichkeit der Einheit des Systems letztlich gezeigt werden. Die Gründe für diese Behauptung liegen jedoch nicht in der Offenheit und Flexibilität des kantischen Systems und ihrer Vereinbarkeit mit einer Verteidigung der Vernunft als konstruktives Projekt, wie viele Interpretationen der ersten *Kritik* behaupten. Vielmehr liegen sie in Kants Analyse des höchsten Guts als Synthese von Tugend und Glückseligkeit und in der Annahme von Zweckmäßigkeit als Design, in der die Idee der Natur als System der Zwecke begründet ist.

Die Plausibilität der im letzten Teil des Buches vorgelegten Interpretation wird weiter veranschaulicht, indem die Verbindung zwischen der Analyse der Natur als System von Zwecken und dem physikotheologischen Gottesbeweis untersucht wird, mit dem Kant den »Kanon der reinen Vernunft« abschließt. Der Vergleich von Kants Ausführungen zum System der Natur und dem der Freiheit mit Leibniz' Theorie des »regnum gratiae«, auf die sich der »Kanon« bezieht, hilft, die Implikationen von Kants ausdrücklicher Befürwortung der transzendentalen Theologie am Ende des »Kanons der reinen Vernunft« für das kritische System zu erklären. Die Idee der Physikotheologie, die er bereits in Bezug auf den spekulativen Gebrauch der Ideen untersucht hat, taucht hier als Ergebnis der Forderung nach systematischer Einheit unter dem Gesichtspunkt der Notwendigkeit, das höchste Gut in der Welt zu fördern, wieder auf. Kant argumentiert, dass die Forderungen der Vernunft in ihrem praktischen Gebrauch die Möglichkeit einer zweckmäßigen Ordnung der Natur beweisen, ohne deren Existenz die Vernunft ihre wesentlichen Zwecke in der natürlichen Welt nicht verwirklichen könnte. Die architektonische Einheit des Systems ist somit durch das Wissen um den Endzweck der praktischen Vernunft gegeben, der, wie Kant in der »Architektonik« argumentiert, den Übergang vom Reich der Natur in das der Freiheit garantiert.

Ich schließe das Buch mit der These, dass der Preis, der für die architektonische Einheit der ursprünglich getrennten Systeme von Natur und Freiheit zu zahlen ist, eine transzendentale Theologie ist, die die Vernunft implizit zu metaphysischen Annahmen über die Ordnung der Natur verpflichtet, die ihr kritischer Teil ausdrücklich ausgeschlossen hat. Dies erklärt, warum Kant unmittelbar nach der Veröffentlichung der ersten *Kritik* weiterhin von Hume beunruhigt war und warum die transzendentale Freiheit zum Hauptthema der *Kritik der praktischen Vernunft* wurde. Es erklärt auch, warum Kant die Verteidigung der Physikotheologie zurückzog und sie in der *Kritik der Urteilskraft* in eine ethische Theologie umwandelte – ein Text, in dem das Problem der Zweckmäßigkeit sorgfältig vom Gebrauch der Ideen unterschieden wird und in dem wir ein separates Vermögen finden, das für den Gebrauch zweckmäßiger Prinzipien verantwortlich ist: das Vermögen der Urteilskraft. Natürlich widerruft Kant später keinen Teil der ersten *Kritik* ausdrücklich; seine Überarbeitungen betreffen hauptsächlich die »transzendentale Analytik«, und die Klarstellungen und Ergänzungen der zweiten Auflage scheinen weitgehend mit dem Rahmen der ersten übereinzustimmen. Er war sich jedoch der Spannungen in seinem Werk bewusst und versuchte, sie durch eine Weiterentwicklung seiner Darstellung der Zweckmäßigkeit und das Wiederaufgreifen des Vereinheitlichungsprojekts zu beheben. Das Verständnis der Forderung nach systematischer Einheit und ihrer Ausführung in der »Architektonik der reinen Vernunft« ist entscheidend, um sowohl die Entwicklung dieses Projekts in der ersten *Kritik* als auch die Notwendigkeit einer Rekonfiguration des Systems in nachfolgenden Werken zu verstehen. Ohne eine solche Rekonfiguration hätte die am Ende der »Architektonik« entdeckte Einheit der Vernunft Kants vermeintlich kritischstes Werk in nichts als eine ausgeklügelte Version dogmatischer Metaphysik verwandelt.

I. Der Schulbegriff und der Weltbegriff der Philosophie

I. »Die Architektonik der reinen Vernunft« interpretieren

Die »Architektonik der reinen Vernunft« gehörte bis vor Kurzem zu den am wenigsten gelesenen Teilen von Kants erster *Kritik*. Traditionell scheinen die wenigen Kommentare dieses Abschnitts mit Schopenhauers frühem Urteil übereinzustimmen, dass seine Existenz in der *Kritik der reinen Vernunft* vorrangig auf Kants »Liebe für architektonische Symmetrie« zurückzuführen sei und dem Rest dieses Hauptwerks nichts Wesentliches hinzufüge.[1] Einem frühen Kommentator der *Kritik der reinen Vernunft* zufolge sei die »Architektonik« nur von geringer wissenschaftlicher Bedeutung und befriedige lediglich ein Interesse der Persönlichkeit Kants.[2]

In jüngerer Zeit urteilten die Leserinnen der »Methodenlehre« weniger hart über Kants architektonisches Projekt.[3] Doch obwohl sie die Bedeutung dieses Texts für eine angemessene Beurteilung der systematischen Ambitionen der ersten *Kritik* betonen, haben

1 Arthur Schopenhauer, »Kritik der kantischen Philosophie. Anhang«, in: Paul Deussen (Hg.), *Sämtliche Werke*, Bd. 4, München 1924, S. 610-625.

2 Norman Kemp Smith, *A Commentary to Kant's Critique of Pure Reason*, New York 1962, S. 579-582.

3 Siehe Heinz Heimsoeth, *Transzendentale Dialektik. Ein Kommentar zu Kants Kritik der reinen Vernunft, Vierter Teil, Die Methodenlehre*, Berlin 1971; Otfried Höffe, »Architektonik und Geschichte«, in: Georg Mohr, Marcus Willaschek (Hg.), *Immanuel Kant: Kritik der reinen Vernunft*, Berlin 1998, S. 616-645; Hans Friedrich Fulda, Jürgen Stolzenberg (Hg.), *Architektonik und System in der Philosophie Kants*, Hamburg 2001; Ina Goy, *Architektonik oder die Kunst der Systeme*, Paderborn 2007. Siehe auch Francesca Di Donato, »Conoscenza e pubblicità del sapere. Le condizioni della repubblica scientifica a partire dall'Architettonica della ragion pura di Kant«, in: *Bollettino telematico di filosofia politica* (2005), S. 1-16; Manchester, »Kant's Conception of Architectonic in Its Historical Context«; Paula Manchester, »Kant's Conception of Architectonic in its Philosophical Context«, in: *Kant-Studien* 99 (2) (2008), S. 132-151; Giorgio Tonelli, *Kant's Critique of Pure Reason within the Tradition of Modern Logic*, Zürich 1994; und Gabriele Gava, »Kant's Definition of Science in the Architectonic of Pure Reason and the Essential Ends of Reason«, in: *Kant-Studien* 105 (3) (2014), S. 372-393.

nur sehr wenige von ihnen explizit seinen Beitrag zum Problem der Einheit der Vernunft analysiert, der, wie ich im Folgenden darlegen werde, das eigentliche Interesse dieser systematischen Ambitionen ist.[4]

Die Vernachlässigung dieses Teils der ersten *Kritik* ist schwer zu rechtfertigen. Kant definiert die »Architektonik« als die »Kunst der Systeme« und bezeichnet sie als die »Lehre des Scientifischen in unserer Erkenntniß überhaupt« (*KrV*, A 832/B 860), da nur systematische Einheit aus gewöhnlicher Erkenntnis Wissenschaft mache. Die Auferlegung künstlicher symmetrischer Strukturen aus Sorge um den wissenschaftlichen Charakter der Erkenntnis ist jedoch oft als ein philosophischer Zug mit »barockem« Charakter abgetan worden, den wir, »mag er uns auch unnötige Schwierigkeiten machen oder unmaßgebliches Vergnügen bereiten, schließlich unbesorgt vernachlässigen dürfen«, wie ein einflussreicher Kommentator es formulierte.[5] Sich mit dieser Interpretation zu begnügen, heißt jedoch, sich überraschend wenig mit einer der treibenden Kräfte des gesamten kritischen Projekts auseinanderzusetzen: das Wesen der Vernunft, den legitimen Gebrauch ihrer Prinzipien und ihren Beitrag zur Artikulation der Bedingungen der Möglichkeit theoretischer und praktischer Erfahrung zu verstehen.

Das philosophische Interesse der »Architektonik« liegt in ihrem Beitrag zur Konstruktion eines einheitlichen Systems der Vernunft, das die Aufgabe der »transzendentalen Methodenlehre« verwirk-

4 Graham Birds ansonsten ausgezeichnetes Buch *The Revolutionary Kant: A Commentary on the Critique of Pure Reason*, Chicago 2005, erwähnt die *Architektonik* kaum und scheint Smith' Urteil zuzustimmen, dass die *Architektonik* lediglich als Zusammenfassung von Kants Erkenntnissen in früheren Teilen der *Kritik* diene. Zu ähnlichen Positionen siehe Thomas Dewar Weldon, *Kant's Critique of Pure Reason*, 2. Aufl., Oxford 1958; Robert Paul Wolff, *Kant's Mental Activity: A Commentary to the Transcendental Analytic of the Critique of Pure Reason*, Oxford 1963; und Jonathan Bennett, *Kant's Dialectic*, Cambridge 1974.

5 Peter Strawson, *Die Grenzen des Sinns: Ein Kommentar zu Kants Kritik der reinen Vernunft*, übersetzt von Ernst Michael Lange, Königstein 1981, S. 19. Strawson reflektiert über dieses Thema im Zusammenhang mit der Kritik an dem komplizierten System von Unterteilungen und Verbindungen, das Kant aus der traditionellen Logik importiert, und stellt fest, dass »immer wieder dasselbe Muster von Einteilungen, Unterscheidungen und Verknüpfungen in den verschiedenen Abteilungen des Werkes reproduziert [wird]. Die künstliche und umständliche Symmetrie dieser auferlegten Struktur hat einen Charakter, der den Titel des Barocken verdient, wenn nur irgendetwas in der Philosophie diesen Titel verdient.«

licht. Die Metapher des Gebäudes, mit dem Kant das Werk der Vernunft vergleicht, ist entscheidend für die Perspektive des kritischen Projekts, das einen doppelten Kampf gegen den Skeptizismus und gegen den Dogmatismus austrägt. Dieses Projekt müsse sich auf hinreichend solide Materialien stützen und bedürfe der Kombination dieser Materialien nach einem den menschlichen Bedürfnissen angemessenen Plan. Bei oberflächlicher Lektüre suggeriert der Verweis auf die Bedürfnisse und Interessen der Vernunft, dass es nur praktische Erwägungen sind, die Kant ab der »Methodenlehre« antreiben. Doch bei näherer Betrachtung wird schnell klar, dass die Aufgabe der »Methodenlehre« nicht nur darin besteht, die praktischen Zwecke der Vernunft zu befördern: Ihr Ziel sei die »Bestimmung der formalen Bedingungen eines vollständigen Systems der reinen Vernunft« (*KrV*, A 707 f./B 735 f.).

Diese Definition der Aufgabe der »Methodenlehre« als Aufbau eines »vollständigen Systems der reinen Vernunft« eröffnet zwei interessante Gedankenstränge. Dem ersten zufolge ist ein System der reinen Vernunft nicht mit einer kumulativen Methode zu erreichen, die die für die menschliche Erkenntnis erforderlichen »Materialien« einfach anhäuft. Was wir darüber hinaus für die Einheit benötigen, ist ein rationaler Plan. Eine »Methodenlehre« sei unabdingbar, um die Materialien der Vernunft entsprechend ihren Bedürfnissen zu verteilen, die nicht nur die transzendentalen Bedingungen der Möglichkeit von Erfahrung, sondern auch die besonderen Umstände, Interessen und Zwecke des erfahrenden Subjekts umfassen.

Der zweite interessante Aspekt ist die Art des Plans, den die »Methodenlehre« für die Durchführung des Vereinigungsprojekts benötigt. Dieser sollte zwar mit dem praktischen Interesse der Vernunft in Einklang stehen, ist aber offensichtlich nicht auf dieses reduzierbar. Die Aufgabe der »Methodenlehre« besteht in der Analyse der begrifflichen Werkzeuge, mit denen das System der Vernunft als ein *einheitliches Ganzes* betrachtet werden kann, indem die Beziehung zwischen seinem materiellen Wissensbestand und den Zwecken, denen diese Materialien letztlich dienen, bestimmt wird. Das Interesse an systematischer Einheit ist also theoretisch *und* praktisch zugleich.

Solche Erläuterungen über den für das vollständige System der reinen Vernunft notwendigen vernünftigen Plan stellen das Projekt der »Methodenlehre« in unmittelbare Kontinuität zu den Ausführungen über die Umwandlung der Metaphysik in eine Wissenschaft, die wir zu Beginn der *Kritik* finden. Dort erklärt Kant, welche Zwecke die Vernunft verfolge und wie sie sie zu erreichen strebe. Die Herausforderung der »Methodenlehre« besteht darin, die verschiedenen Elemente der »transzendentalen Ästhetik«, der »Analytik« und der »Dialektik« mit der Analyse des Wesens der Vernunft und dem Streben nach systematischer Einheit zu verbinden, mit dem Kant das kritische Projekt beginnt. Aber während die »Methodenlehre« sich auf die für die Philosophie des 17. und 18. Jahrhunderts charakteristische Gebäudemetapher bezieht, um die Beziehung zwischen der kritischen Konzeption der Erfahrung auf der einen Seite und den subjektiven Ansprüchen des erfahrenden Subjekts auf der anderen Seite zu diskutieren, liefert sie zugleich keine wirkliche positive Darstellung der Integration beider Seiten.

Diese positive Darstellung findet sich in der »Architektonik der reinen Vernunft«. Um zu verstehen, wie Kant hier über die generische Wiederholung von Aussagen auf den ersten Seiten der *Kritik* (über die Bescheidenheit und die Größe der Vernunft) hinausgeht, bedarf es einer Analyse der Reflexion über das Wesen der Philosophie als holistisches Unterfangen in der »Architektonik«. Schon der Titel der »Architektonik« verweist ausdrücklich auf die konstruktive Aufgabe der »Methodenlehre« – auf die Bedeutung eines architektonischen Plans, der die Baumaterialien organisiert und die gesamte Struktur der Vernunft ausrichtet. Um aber zu klären, auf welche besondere Weise die »Architektonik« diese Aufgabe zu lösen versucht, bietet Kant seine eigene Neuinterpretation eines alten Streits über das Wesen und die Rolle der philosophischen Forschung an, der auf zwei verschiedenen Arten des Verständnisses der Aufgabe der Philosophie im System der Wissenschaften beruht: einem Verständnis nach dem »Schulbegriff« und einem nach dem »Weltbegriff« der Philosophie.

2. Die Einheit des Systems im Schulbegriff der Philosophie

In der »Architektonik der reinen Vernunft« bietet Kant zwei Definitionen der Philosophie, die beide für das Verständnis des Verhältnisses zwischen dem praktischen Interesse der Vernunft und der Forderung nach Einheit im System entscheidend sind. Die erste nennt er ihren »Schulbegriff«. Nach dieser Definition stellt die Philosophie »das System aller philosophischen Erkenntniß« dar und zielt auf die logische Vollkommenheit der Erkenntnis (*KrV*, A 838/B 866).[6] Neben der *Kritik der reinen Vernunft* finden sich einige der wichtigsten Verweise auf diese Definition der Philosophie unter anderem in der *Ersten Einleitung zur Kritik der Urteilskraft* (*KUEE*, 195), in der *Kritik der Urteilskraft* (*KU*, 171) und in dem Essay *Welches sind die wirklichen Fortschritte, die die Metaphysik seit Leibnitzens und Wolf's Zeiten in Deutschland gemacht hat?* (*FM*, 261). Das Ziel der Philosophie nach dem Schulbegriff sei es, den Begriff eines Systems von Erkenntnissen wissenschaftlich zu begründen, mit dem einzigen Ziel, nach seiner Einheit zu suchen (*KrV*, A 838/B 866). Dazu benötige die Philosophie eine hinreichende Menge an Vernunfterkenntnissen sowie deren korrekte Verknüpfung innerhalb eines Systems. Diese Fähigkeit ist der Kern dessen, was Kant den »theoretischen« Gebrauch der Vernunft nennt, »durch den ich *a priori* (als notwendig) erkenne, daß etwas sei« (*KrV*, A 633/B 661), und der »spekulativ« werde, wenn er »auf einen Gegenstand, oder solche Begriffe von einem Gegenstande, geht, wozu man in keiner Erfahrung gelangen kann« (*KrV*, A 634/B 662). Wie Kant in der »Architektonik« klarstellt, sei ein System nichts anderes als der »Zusammenhang vieler Erkenntniße nach einer Idee« (*WL*, 799; siehe auch *LJ*, 24 und *KrV*, A 832/B 860).

Die Frage, die der Philosophie in ihrem Schulbegriff zugrunde liegt, ist eine rein taxonomische Frage, die die Organisation von Erkenntnissen innerhalb einer Wissenschaft und von verschiedenen Wissenschaften innerhalb eines Systems betrifft. Kant identifiziert in der »Idee« das entscheidende begriffliche Werkzeug, um einer Vielzahl von Erkenntnissen Einheit zu verleihen, und unterscheidet zwischen zwei verschiedenen Arten der Organisation von Erkenntnissen: der Organisation als Aggregat und als System. Für Kant ist es ebendiese Unterscheidung, die ein Verständnis des Gegensatzes zwischen *gemeiner Erkenntnis* und *Wissenschaft* ermöglicht, ein Gegensatz, der auf der Analyse der Beziehung zwischen dem Ganzen eines Wissenskörpers und seinen Teilen basiert. Im Falle

6 »Alle Vernunfterkenntnis ist nun entweder die aus Begriffen, oder aus der Konstruktion der Begriffe; die erstere heißt philosophisch, die zweite mathematisch« (*KrV*, A 837/B 865).

gemeinen Wissens haben wir es mit einem Aggregat zu tun, dessen Teile keine Kohärenz und innere Homogenität aufweisen. Im Falle von Wissenschaft liege nicht nur eine kohärente Ansammlung von Wissen, sondern eine systematische Integration der Teile vor. Nur systematische Einheit, so stellt Kant klar, sei in der Lage, Wissen in Wissenschaft zu verwandeln, indem sie ein Aggregat von Elementen in die kohärente Form eines Systems bringe. Ein solches System spiegele die Idee eines Ganzen wider, das seinen Teilen vorausgehe – im Gegensatz zum gemeinen Wissen, bei dem die Teile dem Ganzen vorausgehen (*KrV*, A 832/B 860).

Die wissenschaftliche Vorstellung der Gesamtheit des Wissens ist mehr als eine kontinuierliche Aggregation der Elemente, aus denen es besteht. Kumulatives Wissen, bei dem Erkenntnisse willkürlich zusammengeführt werden, ohne dass die Rolle eines jeden Teils im System und sein Verhältnis zum Ganzen richtig verstanden wird, ist keine Wissenschaft. Im Falle aggregierten Wissens wird jedes neue Element zu den vorhandenen hinzugefügt, ohne dass eine Idee des Ganzen zugrunde liegt. Im Falle des systematischen Wissens gibt es eine Reihe von Prinzipien und Folgen, deren Teile als Glieder bezeichnet werden, weil jedes von ihnen nur in Beziehung zu den anderen verstanden werden kann (siehe auch *MM*, 747). Eine »Wissenschaft«, die diesen Namen verdient, ist daher für Kant nicht auf das Vorhandensein einer Reihe von Erkenntnissen reduzierbar, seien sie rational oder empirisch, sondern erfordert ein Prinzip ihrer organischen Beziehung und funktionalen Systematisierung.

Auf den ersten Blick tragen diese Ausführungen nur wenig zur methodischen Debatte des 18. Jahrhunderts bei, die die erste *Kritik* von den bekannten Werken Wolffs, Crusius', Baumgartens und Lamberts übernommen hat.[7] Für all diese Philosophen war klar,

7 Ausführliche frühe Studien über Lamberts Einfluss auf Kant finden sich bei Otto Baensch, *Johann Heinrich Lamberts Philosophie und seine Stellung zu Kant*, Tübingen 1902, und Riehl, *Der philosophische Kritizismus*. Zu einer neueren Diskussion des Verhältnisses zwischen Kant und Baumgarten zur *Architektonik* siehe Adrian Switzer, »The Traditional Form of a Complete Science: Baumgartens Metaphysica in Kants ›Architektonic of Pure Reason‹«, in: *Philosophica* 44 (2014), S. 149-164. Zu Kant und Crusius siehe Gabriele Gava, »Kant and Crusius on Belief and Practical Justification«, in: *Kantian Review* 24 (1) (2019), S. 53-75. Zu Kant und Wolff siehe Karin De Boer, »Transformations of Transcendental Philosophy: Wolff, Kant, and Hegel«, in: *Hegel Bulletin* 32 (1-2) (2011), S. 50-79,

dass jede rationale Erkenntnis nicht einfach zu einem bestehenden Wissensbestand hinzugefügt werden könne, sondern ihren Platz in der Beziehung zum gesamten System der Wissenschaften einnehmen müsse. Es müsse mit dem System – mit der Idee des Ganzen – begonnen werden, um jedem neuen Fragment seine Rolle in einer bestimmten Wissenschaft zuzuweisen.[8] Dies verdeutlicht dieser Auszug aus der »Alethiologie« in Lamberts *Neuem Organon*:

> Wir betrachten demnach hier das ganze System aller Begriffe, Sätze und Verhältnisse, die nur immer möglich sind, als bereits in seiner Verbindung und Zusammenhange, und sehen das, so wir etwann bereits davon wissen, als Theile und einzelne Stücke dieses Systems an, weil wir auf diese Art, so oft wir neue Stücke finden und mit den bereits gefundenen zusammenhängen wollen, den Grundriß des ganzen Gebäudes vor Augen haben, und jede einzelne Stücke darnach prüfen können.[9]

Was die Definition des Schulbegriffs der Philosophie betrifft, so kann man sagen, dass die *Kritik der reinen Vernunft* keinen originellen Beitrag zur Frage der Methode leistet, die Kant von seinen rationalistischen Vorgängern erbt. Sie verdankt Lambert den Begriff der »Architektonik«[10] und der Philosophie Wolffs und der wolffschen Schule den Fokus auf die systematischen und methodischen Aspekte der menschlichen Erkenntnis.[11] Kant hat keine Mühe, dieses

und Gabriele Gava, »Kant, Wolff and the Method of Philosophy«, in: *Oxford Studies in Early Modern Philosophy* 8 (2018), S. 271-303. Zu einer ausgezeichneten aktuellen Monografie, die die Verbindungen zwischen Kant und der Metaphysik seiner Vorgänger skizziert, siehe Karin De Boer, *Kant's Reform of Metaphysics: The Critique of Pure Reason Reconsidered*, Cambridge 2020.

8 Zur Vorstellung seiner *Architektonik* siehe Lamberts Brief an Kant vom 13. November 1765, in *BW*, S. 48-51.

9 Johann Heinrich Lambert, *Neues Organon*, Bd. 1, Leipzig 1764, S. 538.

10 Im Vorwort zu seiner *Anlage zur Architektonik* bezeichnet Lambert dies als »durchaus aufs neue vorgenommene Untersuchung der metaphysischen Grundlehren«. Siehe Johann Heinrich Lambert, »Anlage zur Architektonik«, in: Hans Werner Arndt (Hg.), *Philosophische Schriften*, Bd. III, Hildesheim 1965. Wie Arndt in der Einleitung zu Lamberts Schriften darlegt, wurde der Begriff jedoch schon zuvor von Wolff und Baumgarten verwendet, die bereits von »scientia architectonica« als Synonym für »Ontologie« sprachen; siehe seine Anmerkungen in Lambert, *Anlage zur Architektonik, Einleitung*, S. XIII-XXVI. Zu detaillierten Studien über Lamberts Einfluss auf Kant siehe Baensch, *Johann Heinrich Lamberts Philosophie und seine Stellung zu Kant*, und Riehl, *Der philosophische Kritizismus*.

11 Siehe *KrV*, B XXXVI: »In der Ausführung also des Plans, den die Kritik vor-

Erbe anzuerkennen. Wer Wolffs Methode ablehne, so schreibt er in der ersten *Kritik*, lehne auch das »Verfahren der Kritik der reinen Vernunft« ab und könne unmöglich etwas anderes anstreben, als »die Fesseln der Wissenschaft gar abzuwerfen, Arbeit in Spiel, Gewissheit in Meinung, und Philosophie in Philodoxie zu verwandeln« (*KrV*, B XXXVII). Methodologische Strenge, die Wichtigkeit einer systematischen Analyse der Erfahrung und die Trennung und Wiedervereinigung der Elemente, die die theoretische Erkenntnis ausmachen – all das sind Merkmale, die die erste *Kritik* von ihren Vorgängern übernimmt.

Bei aller Betonung von Kants Schulden bei der geerbten metaphysischen Tradition ist es jedoch wichtig, die Unterschiede nicht aus den Augen zu verlieren. Wie Ernst Cassirer erklärt, versuchte Kant, wie viele Autoren des 18. Jahrhunderts, den für einen Großteil des früheren philosophischen Denkens charakteristischen »esprit de système« durch einen »*esprit systématique*« zu ersetzen, der die Wirklichkeit zu analysieren sucht, ohne dafür auf dogmatische Metaphysik zurückgreifen zu müssen. Die philosophische Wissenschaft der Aufklärung, so zeigt Cassirer, hört auf, mit Descartes und Malebranche, Wolff und Spinoza »um den Preis der systematischen Strenge und der systematischen Vollständigkeit« zu wetteifern.[12] Die Vernunft ist hier weder das Reich der ewigen Wahrheiten, die sowohl den Menschen als auch dem höchsten Schöpfer zur Verfügung stehen, noch ein Komplex angeborener Ideen, die vor jeder

schreibt, d. i. im künftigen System der Metaphysik, müssen wir dereinst der strengen Methode des berühmten Wolff, des größten unter allen dogmatischen Philosophen, folgen, der zuerst das Beispiel gab, (und durch dies Beispiel der Urheber des bisher noch nicht erloschenen Geistes der Gründlichkeit in Deutschland wurde,) wie durch gesetzmäßige Feststellung der Prinzipien, deutliche Bestimmung der Begriffe, versuchte Strenge der Beweise, Verhütung kühner Sprünge in Folgerungen der sichere Gang einer Wissenschaft zu nehmen sei, der auch eben darum eine solche, als Metaphysik ist, in diesen Stand zu versetzen vorzüglich geschickt war, wenn es ihm beigefallen wäre, durch Kritik des Organs, nämlich der reinen Vernunft selbst, sich das Feld vorher zu bereiten: ein Mangel, der nicht sowohl ihm, als vielmehr der dogmatischen Denkungsart seines Zeitalters beizumessen ist, und darüber die Philosophen, seiner sowohl als aller vorigen Zeiten, einander nichts vorzuwerfen haben.« Zu einer frühen Diskussion der Beziehung zwischen Wolff und Kant siehe Riehl, *Der philosophische Kritizismus*, S. 206-221. Siehe auch Gava, »Kant, Wolff and the Method of Philosophy«.

12 Ernst Cassirer, *Die Philosophie der Aufklärung* [1932], Hamburg 2007, S. 6.

sinnlichen Erfahrung gegeben sind und das wahre Wesen der Dinge widerspiegeln.

Dieses komplexe Verhältnis zur vorangegangenen philosophischen Tradition bringt neue Spannungen zum Vorschein. Kann man die Widersprüche und Fehlbarkeiten der Vernunft betonen und zugleich die Kohärenz ihres Erkenntnissystems zelebrieren? Kann die Vernunft für die Notwendigkeit transzendentaler Prinzipien eintreten und zugleich die Chimären der Metaphysik verwerfen? Wie kann die Vernunft sowohl eine Gefangene selbst erzeugter Illusionen als auch eine Quelle der Selbstbefreiung sein? Die ersten Seiten der zweiten Auflage der *Kritik der reinen Vernunft* reflektieren über genau diese Dilemmata. Kant argumentiert hier, dass die Kohärenz des Systems, seine organische Natur und seine Fähigkeit zur Selbstkorrektur nicht das Ergebnis von »Eigendünkel« seien, sondern durch seine eigene Vorgehensweise garantiert werden. Die Gewissheit der Ergebnisse sei durch einen reflexiven Prozess gegeben, in dem sich die Vernunft von den Teilen zum Ganzen und vom Ganzen zu den Teilen vor- und zurückbewegt. Dieses »Ganze« sei wiederum »durch die Endabsicht derselben [Vernunft] im Praktischen gegeben«. Die Kohärenz des Projekts bleibe gewahrt, weil »der Versuch, auch nur den kleinsten Teil abzuändern, sofort Widersprüche, nicht bloß des Systems, sondern der allgemeinen Menschenvernunft herbeiführt« (*KrV*, B XXXVIII).

Die für die Einheit des Systems notwendige Idee des Ganzen wird also durch eine »Endabsicht« der Vernunft in ihrem praktischen Gebrauch gewährleistet. Eine solche Behauptung lässt sich nur schwer mit Interpretationen vereinbaren, die behaupten, das Erfordernis der systematischen Einheit sei für Kants Philosophie nur in Bezug auf den praktischen Gebrauch der Vernunft von Bedeutung.[13] Kant beschränkt sich in diesem Abschnitt nicht darauf, die Idee des Ganzen in Bezug auf das praktische Interesse der Vernunft zu analysieren. Er versucht vielmehr zu zeigen, wie die Idee des Ganzen, zu der *wir* durch den praktischen Gebrauch der Vernunft *Zugang erhalten*, die Systematizität der Erkenntnis *überhaupt* garantiert. Was wir in diesen Zeilen finden, ist nicht nur eine Bestätigung von Kants Interesse an der logischen Vollkommenheit

13 Zu einer Verteidigung dieser Interpretation siehe Gava, »Kant's Definition of Science in the Architectonic of Pure Reason and the Essential Ends of Reason«.

der Erkenntnis, das durch einen Appell an die moralische Haltung der Vernunft *ergänzt wird*. Das Problem ist umfassender und tiefer, sowohl wegen des Kontexts, in dem es auftaucht, als auch wegen der Eigentümlichkeit von Kants Argumentation. Wir haben es hier mit einer Rechtfertigung der gesamten Vorgehensweise der *Kritik* zu tun, und zwar sowohl in analytischer als auch in synthetischer Hinsicht. Einerseits wird die Möglichkeit der logischen Vollkommenheit der Erkenntnis durch die Einheit der Teile in der Idee des Ganzen gewährleistet. Andererseits ist es nur möglich, die Idee des Ganzen systematisch zu integrieren, sofern wir wissen, dass sie uns im letzten Zweck der Vernunft, durch ihren praktischen Gebrauch, »gegeben« ist. Wie aber kann der praktische Gebrauch der Vernunft eine Operation zu Ende führen, die sich nur aus theoretischer Perspektive auf die Frage der vollständigen Einheit der Erkenntnisse bezieht? Um diese Frage zu beantworten, ist es wichtig, den Weltbegriff der Philosophie zu analysieren, der ihren Schulbegriff ergänzt.

3. Die Einheit des Systems im Weltbegriff der Philosophie

Nach ihrem Weltbegriff ist die Philosophie

> die Wissenschaft der Beziehung alles Erkenntnisses und Vernunftgebrauchs auf den Endzweck der menschlichen Vernunft, dem, als dem obersten, alle andern Zwecke subordiniert sind und sich in ihm zur Einheit vereinigen müssen (*LJ*, 24; siehe auch *KrV*, A 838 f./B 866 f.).

Mit dem Verweis auf den Endzweck der menschlichen Vernunft, in Bezug auf den jeder andere Zweck verstanden wird, gehen wir bereits über den Schulbegriff der Philosophie hinaus. Kant ist hier insbesondere an der praktischen Dimension der Vernunft interessiert. Das praktische Interesse der Vernunft steht jedoch nicht außerhalb seiner theoretischen Forderung nach systematischer Einheit, sondern trägt zur Erlangung des wissenschaftlichen Status der Vernunfterkenntnisse als Ganzes bei. Wie vollzieht Kant den Übergang?

Die Frage nach der Einheit der Vernunft taucht, wie wir gesehen haben, bereits in der Einleitung zur ersten *Kritik* auf. Hier erwähnt Kant den Begriff der »Endabsicht«, um zu erklären, wie das praktische Interesse der Vernunft uns das Nachdenken über die Idee des Ganzen ermöglicht, die für die scholastische Strenge der Philosophie notwendig ist. Die Unterscheidung zwischen der »Endabsicht« und dem »Endzweck« (wobei Letzterer stärker praktisch konnotiert ist) ist entscheidend, um die Beziehung zwischen der Idee des Ganzen und der Garantie der systematischen Einheit zu erklären. Dieselbe Unterscheidung prägt auch Kants Formulierung der drei Grundfragen, auf die sowohl das spekulative als auch das praktische Interesse der Vernunft ausgerichtet sei: »Was kann ich wissen? Was soll ich tun? Was darf ich hoffen?« (*KrV*, A 805/B 833). Obwohl Kant den »Endzweck« der Vernunft im Zusammenhang mit diesen Fragen nicht explizit erwähnt, wird das praktische Interesse der Vernunft in den Vorlesungen über Metaphysik und Logik, die Kant etwa zur gleichen Zeit hielt, deutlich herausgestellt. Hier werden die drei oben genannten Fragen um eine vierte ergänzt, die als die wichtigste gilt: »Was ist der Mensch?« (*VM*, 533-534; *LJ*, 25). Diese Frage werde von der philosophischen Anthropologie gestellt und stehe im Zentrum aller bisherigen. Sie fasse die Ansprüche von Metaphysik, Moral und Religion zusammen und bilde das »Feld«, auf das sich die Philosophie als Gesamtsystem bezieht.[14]

Wichtig ist für Kant, dass der Weltbegriff der Philosophie ihren Schulbegriff sowohl integriert als auch vervollständigt. Kant führt die »weltbürgerliche« Bedeutung der Philosophie als »Lehre der Weisheit« ein, eine Disziplin, die andere (wenngleich verwandte) Fragen aufwerfe als die Philosophie nach ihrem Schulbegriff. In der *Jäsche-Logik* wird der weltbürgerliche Begriff fast als Synonym für den Weltbegriff verwendet, aber die Behandlung beider Begriffe als Synonyme ist ein Bruch mit der Tradition. Sie zeigt, dass Kant, obwohl in der *Kritik der reinen Vernunft* und in den zur selben Zeit gehaltenen Vorlesungen über Logik nur der Weltbegriff der Philosophie erwähnt wird, bereits mit einem Verständnis von Philo-

14 Siehe in den von Pölitz herausgegebenen Vorlesungen über Metaphysik: »Das Feld der Philosophie *in sensu cosmopolitico* läßt sich auf folgende Fragen zurückbringen: 1) Was kann ich wissen? Das zeigt die Metaphysik. 2) Was soll ich thun? Das zeigt die Moral. 3) Was darf ich hoffen? Das lehrt die Religion. 4) Was ist der Mensch? Das lehrt die Anthropologie.« Der Text in den *Vorlesungen über Logik* unterscheidet sich so wenig von dem in den *Vorlesungen über Metaphysik*, dass einige Autoren ihn für eine Notiz aus ein und demselben Text halten, die Pölitz an zwei verschiedenen Stellen abgeschrieben hat. Siehe hierzu die *Einleitung* von Karl Ameriks, Steve Naragon (Hg.), *Kant's Lectures on Metaphysics, The Cambridge Edition of the Works of Immanuel Kant*, New York 1997, S. XXX f.

sophie arbeitete, das sich von der logischen und metaphysischen Tradition, die seine Überlegungen zur »Architektonik« inspirierte, leicht unterschied. Seine Analyse philosophischer Bestrebungen war bereits offen für eine Berücksichtigung des besonderen Beitrags moralischer und politischer Bemühungen zur Systematizität der menschlichen Erkenntnis.

Um den Grund dafür zu verstehen, lohnt sich ein Blick auf Kants Revision der Definition der Philosophie in Georg Meiers *Auszug aus der Vernunftlehre*, einem Text, den Kant regelmäßig als Referenzhandbuch für seine *Vorlesungen über Logik* verwendete. Nach Meier ist »Weltweisheit eine Wissenschaft der allgemeinen Beschaffenheit der Dinge, in so ferne sie ohne Glauben erkannt werden« (*Nachlass*, 51). In der *Logik Blomberg* macht Kant folgende Bemerkung zu dieser Definition:

> Die Definition unseres Autoris, die er von der Philosophia gibt, ist folgende: die Weltweisheit, sagt er, ist eine Wißenschaft der allgemeinen Beschaffenheiten der Dinge, in so ferne sie ohne glauben erkanndt werden. Man pflegt auch sonst zu sagen: Philosophia est Scientia, quae circa rerum rationis versatur. weil sich aber die Weltweisheit nicht bloß mit den Gründen der Dinge, sondern auch öfters mit ihren Beschaffenheiten schlechthin beschäftiget; so siehet man leicht, daß diese Definition unrichtig ist. zur Philosophie gehöret ein höherer Gebrauch der Vernunft: es ist aber schwer zu bestimmen, wo sich die Philosophie anfängt, und wo sie aufhört; so wie die Grenzen zwischen Armuth und Reichthum z. E. zu bestimmen sind (*LB*, 30).

Philosophie, so sagt Kant viel später in der *Dohna-Wundlacken-Logik*, sei die Lehre von der Weisheit. Weisheit sei die »Übereinstimmung mit den Endzwecken aller Dinge. Alle andern Erkenntnisse haben ihren Nutzen nur als Mittel – nur die Philosophie führt auf den letzten Endzweck – Weisheit. (Die Lehre vom höchsten Gut.)« (*LD*, 698).

Bei der Analyse der verschiedenen Notizen in den Vorlesungen zur Logik wird sehr deutlich, dass Kant zwar Meiers Definition der Philosophie als »Weltweisheit« folgt, sie aber auch tiefgreifend modifiziert. Der Unterschied zwischen der Philosophie nach dem Weltbegriff und nach dem Schulbegriff bestehe darin, dass letztere eigentlich nur eine »Unterweisung zur Geschicklichkeit« sei (*WL*, 798; *LJ*, 24). Der Mathematiker, der Naturforscher und selbst der

Logiker, so Kant, könnten zwar an dieser Geschicklichkeitslehre teilhaben. Aber bei allen Fortschritten der Ersteren in der rationalen Erkenntnis und bei allen Neuerungen der Letzteren in der philosophischen Erkenntnis werden sie immer nur »Vernunftkünstler« bleiben (*KrV*, A 839/B 867). Was in ihrem Verständnis von Philosophie fehle, sei eine »zweckmäßige Verbindung«, die den spekulativen Erkenntnissen durch die Bezugnahme auf die höchsten Zwecke der menschlichen Vernunft eine Einheit geben könne (*LJ*, 25).

Die Vertreter der scholastischen Philosophie, die »Vernunftkünstler«, so stellt Kant klar, streben lediglich nach theoretischem Wissen, ohne dabei zu erwägen, wie dieses Wissen zu den letzten Zwecken der menschlichen Vernunft beiträgt. Obwohl auch sie sich auf rationale Erkenntnisse stützen müssen, mithilfe derer man eine Methodenlehre entwickeln kann, und obwohl diese Erkenntnisse zur Formulierung von Regeln für den instrumentellen Gebrauch der Vernunft beitragen, sei der Vernunftkünstler noch kein Philosoph. In Anlehnung an Sokrates sei die Bezeichnung »Philodox« angemessener, ein Liebhaber der *doxa* oder Meinung, aber nicht der Weisheit (*LJ*, 24). Ein Philodox verhalte sich zum Philosophen wie »der, der im Staate Gewerbe treibt, zum Gesetzgeber« (*WL*, 799). Oder, um es in der von Kant so geliebten rechtswissenschaftlichen Sprache zu sagen: Der Philosoph sei der »*legis peritus* der obersten Gesetze der Vernunft«, während die Gesetzeskrämer, die »*leguleei* der obersten Gesetze der Vernunft«, die »Sophisten und Dialectiker« seien, »die sich einen gewißen Schein der Weisheit geben, und mit diesem gewiße Zwecke mit Gewalt durchzusetzen suchen« (*WL*, 800).[15]

Wenn der Philosoph die Berufung auf eine systematische, ihre wesentlichen Zwecke integrierende Einheit von Erkenntnissen aufgibt, wenn also der Endzweck der Vernunft vernachlässigt wird, dann gebe die Philosophie ihre weltliche Dimension auf, und die Vernunft scheitere vor ihrem eigenen Gericht. Die Philosophie höre auf, sich von der Sophisterei abzugrenzen, und werde zu einer bloßen Lehre der Geschicklichkeit – zu einer komplexen Konstruktion von Syllogismen ohne systematischen Anspruch. Selbst historisches Wissen, so stellt die *Wiener Logik* klar, sei nur insofern

15 Zu einer ausgezeichneten aktuellen Studie zur Rolle juristischer Metaphern in Kants kritischem System siehe Sofie Møller, *Kant's Tribunal of Reason: Legal Metaphor and Normativity in the Critique of Pure Reason*, Cambridge 2020.

hilfreich, als unsere Vernunft sie zu ihren Zwecken nutzen könne (*WL*, 799). Der eigentliche Wert dieses Gebrauchs werde aber nur durch »den Zusammenhang, den diese Kenntniß mit den letzten Zwecken hat« (*WL*, 799), bestimmt.

Die Wissenschaft, so stellt Kant weiter klar, sei vor allem als »Organ der Weisheit« nützlich (*LJ*, 26). Wenn die Fragen nach dem, was wir wissen können, was wir tun sollen und was wir hoffen können, als Teile desselben systematischen Projekts untrennbar miteinander verbunden seien, dann nur deshalb, weil die Philosophie von allen Wissenschaften als einzige eine solche Verbindung schaffen könne: »Sie schließt den Zirkel, und denn siehet sie, wie alle Kenntniße in einem Bau regelmäßig zu solchen Zwecken zusammenhängen, die der Menschheit angemeßen sind« (*WL*, 800; *LJ*, 26). Durch diese »teleologia rationis humanae« sei der Philosoph kein bloßer »Vernunftkünstler«, sondern verdiene es, »Gesetzgeber« genannt zu werden (*KrV*, A 839/B 867). In diesem Zusammenhang sei die Philosophie nicht nur die »Wissenschaft vom Endzwecke der menschlichen Vernunft«, sondern auch »aller Zwecke, so fern sie in unserm Erkenntnisvermögen ein System ausmachen« (*Nachlass*, 1668).

Diese Definitionen bringen drei wichtige Komponenten von Kants Analyse der Einheit der Vernunft ans Licht: die Idee eines Systems, den Begriff eines Endzwecks und den Begriff untergeordneter Zwecke. Zusammen helfen sie zu erklären, wie die Philosophie in ihrem Weltbegriff darauf abzielt, das Problem der systematischen Einheit *überhaupt* durch die Integration der Summe aller theoretischen Erkenntnisse mit dem praktischen Interesse der Vernunft zu lösen. Die systematische Einheit, die für die Organisation der wissenschaftlichen Erkenntnis notwendig ist, kann mithilfe einer Idee artikuliert werden, die zugleich ein Zweck der Vernunft ist und die das gesamte »Feld« der Philosophie ausrichten kann. Der Schulbegriff der Philosophie wird daher unter ihren Weltbegriff subsumiert und dehnt die Zuständigkeit der Disziplin auf den gesamten Herrschaftsbereich der alten Metaphysik (Wissen, Moral, Religion) aus, indem sie die Frage »Was ist der Mensch?« stellt. Mit anderen Worten: Der Schulbegriff der Philosophie wird nicht mehr getrennt von ihrem Weltbegriff entwickelt, sondern wird zu einem seiner konstitutiven Bestandteile. Nur innerhalb dieser neuen Definition der Philosophie sei es möglich, sowohl die Ordnung und den Zusammenhang aller Wissenschaften als auch die »Beziehung aller Erkenntnis auf die wesentlichen Zwecke der menschlichen Vernunft« (*KrV*, A 839/B 867) zu verstehen.

Dennoch ist diese Neuinterpretation des Sinns und Zwecks der Philosophie auch etwas verwirrend. Wie kann die Verteidigung der Einheit des Systems *im Allgemeinen* von der Einstellung der praktischen Vernunft zur Förderung ihrer praktischen Zwecke abhängen? Kants Argument ist folgendes: Die Philosophie nach ihrem Weltbegriff stelle eine Disziplin dar, die die Vernunft in der Anwendung ihrer Maximen orientiere, wobei wir unter einer Maxime »das innere principium der Wahl der verschiedenen Zwecke« verstehen (*WL*, 799; *LJ*, 24). Die Philosophie sei daher eine »Wissenschaft von den höchsten Maximen des Gebrauches unserer Vernunft« (*WL*, 799), die in den verschiedenen Disziplinen, auf die die Vernunft angewandt wird, Ordnung zu schaffen und Prioritäten zu setzen vermöge. Dieses besondere Vermögen der Philosophie ergebe sich jedoch nicht aus der Fähigkeit der Vernunft, sich allgemein Zwecke zu setzen und in Übereinstimmung mit ihnen zu handeln. Diese Zwecke müssen mit den »letzten Zwecken« übereinstimmen, die der Philosophie nach ihrem Weltbegriff »absoluten Werth« verleihen können (*LJ*, 23).[16] Deshalb sei es weniger wichtig, die Fähigkeit der Vernunft, durch systematische Prinzipien Verbindungen zwischen verschiedenen rationalen Erkenntnissen zu entwickeln, zu betrachten. Wichtiger sei der »höchste Zweck«, der alle praktischen Handlungen des Menschen auf sich ausrichte.

Die Betonung des »höchsten Zwecks« der Vernunft, dem alle anderen Zwecke untergeordnet sind, erklärt die zentrale Bedeutung der Zweckmäßigkeit in Bezug auf den praktischen Gebrauch der Vernunft. Weniger offensichtlich ist aber, warum Kant eine intrinsische Verbindung zwischen der Aufgabe der Philosophie nach ihrem Schulbegriff (systematische Verbindung aller rationalen Er-

16 Das Verhältnis zwischen dem »letzten Zweck« der Vernunft, ihrem »höchsten Zweck« und der »Endabsicht« der Natur wird in den folgenden Kapiteln geklärt werden. An dieser Stelle genügt es zu betonen, dass Begriffe wie »höchster Zweck«, »wesentliche Zwecke« oder »Endabsichten«, auf die sich Kant in den *Vorlesungen über Logik* und in den *Vorlesungen über Metaphysik* bezieht, auch im *Kanon der reinen Vernunft* im Rahmen einer wichtigen Analyse des Zusammenhangs zwischen der Endabsicht der Vernunft und der Bestimmung des Willens in praktischer Hinsicht auftauchen, wie wir im dritten Teil dieser Arbeit sehen werden.

kenntnisse herzustellen) und den Ansprüchen der Philosophie in ihrem Weltbegriff (die wesentlichen Zwecke der Vernunft zu realisieren) annimmt. Der Weltbegriff der Philosophie ist wichtig, um die Lücken zu füllen, die der Schulbegriff offenlässt. Worin aber besteht die Garantie dafür, dass uns durch ihn die Aufgabe der systematischen Einheit gelingen kann?

4. Zweckmäßigkeit und systematische Einheit

Mit Ausnahme der kurzen Anmerkungen zum zweckmäßigen Charakter der menschlichen Vernunft entwickelt Kant kein explizites Argument über die teleologische Struktur des Systems in den Schriften, die wir untersuchen. Nichtsdestotrotz ist die Betonung des zweckmäßigen Charakters der Vernunft extrem wichtig, um zwei Probleme zu verstehen, mit denen wir in der Auseinandersetzung mit dem Problem der Einheit des Systems konfrontiert sind. Zum einen ist da die Beziehung zwischen der theoretischen Forderung nach systematischer Einheit und der kohärenten Verfolgung praktischer Zwecke: Warum sind diese beiden Dinge verbunden? Zweitens gibt es ein Problem der Verbindung zwischen dem letzten Zweck der spekulativen Vernunft und ihren höchsten praktischen Zwecken: Warum benötigen wir einen Übergang vom einen zum anderen und wieder zurück?

Dass es eine Verbindung zwischen den verschiedenen Arten des Gebrauchs der Vernunft geben muss, geht aus der »Einleitung« der ersten *Kritik* hervor. Kant behauptet hier, die Garantie systematischer Einheit und organischer Integration der verschiedenen Wissenschaften liege im »Experiment der Gleichheit des Resultats im Ausgange von den mindesten Elementen bis zum Ganzen der reinen Vernunft und im Rückgange vom Ganzen (denn auch dieses ist für sich durch die Endabsicht derselben im Praktischen gegeben) zu jedem Teile« (*KrV*, B XXXVIII). Aber inwiefern?

Die »transzendentale Dialektik« erklärt, dass der letzte Zweck der Vernunft auf die drei grundlegenden Fragen nach Gott, Freiheit und der Unsterblichkeit der Seele ausgerichtet ist. Diese Fragen aber, so Kant im »Kanon der reinen Vernunft«, haben einen weiteren, entfernteren Zweck, nämlich zu verstehen, »was zu tun sei, wenn der Wille frei, wenn ein Gott und eine künftige Welt ist«

(*KrV*, A 800/B 828). Und da diese Frage mit unserem praktischen Verhalten in Bezug auf den höchsten Zweck der Vernunft verbunden sei, »so ist die letzte Absicht der weislich uns versorgenden Natur, bei der Einrichtung unserer Vernunft, eigentlich nur aufs Moralische gestellet« (*KrV*, A 800 f./B 828 f.).

Man beachte den Übergang von der spekulativen Frage nach dem letzten Zweck der Vernunft zur praktischen Frage nach dem, »was zu tun sei«. Kants Argumentation beruht auf drei entscheidenden und doch unbewiesenen Annahmen: 1. dass es *möglich* sei, die »Endabsicht« der Natur anhand des höchsten Zwecks zu identifizieren, den der Mensch in seinem praktischen Handeln verfolgt; 2. dass diese Endabsicht in der moralischen Bestimmung des Menschen bestehe; und 3. dass sich die Natur in der Konstituierung der Vernunft als »weislich versorgend« erwiesen habe. All diese Annahmen beruhen wiederum auf einer weiteren, noch problematischeren Behauptung: dass es möglich sei, zwischen Natur- und Freiheitsbegriffen zu vermitteln und sie als Teil desselben einheitlichen, zweckmäßigen Systems zu begreifen. Die ersten zwei Annahmen setzen die Möglichkeit voraus, von der Fähigkeit des Menschen, praktische Zwecke zu setzen, zur Identifikation des Subjekts einer natürlichen Zweckmäßigkeit überzugehen. Mit dem dritten Punkt geht Kant noch weiter und setzt eine gesamte zweckmäßige Struktur der Natur voraus, die in moralischer Zweckmäßigkeit gipfelt.

Das ist allerdings problematisch. Nur weil wir die Idee von Gott und einer moralischen Ordnung benötigen, um unseren praktischen Verpflichtungen Sinn zu verleihen, sind wir noch nicht berechtigt, eine gemeinsame, einheitliche Grundlage der moralischen und der natürlichen Ordnung anzunehmen. Was rechtfertigt den Übergang von dem »letzten Zwecke des reinen Gebrauchs unserer Vernunft«, mit dem der Abschnitt beginnt, zur Frage nach der »letzten Absicht der […] Natur«, mit der er schließt? In seinen späteren Schriften ist sich Kant dieser Problematik völlig bewusst und unternimmt große Anstrengungen, um die Zweckmäßigkeit der Natur mithilfe des Prinzips der reflektierenden Urteilskraft der Zweckmäßigkeit der Vernunft unterzuordnen. In der »Kritik der teleologischen Urteilskraft« besteht er darauf, dass die beiden Vorstellungen von Zweckmäßigkeit getrennt betrachtet werden müssen, wenn es um die Frage nach der Möglichkeit des Erkennens des letzten Zwecks der Natur geht. Kant ist hier skeptisch gegenüber der Möglichkeit eines Übergangs von der zweckmäßigen Struktur der Vernunft zur zweckmäßigen Struktur der Natur. Er räumt ein, dass der Mensch »als das einzige Wesen auf Erden, welches Verstand, mithin ein Vermögen hat, sich selbst willkürlich Zwecke zu setzen«, als »betitelter Herr der Natur« betrachtet werden könne; und »*wenn man diese als ein teleologisches System ansieht*«, so sei er »seiner Bestimmung nach der letzte Zweck der Natur«. Man beachte aber den Konditional: *wenn*. Die Natur sei als solche nicht notwendigerweise ein teleologisches System. Sie könne nur unter der Bedingung als solches betrachtet werden, dass der Mensch »es verstehe und den Willen habe, dieser und ihm selbst eine solche Zweckbeziehung zu geben, die unabhängig von der Natur sich selbst genug, mithin Endzweck sein könne« (*KU*, 431, meine Hervorhebung).

Es ist wichtig, den eingeschränkten Charakter des Arguments zu betonen: *Wenn* die Natur als zweckmäßiges System betrachtet werden könnte, dann wäre der Mensch ihr letzter Zweck. Dies unterscheidet sich stark von den unqualifizierten Behauptungen in der *Kritik der reinen Vernunft*. In der dritten *Kritik* hält Kant die Tatsache, dass die Natur ein zweckmäßiges System sein könnte, keineswegs für offensichtlich; es gibt keine unbedingte Garantie dafür, dass die Lücke zwischen Natur und Freiheit je geschlossen werden kann. Der Mensch könne diesen Übergang nur vollziehen, *wenn* er »es verstehe und den Willen habe«, über die Konformität der Zwecke in der Natur im Hinblick auf einen Zweck, der »unabhängig von der Natur sich selbst genug, mithin Endzweck sein könne«, nachzudenken. Die spekulative und praktische Einheit des Systems sei nur dann gewährleistet, wenn die Menschen ihre Natur als sittliche Selbstgesetzgeber und die rationale Ordnung, die sie auf der Grundlage der freien Entfaltung ihrer sittlichen Zwecke zu schaffen vermögen, ernst nehmen. Die systematische Einheit sei also keineswegs von Natur aus garantiert und ein für alle Mal festgeschrieben, sondern ein Werk ständiger Konstruktion.

5. Natur und Freiheit

Die Analyse der Rolle des Prinzips der Zweckmäßigkeit beim Übergang von der Natur zur Freiheit in der *Kritik der Urteilskraft* liegt außerhalb des Rahmens dieser Arbeit. Mein Fokus liegt aber auf einem verwandten Thema: dem Problem der systematischen Einheit in der »Architektonik der reinen Vernunft«. Daher sind Verweise auf die dritte *Kritik* nützlich, um die Entwicklung von Kants Ansichten über die natürliche Zweckmäßigkeit besser zu verstehen und zu erklären, wie sie mit dem Problem der Einheit der Vernunft zusammenhängt. Wie bereits betont, ist die erste *Kritik* ebenso wie die dritte an der systematischen Einheit interessiert, um zu erklären, wie der praktische Gebrauch der Vernunft mit ihrem theoretischen Gebrauch in einer Weise verbunden werden kann, die beiden dienlich ist. Vom theoretischen Standpunkt aus argumentiert Kant, dass die Philosophie als System aller Wissenschaften verstanden werden könne, wenn die Vernunft ihre Erkenntnisse nicht nur aggregativ, sondern systematisch ordne. Der theoretische Nutzen der Vernunft liege – gemäß der Aufgabe der Philosophie nach dem Schulbegriff – in der systematischen Erkenntnis der Erscheinungen bis hin zu den höchsten Prinzipien. Aus praktischer Sicht interessiert sich Kant in beiden *Kritiken* für die Bedingungen, unter denen wir einen Übergang vom System der Natur zu einem System der Freiheit artikulieren können, um die Verwirklichung der wesentlichen Zwecke der Vernunft zu ermöglichen. Um auf den Schul- und den Weltbegriff der Philosophie zurückzukommen, mit denen wir begonnen haben, ist das Systemproblem nicht auf eine erkenntnistheoretische Frage reduzierbar, die von den »Fakten« der Wissenschaft ausgeht und versucht, die Bedingungen der Möglichkeit von Erfahrung überhaupt zu identifizieren. Die Möglichkeit der Erfahrung überhaupt wird durch die Anwendung der Kategorien des Verstandes auf die sinnlichen Anschauungen gewährleistet und ist in Kants allgemeine Diskussion des transzendentalen Idealismus eingebettet. Die weitere Frage an dieser Stelle betrifft die Einheit der einzelnen empirischen Gesetze und ihre Organisation in einem kohärenten System, in dem die Erkenntnisse verschiedener Vermögen sich nicht nur nicht widersprechen, sondern harmonisch integriert sind. Sollte sich eine solche Integration als unmöglich erweisen, würden der theoretische und der praktische Gebrauch der Vernunft voneinander isoliert bleiben. Dies hätte negative Auswirkungen auf den Gebrauch beider Arten der Vernunft sowie auf Kants gesamtes kritisches Projekt. Ohne systematische Einheit würde dem theoretischen Gebrauch der Vernunft die transzendentale Grundlage fehlen, die für das logische Postulat einer systematischen Einheit aller Erkenntnisse notwendig ist. Zugleich würde der praktischen Vernunft die Garantie dafür fehlen, dass die Gesetze, die sie vorschreibt, in der empirischen Welt verwirklicht werden können. Sollte sich das Projekt der systematischen Einheit als Chimäre erweisen, würde Kants Projekt, die Metaphysik mithilfe der kritischen Methode in eine Wissenschaft zu verwandeln, zusammenbrechen. Was bliebe, wäre ein Wissen ohne wissenschaftlichen Status und ein Handeln ohne normativen Charakter.

Für Kant ist es wesentlich, die Vernunft als einheitliches, systematisches Ganzes zu denken, in dem die »Kluft« zwischen Naturnotwendigkeit und moralischer Freiheit mithilfe des Prinzips der Zweckmäßigkeit überwunden wird. Die Idee eines moralischen Ganzen, zu dem wir durch den praktischen Vernunftgebrauch Zugang haben, ist hilfreich, um der Annahme einer systematischen Einheit eine transzendentale Grundlage zu geben. Eine solche Einheit ist notwendig, um allgemeine Prinzipien mit besonderen Erscheinungen natürlicher Gesetzmäßigkeiten zu verbinden. Die Idee eines moralischen Ganzen aber scheint auf der Annahme zu beruhen, dass die Natur für die Entwicklung moralischer Zwecke in irgendeiner Weise empfänglich sei. Würde die empirische Welt die moralische Bestimmung der Vernunft untergraben, indem sie die Beförderung ihrer wesentlichen Zwecke unmöglich machte, so könnten unsere jeweiligen Bemühungen, gemäß dem letzten Zweck der Vernunft zu handeln, nicht kontinuierlich über Raum und Zeit hinweg miteinander koordiniert werden. Das Problem liegt hier weder in der moralischen Motivation noch in den psychologischen Grenzen des Wollens unerreichbarer Zwecke. Das Problem ist vielmehr eines der rationalen Kohärenz: Es wäre irrational, Zwecke zu verfolgen, deren Erfolg zugleich als unmöglich angenommen würde.[17] Wie wir im Folgenden sehen werden, ist die systematische moralische Einheit wesentlich, um die Idee der systematischen Einheit aus theoretischer Sicht zu vervollständigen. Sie ist zugleich aber gänzlich abhängig vom Status des Prinzips der Zweckmäßigkeit, um die verschiedenen Verwendungen der Vernunft zu integrieren. Daher betrachtete Kant die Frage nach der Endabsicht der Natur als eine, die die Philosophie nicht nur in praktischer, sondern auch in theoretischer Hinsicht interessiert.

17 Auf dieses Problem komme ich in Kapitel 7 zurück.

Unser Interesse an der Förderung der letzten Zwecke der Vernunft ergänze unsere rationale Forderung nach Systematizität und führe uns zu der Notwendigkeit, über den Übergang von einer Gesetzgebung nach Naturbegriffen zu einer Gesetzgebung nach praktischen Prinzipien nachzudenken.[18]

In der dritten *Kritik* erfolgt die Artikulation dieses Übergangs bekanntlich durch die Entdeckung des Prinzips der Zweckmäßigkeit, eines Prinzips, das dem Vermögen der reflektierenden Urteilskraft zugehört. Dieses Prinzip hilft uns, die Erfahrung als systematisches, einheitliches Ganzes zu begreifen. Einerseits betrachtet sich der Mensch *subjektiv* als letzten Zweck einer möglichen natürlichen Zweckmäßigkeit. Andererseits konstituiert er *objektiv* den »letzten Zweck« moralischer Zweckmäßigkeit. Die Funktionen des Verstandes und der Vernunft sind durch die Urteilskraft integriert, die es dem Menschen ermöglicht, den Boden der Erfahrung mithilfe des Prinzips der Zweckmäßigkeit systematisch zu erkunden.

Systematizität und Zweckmäßigkeit sind auch in der ersten *Kritik* wichtige Merkmale der menschlichen Vernunft, wie die Definitionen der Philosophie nach dem Schul- und Weltbegriff zeigen. Im Zentrum dieser Definitionen steht die Frage nach der Einheit des Systems sowohl in theoretischer als auch praktischer Hinsicht. Der theoretische und der praktische Gebrauch der Vernunft sind wechselseitig miteinander verbunden; gemeinsam tragen sie dazu bei, zu enthüllen, wie Kant glaubte, das Problem des Übergangs von Natur zu Freiheit am Ende der ersten *Kritik* gelöst zu haben. Philosophie sei die Idee der »Gesetzgebung der menschlichen Vernunft« und habe »zwei »Gegenstände, Natur und Freiheit, und enthält also sowohl das Naturgesetz, als auch das Sittengesetz, anfangs in zwei besondern, zuletzt aber in einem einzigen philosophischen System« (*KrV*, A 840/B 868). Wenn aber schon die *Kritik der reinen Vernunft* das Problem der systematischen Einheit der Vernunft löst, warum kehrt Kant dann in der dritten *Kritik* zu diesem Thema zurück?

18 In der *Anthropologie in pragmatischer Hinsicht* geht Kant ebenfalls auf den Weltbegriff der Philosophie ein und reflektiert über den Charakter des Philosophen als »Weisheitsforscher«, der eine »bloße Idee von einer Person« darstelle, »die den Endzweck alles Wissens sich praktisch und (zum Behuf desselben) auch theoretisch zum Gegenstande macht« (*ApH*, 280). Man beachte, dass hier, wie in der dritten *Kritik*, aber anders als in der ersten, die Idee eines »Endzwecks« ausschließlich als praktischer, nicht als theoretischer Gegenstand artikuliert wird.

Die Frage nach der Gesetzgebung der menschlichen Vernunft und ihren Gegenständen, Natur und Freiheit, steht im Mittelpunkt der Analyse der systematischen Einheit sowohl in der *Kritik der reinen Vernunft* als auch in der *Kritik der Urteilskraft*. In beiden Werken wird die Frage nach der systematischen Organisation des Wissens im Zusammenhang mit der Übereinstimmung mit den Gesetzen des Verstandes und dem Endzweck der Vernunft aufgeworfen. In beiden Werken kann die Suche nach systematischer Einheit nur dann erfolgreich sein, wenn ein Prinzip gefunden werden kann, das die Möglichkeit der Integration des Reichs der Natur und des Reichs der menschlichen Zwecke garantiert, ohne die Grenzen der Erfahrung zu überschreiten. In der ersten *Kritik* widmet Kant die ganze »Architektonik der reinen Vernunft« der Erklärung, wie dieses »einzige philosophische System« funktioniert. Welches Prinzip aber kann die harmonische Integration des theoretischen und praktischen Gebrauchs der Vernunft garantieren, um ihre systematische Einheit zu rechtfertigen? Das nächste Kapitel geht dieser Frage nach und betont einige der Schwierigkeiten, die Kants Analyse in der ersten *Kritik* aufwirft.

2. Systematische Einheit in der »Architektonik der reinen Vernunft«

1. Die Architektonik der Vernunft im historischen Kontext

Die Klärung des Prinzips, mittels dessen der theoretische und der praktische Gebrauch der Vernunft in einem einzigen philosophischen System vereint werden können, war seit den frühen Phasen der Vorbereitung der ersten *Kritik* eines von Kants Hauptanliegen. Auch die Bedeutung der »Architektonik der reinen Vernunft« für das Projekt der Einheit der Vernunft war von Beginn an klar. Der Begriff »Architektonik« taucht zum ersten Mal in einem wichtigen Brief an Marcus Herz vom 24. November 1776 auf, in dem Kant den systematischen Plan und die Gliederung des Werks ankündigt, das kurz darauf unter dem Namen *Kritik der reinen Vernunft* erscheinen würde. Kant erklärt hier,

> daß das Feld der, von allen empirischen Principien unabhängig urtheilenden, d. i. reinen Vernunft müsse übersehen werden können, weil es in uns selbst a priori liegt und keine Eröfnungen von der Erfahrung erwarten darf. Um nun den ganzen Umfang desselben, die Abtheilungen, die Grenzen, den ganzen Inhalt desselben nach sicheren Principien zu verzeichnen und die Marksteine so zu legen, daß man künftig mit Sicherheit wissen könne, ob man auf dem Boden der Vernunft, oder der Vernünfteley sich befinde, dazu gehören: eine Critik, eine Disciplin, ein Canon und eine Architektonik der reinen Vernunft, mithin eine förmliche Wissenschaft, zu der man von denenienigen, die schon vorhanden sind, nichts brauchen kan und die zu ihrer Grundlegung sogar ganz eigener technischer Ausdrücke bedarf (*BW*, 199).

Angesichts der zentralen Bedeutung der »Architektonik« für die *Kritik der reinen Vernunft* seit den frühen Entwicklungsphasen des Projekts überrascht es nicht, dass ihre Rolle für die Einheit der Vernunft in allen Hauptwerken Kants Erwähnung findet. Während er etwa in der *Kritik der praktischen Vernunft* die Bedeutung einer gründlichen und genauen Untersuchung der Quellen, des Inhalts und der Grenzen jedes menschlichen Vermögens hervorhebt, lenkt Kant die Aufmerksamkeit auf etwas, das »mehr philosophisch und *architektonisch*« ist. Dies sei die Bemühung, »die Idee des Ganzen richtig zu fassen und aus derselben alle jene Teile in ihrer wechselseitigen Beziehung aufeinander, vermittelst der Ableitung derselben von dem Begriffe jenes Ganzen, in einem reinen Vernunftvermögen ins Auge zu fassen« (*KpV*, 10). Auch in der *Kritik der Urteilskraft* finden sich Hinweise auf die Notwendigkeit architektonischer Prinzipien, eine erneute Betonung des Unterschieds zwischen Aggregat und System sowie eine Rückbesinnung auf die Gebäudemetapher aus der »Methodenlehre«. Wie Kant es hier ausdrückt, sei »jede Wissenschaft für sich ein System; und es ist nicht genug, in ihr nach Principien zu bauen und also technisch zu verfahren, sondern man muß mit ihr, als einem für sich bestehenden Gebäude, auch architektonisch zu Werke gehen und sie nicht wie einen Anbau und als einen Theil eines andern Gebäudes, sondern als ein Ganzes für sich behandeln, ob man gleich nachher einen Übergang aus diesem in jenes oder wechselseitig errichten kann« (*KU*, 381).[1] Der *architektonische* Verstand, so bemerkt Kant auch in der *Anthropologie aus pragmatischer Hinsicht*, sei eine Art Genie, das »den Zusammenhang aller Wissenschaften, und wie sie einander unterstützen, methodisch einsieht« (*ApH*, 226).[2]

Diese Verweise auf Begriffe der systematischen Adäquatheit, der Idee des Ganzen und der wechselseitigen Beziehung zwischen den Teilen bestätigen eindeutig Kants kontinuierliche Beschäftigung mit den Themen der »Architektonik der reinen Vernunft« auch nach der Veröffentlichung der ersten *Kritik*. Bis vor Kurzem haben jedoch die wenigen ernsthaft bemühten Kommentatorinnen der »Architektonik« das Problem der systematischen Einheit der Vernunft meist als bloße Rückkehr zum Problem der Klassifizierung der Wissenschaften interpretiert. Dieses Problem stand im Mittelpunkt verschiedener Logikhandbücher des 17. und 18. Jahrhunderts und prägte offensichtlich einen Großteil dessen, was Kant zu dem Thema zu sagen hatte.[3] Eine solche Interpretation ist zwar offen-

1 Man beachte aber, dass Kant hier nicht nur ein, sondern mehrere Gebäude erwähnt – vielleicht ein Hinweis auf eine Veränderung in seinen Überlegungen zur systematischen Einheit seit der ersten *Kritik*.

2 Interessanterweise betont Kant hier auch, dass das architektonische Genie ein dem gemeinen Genie untergeordneter Genietypus sei: Letzterer sei von »intensiver Größe« und mache »in Allem Epoche, was er unternimmt« (*ApH*, 226). Mit »gemeinem Genie« scheint Kant auf Newton und Leibniz zu verweisen; es wäre spannend zu untersuchen, ob die Charakterisierung des architektonischen Genies auf Wolff und andere Wolffianer zutrifft.

3 Zu einer Rekonstruktion von Kants Schulden bei der Logik des 18. Jahrhunderts,

sichtlich plausibler als die, die die »Architektonik« mit Kants eigentümlicher Persönlichkeit verbindet, ist aber ebenfalls unvollständig. Wie ich im Folgenden behaupten werde, ist ein Verständnis des systematischen Interesses der »Architektonik« entscheidend, um die Neuartigkeit des Projekts der Einheit der Vernunft weit über die Frage der systematischen Integration bestimmter wissenschaftlicher Erkenntnisse hinaus zu verstehen.[4] Es ist ebenso unerlässlich, um die Entwicklung von Kants Überlegungen zu diesem Thema in all seinen späteren Hauptwerken nachzuvollziehen und sowohl zu erklären, wie er das Problem der Beziehung zwischen dem theoretischen und dem praktischen Vernunftgebrauch in einem einheitlichen System gelöst zu haben glaubte, als auch warum er diese Lösung später für problematisch hielt.

Die Frage nach der Einheit der Vernunft, die im Zentrum dieser Seiten der ersten *Kritik* steht, ist eng mit der Diskussion der Systematizität in Kants verschiedenen Vorlesungen zur Logik verbunden.[5] Die Unterteilung der ersten *Kritik* in eine »Elementarlehre« und eine »Methodenlehre« reproduziert die Unterscheidung zwischen »allgemeiner« und »spezieller« Logik, die sich in verschiedenen Logikhandbüchern des frühen 18. Jahrhundert findet.[6] Hier taucht der Begriff der »Architektonik« als Fachbegriff auf, der auf die scholastische Logik zurückgeht und – etwas verwirrenderweise – Aristoteles' Bemerkungen in der *Zweiten Analytik* und in der *Nikomachischen Ethik* über die Bedeutung einer Hierarchie der Wissenschaften auf der Grundlage ihrer Zwecke adaptiert.[7]

insbesondere bei Georg Friedrich Meier, dessen *Auszug aus der Vernunftlehre* Kant für seine 40 Jahre lang gehaltenen Logikvorlesungen übernahm, siehe Riccardo Pozzo, »Prejudices and Horizons: G. F. Meier's Vernunftlehre and its Relation to Kant«, in: *Journal of the History of Philosophy* 43 (2) (2005), S. 185-202. Siehe auch Huaping Lu-Adler, *Kant and the Science of Logic: A Historical and Philosophical Reconstruction*, Oxford 2018, insb. Kap. 4.

4 Zu einer Lektüre, die sich vor allem auf diesen letzten Aspekt konzentriert, siehe Thomas Sturm, *Kant und die Wissenschaften vom Menschen*, Paderborn 2009, Kap. 3.

5 Siehe Elfriede Conrad, *Kants Logikvorlesungen als neuer Schlüssel zur Architektonik der reinen Vernunft*, Stuttgart-Bad Cannstatt 1994, insb. S. 12-14, S. 24 ff.

6 Siehe Tonelli, *Kant's Critique of Pure Reason within the Tradition of Modern Logic*, S. 189.

7 Zu Aristoteles' Darstellung der Architektonik siehe Monte Johnson, »Aristotle's Architectonic Sciences« in: David Ebrey (Hg.), *Theory and Practice in Aristotle's Natural Science*, Cambridge 2015, S. 163-186.

In Kants Terminologie und Ausführungen in der »Architektonik« verschmelzen zwei verschiedene Verständnisse des Begriffs. Das erste geht auf die Darstellungen Baumgartens und Wolffs zurück, bei denen der Begriff sich auf die Struktur metaphysischen Wissens bezieht: *Scientia architectonica* steht hier für die »Wissenschaft der Prädikate des Seins im Allgemeinen«.[8] Das zweite besteht in einer moderneren, von der Kultur des Humanismus und der Renaissance beeinflussten Tendenz, die architektonische Wissenschaft in Analogie zur »*architectura*« zu denken: die Disziplin des Vorsitzes über den Bau von Gebäuden nach einem bestimmten Plan oder Entwurf. Die letztgenannte Bedeutung von »Architektonik« kommt besonders in Lamberts methodologischem Ansatz für die Philosophie, wie er ihn in seiner *Anlage zur Architectonic* (1764, veröffentlicht 1771) darlegt, zum Tragen, und hat unzweifelhaften Einfluss auf Kant.[9] Wie Lambert in der Einleitung des Werks erklärt, habe er den Begriff zwar aus Baumgartens Metaphysik übernommen, meine damit aber »ein Abstractum von der Baukunst«. Lamberts methodischer Ansatz identifiziert also die alte Metaphysik mit einer neuen konstruktivistischen Methode des Nachdenkens über die Beziehung zwischen den Wissenschaften. Die architektonische Wissenschaft teile mit der Architektur das Bestreben, »das Gebåude der menschlichen Erkenntniß« zu überwachen und die verschiedenen Teile so zu ordnen, dass daraus ein »zweckmåßiges Ganzes« entstehe.[10]

8 »Ontologia (die Grund-Wissenschaft) (ontosophia, metaphysica, metaphysica universalis, architectonica, philosophia prima,) est scientia praedicatorum entis generaliorum.« Alexander Gottlieb Baumgarten, »Prolegomena Metaphysicorum«, in: *Metaphysica, Editio VI*, Halle (Saale) 1768, S. 2. Siehe dazu die ausgezeichnete Diskussion in: Manchester, »Kant's Conception of Architectonic in its Historical Context«, S. 196.

9 Zur Entwicklungsgeschichte des Begriffs siehe Friedrich Kaulbach, »Architektonik, architektonisch«, in: J. Ritter (Hg.), *Historisches Wörterbuch der Philosophie*, Darmstadt 1971, S. 503 f.

10 »Ueber den Titel des Werkes habe ich nur das zu bemerken, daß ich das Wort Architectonic aus Baumgartens Metaphysik genommen. Es ist in so fern ein Abstractum von der Baukunst, und hat in Absicht auf das Gebåude der menschlichen Erkenntniß eine ganz åhnliche Bedeutung, zumal, wenn es auf der ersten Fundamente, auf die erste Anlage, auf die Materialien und ihre Zubereitung und Anordnung ůberhaupt, und so bezogen wird, daß man sich vorsetzt daraus ein zweckmaeßiges Ganzes zu machen.« Johann Heinrich Lambert, *Anlage zur Architectonic oder Theorie des Einfachen und des Ersten*, Bd. 1, Riga 1771, S. xxxiii f.

Die Frage, wie wissenschaftliches Wissen zu ordnen sei, steht im Mittelpunkt der Unterscheidung zwischen einer »Rhapsodie« und einem »System« des Wissens, die, wie wir gleich sehen werden, die »Architektonik der reinen Vernunft« prägt. Wie in der vorangegangenen Analyse findet sich eine solche Unterscheidung auch in den Logikvorlesungen derselben Zeit, in denen Kant ebenfalls die Notwendigkeit einer *architektonischen* Einheit für die strenge wissenschaftliche Erkenntnis betont und den bestehenden Zustand der Metaphysik mit dem einer »Rhapsodie« vergleicht: »Sieht man nun bei dem Bestreben nach Erweiterung der Erkenntnisse nicht auf diesen ihren Zusammenhang: so wird aus allem Vielwissen doch weiter nichts als bloße Rhapsodie«. Wissenschaftliche Vollständigkeit erfordere einen »wohlgeordneten und zweckmäßigen Plane«, der im Dienste der Verbindung der Erkenntnisse untereinander stehe (*LJ*, 48; *WL*, 891).

Auf die Elemente dieses zielgerichteten Plans werde ich gleich zurückkommen. Für den Moment ist es wichtig zu verstehen, dass die Unterscheidung zwischen »Rhapsodie« und »Wissen« zwar in vielen bedeutsamen philosophischen Werken des 18. Jahrhunderts, die sich mit der Klassifizierung der Wissenschaften beschäftigen, zentral ist, dass die Kontinuität mit dieser Tradition aber gleichwohl nicht die einzige Erklärung für Kants »Liebe für architektonische Symmetrie« ist. Es wäre zu kurz gegriffen, diese Seiten lediglich als Hommage an Kants philosophische Vorgänger oder als Ausdruck seines Interesses an der Klassifikation der Wissenschaften zu lesen. Wie wir im vorigen Kapitel gesehen haben, fand Kant eine Perspektive auf die Rolle der Philosophie, die sich nur auf technische Einheit des Wissens konzentriert, unzureichend: Er betont wiederholt die Relevanz des Felds auch aus »weltlicher« (später »weltbürgerlicher«) Perspektive. Die beiläufige Erwähnung der »Interessen« der Menschheit, die wir in den Wiener Vorlesungen finden, ist ein weiterer Ausdruck einer Perspektive, die nicht auf Fragen der wissenschaftlichen Taxonomie reduzierbar ist. Kants Bemerkungen über den Unterschied zwischen Rhapsodie und System in der »Architektonik der reinen Vernunft« können als eine weitere Ausarbeitung des Gedankens angesehen werden, dass die Rolle der »Architektonik« nicht allein darin bestehe, eine Perspektive für die Klassifizierung der Wissenschaften zu bieten, sondern die in der Einleitung der »Methodenlehre« dargelegte Aufgabe fortzuführen:

einen Plan anzubieten, auf dessen Grundlage die Erkenntnisse der Vernunft systematisch miteinander verbunden und für menschliche Zwecke geeignet sind.[11] Mit diesem Ziel vor Augen sollten wir Kants Aussage lesen, dass »unter der Regierung der Vernunft unsere Erkenntnisse überhaupt keine Rhapsodie«, sondern »ein System ausmachen [müssen]« (*KrV*, A 832/B 860).

Man beachte jedoch, dass Kant das Erfordernis der systematischen Einheit nicht nur durch die theoretische Forderung nach Systematizität, sondern auch durch praktische Interessen begründet. Nur architektonische Einheit ermögliche die Förderung der »wesentlichen Zwecke« der Vernunft (*KrV*, A 832/B 860).[12] Dies ist nicht die Art von Forderung, die seine philosophischen Vorgänger, die von der technischen Konzeption der Philosophie beeinflusst waren, befürwortet hätten. Für Kant erklärt die Pflicht zur Beförderung der wesentlichen Zwecke der menschlichen Vernunft die Notwendigkeit einer systematischen Reflexion über die Beziehung zwischen der Idee des Ganzen und dem letzten Zweck der menschlichen Vernunft. Erstere ist für die Systematizität der menschlichen Erkenntnisse notwendig und wird vom Schulbegriff der Philosophie gefordert, Letzterer ist für ihren Weltbegriff zentral.

All dies legt nahe, dass die zentrale Aufgabe der »Architektonik« sich nicht darin erschöpft, eine transzendentale Grundlage für die systematische Anwendung der Verstandesregeln auf bestimmte empirische Naturerscheinungen zu schaffen. Die entscheidende Frage umfasst hier nicht nur die Bedingungen der Möglichkeit des theoretischen Vernunftgebrauchs, sondern die Möglichkeit eines *einheitlichen* und *umfassenden* Systems, in dem der praktische Vernunftgebrauch mit dem theoretischen Vernunftgebrauch durch

11 Zu einer (leider) nur kurzen Analyse der *Architektonik*, die mit der hier vertretenen Behauptung sympathisiert, siehe Gabriele Gava und Marcus Willaschek, »The Transcendental Doctrine of Method of the Critique of Pure Reason«, in: Sorin Baiasu, Mark Timmons (Hg.), *The Kantian Mind*, London 2020.

12 Diese Perspektive auf die *Architektonik* fehlt in der Literatur, die die Kontinuitäten zwischen Kants Logik und der ersten *Kritik* betont. Siehe insbesondere Conrad, *Kants Logikvorlesungen als neuer Schlüssel zur Architektonik der reinen Vernunft*, und Tonelli, *Kant's Critique of Pure Reason within the Tradition of Modern Logic*. Sie wird auch in der Literatur unterschätzt, die die Kontinuitäten zwischen Kants architektonischen Bestrebungen und dem Problem der allgemeinen Klassifizierung in den Wissenschaften hervorhebt; siehe Sturm, *Kant und die Wissenschaften vom Menschen*, Kap. 3.

ein bestimmtes Prinzip verbunden werden kann: das Prinzip der Zweckmäßigkeit, dessen Status noch zu klären ist. Kants Analyse der Systematizität umfasst sowohl die Sphäre, in der die Vernunft ihre moralischen Zwecke zu verwirklichen sucht, das Reich der Freiheit im weitesten Sinne, als auch die Sphäre, in der wir danach streben, alle verfügbaren Erkenntnisse in Übereinstimmung mit dem theoretischen Gebrauch der Vernunft zu organisieren.[13] Die Herausforderung der Systematizität liegt in dem Versuch, den wissenschaftlichen Status der Gesamtheit unserer Erkenntnisse zu verteidigen, indem wir sie in einer Analyse des praktischen Gebrauchs der Vernunft und in den Annahmen über die Ordnung der Natur in Bezug auf diesen Gebrauch verankern.

2. Systematische Einheit und die Rolle der Ideen

Die »Architektonik der reinen Vernunft« zu analysieren, heißt zu erforschen, wie sinnliche und vernünftige menschliche Wesen eine Wirklichkeit *als Ganzes* begreifen, die auf den Verstand (für die Bedingungen der Möglichkeit von Erkenntnis) und die Vernunft (für die Fähigkeit zur Veränderung der Welt gemäß wesentlicher Zwecke) angewiesen ist. Kant will nicht nur beweisen, dass die Verstandesregeln der praktischen Funktion der Vernunft nicht widersprechen, wie oft behauptet wurde.[14] Er will auch nicht nur die

13 Diese Frage fehlt in hermeneutischen Lesarten der *Architektonik*, siehe z. B. A. T. Nuyen, »On Interpreting Kant's Architectonic in Terms of the Hermeneutical Model«, in: *Kant-Studien* 84 (2) (1993), S. 155-166.

14 Diese Behauptung ist selbst in anspruchsvollen Studien über das Verhältnis zwischen der *Architektonik* und der *Einleitung* zur *Kritik der Urteilskraft* geäußert worden, siehe zum Beispiel Eric Weil, »Sens et fait«, in: *Problèmes kantiens*, Paris 1970, S. 57-107. Weil betont, dass Kant bis zur *Kritik der praktischen Vernunft* versuchte, die systematische Einheit als bloße Idee zu bejahen und zu zeigen, dass Natur und Freiheit nicht im Widerspruch zueinander stehen, und dass erst mit der dritten *Kritik* das Problem des Übergangs von der Natur zur Freiheit auftauche. Aber obwohl Kant in der Einleitung zur dritten *Kritik* tatsächlich dazu neigt, die Ergebnisse der *Kritik der reinen Vernunft* auf diese Weise zusammenzufassen, hat er das Problem zum Zeitpunkt der Niederschrift noch anders wahrgenommen. Dies verweist auf Kants Unzufriedenheit mit den Ergebnissen seiner ersten Versuche, über die Harmonie zwischen den Systemen der Natur und der Freiheit nachzudenken – nicht darauf, dass kein solcher Versuch unternommen worden war.

besondere Rolle des Gebrauchs des Verstandes oder der Vernunft innerhalb der Ökonomie der menschlichen Fähigkeiten aufzeigen. Das Ziel der »Architektonik« ist ein anderes, viel ehrgeizigeres: Kant versucht hier, ein Prinzip zu identifizieren, auf dessen Grundlage die Begriffe der Natur und der Freiheit als Teile desselben Systems gedacht werden können. Und er argumentiert dafür, dass dieses Prinzip mit dem Hinweis auf die Notwendigkeit, die moralischen Zwecke der Vernunft zu »unterstützen und [zu] befördern«, gerechtfertigt werden könne.

Die Betonung der Notwendigkeit einer systematischen Einheit von theoretischem und praktischem Vernunftgebrauch zeigt jedoch, dass Kant die Frage des Systems nicht nur unter dem Gesichtspunkt der *Bedingungen der Möglichkeit von Erkenntnis*, sondern auch unter dem der *Folgen* praktischen Handelns zu untersuchen beabsichtigt. Wie wir im letzten Teil dieser Arbeit sehen werden, interessiert sich Kant nicht nur für die abstrakte Möglichkeit moralischen Handelns, sondern auch für die Annahmen, die wir über die Ordnung der Natur treffen müssen, wenn wir über die effektive Verwirklichung moralischer Zwecke in der empirischen Welt nachdenken. Der Mensch müsse seine Zwecke in der Erwartung setzen, dass die Möglichkeit einer harmonischen Einheit zwischen solchen Zwecken und den Naturgesetzen gegeben ist. Ohne eine solche Garantie zu postulieren, wäre es rational inkonsistent, von moralischen Akteuren zu verlangen, dass sie ihre Zwecke in der empirischen Welt zu verwirklichen streben. Dieses Argument findet sich *mutatis mutandis* in allen moralischen und politischen Schriften Kants, die sich mit der Frage der natürlichen Teleologie und der Möglichkeit des Fortschritts für die menschliche Gattung beschäftigen. In diesen Schriften ringt Kant mit der Notwendigkeit, zu zeigen, dass die Vernunft eine rational plausible Möglichkeit habe, ihre moralischen Zwecke zu erreichen, den kategorischen Imperativ im Laufe der Menschheitsgeschichte zu verwirklichen und eine politische und moralische Ordnung herzustellen, durch die die Freiheit eines jeden mit der eines jeden anderen koexistieren kann (*IaG* 27 f.; *ZeF*, 360 ff.). Ich schlage vor, dass wir das systematische Ziel der »Architektonik der reinen Vernunft« im Einklang mit diesen Bemühungen interpretieren. Wo aber findet Kant auf diesen Seiten Hinweise auf die Möglichkeit, Natur und Freiheit in Einklang zu bringen? Und wie liefert die »Architektonik« begriffliche

Werkzeuge, um das Problem der kohärenten Vermittlung zwischen dem theoretischen und dem praktischen Vernunftgebrauch zu lösen und die jeweils damit verbundenen philosophischen Voraussetzungen zu integrieren?

Diese Fragen lassen sich am besten beantworten, indem wir zu Kants Betonung der Zentralität eines »wohlgeordneten und zweckmäßigen Plans« zurückkehren, auf dessen Grundlage es möglich sein könnte, die Vernunft als System zu betrachten, das die Vielfalt der Erkenntnisse in sich vereint. Wie wir gesehen haben, ist die Frage, wie dieser Plan zu verstehen und auszuführen sei, die zentrale Aufgabe der »Methodenlehre«. Die *Vorlesungen über Logik* erhellen die Diskussion, indem sie erklären, dass es für den systematischen Charakter der Erkenntnis wesentlich sei, sich von der Architektonik leiten zu lassen – von einem »System nach Ideen«, in dem »die Wissenschaften in Ansehung ihrer Verwandtschaft und systematischen Verbindung in einem Ganzen der die Menschheit interessierenden Erkenntniß betrachtet werden« (*LJ*, 49).

Diese Verkündung der Rolle der »Architektonik« für die Einheit der Vernunft ist aus zwei Gründen bemerkenswert. Erstens kommt sie implizit auf den Unterschied zwischen dem Schulbegriff und dem Weltbegriff der Philosophie zurück, den Kant sowohl in der »Architektonik der reinen Vernunft« als auch in seinen Logikvorlesungen erwähnt. Zweitens führt sie ein entscheidendes Element ein, auf dem Kants Nachdenken über die Einheit der Vernunft in der ersten *Kritik* beruht: die Rolle der *Ideen* als leitendes Element des architektonischen Plans zur Vereinigung des praktischen Interesses an der Förderung der wesentlichen Zwecke der Vernunft mit der erkenntnistheoretischen Notwendigkeit einer Unterscheidung zwischen Rhapsodie und System.

Kant erwähnt die Ideen in Bezug auf die architektonische Einheit zum ersten Mal in der »transzendentalen Dialektik« in der ersten *Kritik*. Hier erörtert er die Rolle von Platons Konzeption der Idee bei der Überbrückung der Kluft zwischen theoretischem und praktischem Wissen und betont, dass »der Geistesschwung des Philosophen, von der kopeilichen Betrachtung des Physischen der Weltordnung zu der architektonischen Verknüpfung derselben nach Zwecken, d. i. nach Ideen, hinaufzusteigen, eine Bemühung [ist], die Achtung und Nachfolge verdient« (*KrV* A 318/B 375). Der Begriff »Ideen« wird also fast als Synonym für »Zwecke« verwendet, was eine Ähnlichkeit der Funktionen beider impliziert. Dennoch ist der Unterschied zwischen beiden wichtig, vor allem im Lichte der späteren Überlegungen Kants zu diesem Thema. *Ideen* sind eng mit dem theoretischen Gebrauch der Vernunft verbunden; *Zwecke* sind eindeutig auf ihren praktischen Gebrauch bezogen. Kants Versuch, die beiden Begriffe in Beziehung zu setzen, zeigt nicht nur, wie er das Projekt der Einheit der Vernunft auf diesen Seiten der ersten *Kritik* verwirklichte, sondern auch, welche weiteren Probleme er dabei aufwarf.

Ein wichtiges Problem besteht darin, dass in Kants erster *Kritik* weder ein separates Vermögen, das auf einem spezifischen Prinzip der Zweckmäßigkeit beruht (wie das Vermögen der Urteilskraft in der dritten *Kritik*), noch der rein reflexive Status von Prinzipien, die ein zweckmäßiges, das heißt den wesentlichen Zwecken der Vernunft dienliches Verständnis der Natur unterstützen, erwähnt wird. Das Prinzip der Zweckmäßigkeit als Ausdruck der spezifischen Funktion der Ideen der Vernunft ist notwendig, um der Vielfalt ihrer Erkenntnisse systematische Einheit zu verleihen. Während sich also einerseits der Zweck auf die Idee als etwas bezieht, das ihre potenzielle Entwicklung enthält, wird andererseits die Idee des Systems erst durch die Entwicklung von Zwecken konkret. Die Erfahrung kann erst in einem systematischen Ganzen vereint werden, wenn die Vernunft auf einen Zweck Bezug nimmt, den sie als ihren eigenen erkennt, der von allen anderen, nur instrumentell auf ihn bezogenen Zwecken unterschieden ist und ohne den ihre wesentlich zweckmäßige Natur beeinträchtigt würde.

Hier stellt sich eine Reihe von Fragen. Einerseits sind das architektonische Projekt der Vernunft und die Notwendigkeit, die Erfahrung als systematisches Ganzes zu denken, untrennbar mit dem Interesse an der Verwirklichung der wesentlichen Zwecke der Vernunft verbunden. Das Nachdenken über systematisch organisierte Erkenntnisse ist eine intrinsische Forderung der Vernunft, aber auch unvermeidlich, wenn wir an der Möglichkeit der Verwirklichung ihrer Zwecke interessiert sind. Ohne dieses Interesse würde der architektonische Plan, der der gesamten »Methodenlehre« zugrunde liegt, zusammenbrechen. Andererseits, so behauptet Kant, sei die Ausführung der Idee eines Systems nur unter Bezugnahme auf »ein Schema, d.i. eine *a priori* aus dem Prinzip des Zwecks bestimmte wesentliche Mannigfaltigkeit und Ordnung der Teile«

möglich. Warum beruft sich Kant hier auf den Schematismus? Welche Rolle spielt der Schematismus für die Einheit der Vernunft? Wie verhält er sich zum Prinzip der Zweckmäßigkeit?

3. Der Schematismus der Vernunft

Um diese Fragen zu beantworten, müssen wir uns Kants Erklärung zuwenden, dass »ein Schema, welches nicht nach einer Idee, d. i. aus dem Hauptzwecke der Vernunft, sondern empirisch, nach zufällig sich darbietenden Absichten (deren Menge man nicht voraus wissen kann), entworfen wird, [...] *technische*, dasjenige aber, was nur zu Folge einer Idee entspringt (wo die Vernunft die Zwecke *a priori* aufgibt, und nicht empirisch erwartet) [...] *architektonische* Einheit« begründe (*KrV*, A 833/B 861).

Die Berufung auf ein »Schema« zur Klärung der Beziehung zwischen dem Prinzip der Zweckmäßigkeit und der architektonischen Idee eines einheitlichen Systems von Erkenntnissen ist merkwürdig. Die Diskussion des Schematismus unterscheidet sich deutlich von derjenigen, die wir auf den berühmten Seiten der »transzendentalen Analytik« finden, und doch ist es nicht das erste Mal, dass die Hypothese eines Schematismus der Vernunft (neben der des Verstandes) in der ersten *Kritik* auftaucht.[15] Kant verwendet sie auch im »An-

15 Diese Diskussion des Schematismus unterscheidet sich von Ernst Cassirers These, dass das Problem des Schematismus nur im Zentrum der theoretischen Philosophie Kants stehe, siehe Ernst Cassirer, »Kant und das Problem der Metaphysik. Bemerkungen zu Martin Heideggers Kant-Interpretation«, in: *Kant-Studien* 36 (1931), S. 1-26, insb. S. 18 ff. Zur Diskussion des Verhältnisses von Schematismus und transzendentaler Einbildungskraft sowie der zentralen Bedeutung der Letzteren für die Unterscheidung von Phänomena und Noumena, Zeit und Freiheit, siehe auch den bahnbrechenden Beitrag von Martin Heidegger, *Kant und das Problem der Metaphysik*, Bonn 1929, der einer Reihe von Arbeiten zu diesem Thema den Weg wies. Der Unterschied zwischen Cassirers und Heideggers Interpretation stand im Mittelpunkt ihrer berühmten Davoser Debatte. Ohne auf die Einzelheiten der Kontroverse einzugehen, möchte ich betonen, dass meine Interpretation des Schematismus eher mit Cassirers Analyse der Vernunft bei Kant übereinstimmt, die m. E. zu Recht hervorhebt, dass die heideggersche Interpretation des Schematismus die kantische Auffassung moralischen Handelns untergräbt. Zur Davoser Debatte siehe Martin Heidegger, »Ernst Cassirer: Philosophie der symbolischen Formen, 2. Teil: Das mythische Denken«, in: *Deutsche*

hang zur transzendentalen Dialektik« im Zuge der Reflexion über die Beziehung zwischen multiplen empirischen Gesetzen und der Notwendigkeit, eine zweckmäßige Ordnung der Natur zu postulieren, die die Möglichkeit eines systematischen Verstandesgebrauchs begründet:[16] »In der Tat ist auch nicht abzusehen, wie ein logisches Prinzip der Vernunfteinheit der Regeln stattfinden könne, wenn nicht ein transzendentales vorausgesetzt würde, durch welches eine solche systematische Einheit, als den Objekten selbst anhängend, *a priori* als notwendig angenommen wird« (*KrV*, A 651/B 679).

Eine detailliertere Analyse der Rolle des Schematismus in der »transzendentalen Analytik« in Bezug auf die »Architektonik« wird auf den folgenden Seiten entwickelt werden.[17] Hier ist es wichtig, zu erklären, dass der Schematismus in beiden Abschnitten der ersten *Kritik* aus der Notwendigkeit heraus entsteht, zwischen zwei verschiedenen Vermögen (Verstand und Vernunft) zu vermitteln und ihre jeweiligen Prinzipien und ihren Gebrauch im Dienste der systematischen Einheit zu integrieren. So wie sich Kant in der *Analytik* auf das »Schema« beruft, um die Einheitlichkeit des Materials der Sinnlichkeit und dem des Verstandes zu erklären, geht es ab der »transzendentalen Dialektik« um die Verbindungen zwischen den

Literaturzeitung, Berlin 1928 (5), S. 1000-1012, und Cassirer, »Kant und das Problem der Metaphysik. Bemerkungen zu Martin Heideggers Kant-Interpretation«.

16 Zu einer Diskussion der Beziehung zwischen den hier aufgeworfenen Problemen und der in der dritten *Kritik* thematisierten Frage des symbolischen Schematismus sowie der Verwendung der Analogie siehe Gerhard Lehmann, »Zur Problemanalyse von Kants Nachlasswerk«, in: *Kants Tugenden: Neue Beiträge zur Geschichte und Interpretation der Philosophie Kants*, Berlin 1980, S. 96-140, und Gerhard Lehmann, »System und Geschichte in Kants Philosophie«, in: *Il pensiero* 1 (1958), S. 14-34. Zu einer Interpretation, die sich auf Lehmanns Darstellung und die Entwicklung des Problems des Schematismus in Bezug auf Kants Geschichtsphilosophie bezieht, siehe Pasquale Salvucci, *L'uomo di Kant*, Urbino 1975, S. 93-274. Zum Verhältnis zwischen dem Gebrauch der Analogie in der ersten *Kritik* und ihrer Entwicklung in Kants späterem Werk siehe François Marty, *La naissance de la métaphysique chez Kant. Une étude sur la notion kantienne de l'analogie*, Paris 1980. Zu einer Marty entgegengesetzten Interpretation, die mit einer skeptischen Lesart sympathisiert, siehe Gérard Lebrun, *Kant et la fin de la métaphysique. Essai sur la »Critique de la faculté de juger«*, Paris 1970, insb. S. 68-262.

17 Zu einer detaillierteren Darstellung des Schematismus der Ideen im Rahmen einer breiteren Diskussion des Problems des Schematismus mit besonderer Berücksichtigung des *Opus Postumum*, siehe Roger Daval, *La métaphysique de Kant*, Paris 1951, insb. S. 179-243.

Anwendungsbereichen von Verstand und Vernunft. Hätte Kant nur zu zeigen versucht, dass die Forderungen der Vernunft und des Verstandes sich nicht widersprechen, würde er nicht nach einer Möglichkeit der Vereinheitlichung ihres Gebrauchs suchen. Und doch ist es genau das, was der Schematismus tut, indem er an die vereinheitlichenden Merkmale einer Funktion appelliert, die Kant zufolge scheinbar heterogene Elemente zu integrieren vermag. So wie der Schematismus in der »transzendentalen Analytik« der Kohärenz der Funktionen der Sinnlichkeit und des Verstandes dient, wird er hier herangezogen, um das Problem des kohärenten Gebrauchs von Verstand und Vernunft zu lösen.

Kants Darstellung des Schematismus fügt sich in eine Analyse der systematischen Vereinheitlichung ein, die uns einerseits hilft, die Beziehung zwischen den Teilen eines Systems zu strukturieren, das immer neuem Input unterworfen ist, und die andererseits vorausgesetzt werden muss, wenn wir nach der Vereinheitlichung disparater Prinzipien streben. Eine solche Analyse wird oft als Beweis für den dynamischen Charakter der methodologischen Untersuchung, ja sogar für Kants Affinität zu einer fallibilistischen Methode der wissenschaftlichen Untersuchung interpretiert.[18] Solchen Behauptungen gegenüber ist jedoch Vorsicht geboten. Kants Argumente dazu, wie genau man sich die Funktion des Schematismus vorzustellen habe, um die vereinheitlichende Aufgabe der »Architektonik« zu bewältigen, führen uns weiter als der Fallibilismus in der Voraussetzung systematischer Einheit. Es wird uns gesagt, dass die Idee eines einheitlichen Systems angesichts der zweckmäßigen Natur unserer kognitiven Tätigkeiten vorausgesetzt werden müsse und unsere Bemühungen begründe, eine kohärente Beziehung zwischen disparaten Prinzipien und Erkenntnissen zu finden. Dies ist ein logisches Erfordernis der Vereinheitlichung, und zwar ein ziemlich einfaches. Viel problematischer ist die Aussage, dass die Idee des Ganzen des Systems durch die wesentlichen Zwecke der Vernunft *gezeigt* werden könne, gemäß einem schematischen Repräsentationsmodell, das dem Modell der Beziehung zwischen Empfindung und Verstandesbegriffen im ersten Teil der *Kritik* äh-

18 Gabriele Gava, »The Fallibilism of Kant's Architectonic«, in: Gabriele Gava, Robert Stern (Hg.), *Pragmatism, Kant and Transcendental Philosophy*, New York, London 2015, S. 46-66.

nele. Ja, gerade das Verhältnis zwischen den wesentlichen Zwecken der Vernunft und der Idee des Ganzen, das dem System zugrunde liegt, macht Kant zufolge sogar das Ideal der Einheit nach einem »Schema«, das sowohl den »Umriß (monogramma)« als auch »die Einteilung des Ganzen in Glieder« enthält, verständlich (*KrV*, A 833f./B 861f.).

Die Verwendung des Begriffs »Monogramm« als Synonym für »Schema« im Kontext der »Architektonik der reinen Vernunft« stellt Interpretationen der systematischen Einheit infrage, die das logische Erfordernis der Einheit vom transzendentalen zu isolieren versuchen.[19] Die einzigen beiden anderen Stellen in der *Kritik der reinen Vernunft*, an denen der Begriff »Schema« ausdrücklich erwähnt wird, sind die »transzendentale Analytik« und die »transzendentale Dialektik«. Im ersten Fall erscheint der Begriff im Zusammenhang mit einer Klärung der Idee des Schematismus im Allgemeinen. Hier erklärt Kant den Unterschied zwischen einem Bild, einem Schema sinnlicher Begriffe und einem Schema der Verstandesbegriffe, um die Rolle der Einbildungskraft bei der Vereinigung disparater Wissenselemente zu zeigen. Während ein Bild in allen Fällen ein Produkt des empirischen Vermögens der produktiven Einbildungskraft ist, gibt es einen Unterschied zwischen einem Schema sinnlicher Begriffe und einem Schema der reinen Verstandesbegriffe. Ersteres, so will Kant am Beispiel von Figuren im Raum zeigen, sei »ein Produkt und gleichsam ein Monogramm der reinen Einbildungskraft *a priori*, wodurch und wornach die Bilder allererst möglich werden, die aber mit dem Begriffe nur immer vermittelst des Schema, welches sie bezeichnen, verknüpft werden müssen, und an sich demselben nicht völlig kongruieren«. Demgegenüber sei das Schema eines reinen Verstandesbegriffs etwas, »was in gar kein Bild gebracht werden kann, sondern nur die reine Synthesis, gemäß einer Regel der Einheit nach Begriffen überhaupt« (*KrV*, A 141f./B 181).

In der »transzendentalen Dialektik« führt Kant den Begriff »Monogramm« ein, um auf das Ideal der reinen Vernunft hinzuweisen und es von den »Geschöpfen der Einbildungskraft« abzugrenzen, die »Monogrammen« ähnlich seien. Denn diese erscheinen eher als »einzelne, obzwar nach keiner angeblichen Regel bestimmte

19 Ich werde auf dieses Problem im zweiten Teil dieser Arbeit zurückkommen.

Züge«, die zu einer »im Mittel verschiedener Erfahrungen gleichsam schwebenden Zeichnung« gehören, die kein »bestimmtes Bild« ausmache (*KrV*, A 570/B 598). Zur weiteren Erläuterung der logischen Funktion dieses Ideals der vollkommenen Einheit greift Kant auch hier auf den Begriff des »Umrisses« zurück, um zu zeigen, wie wir die Vorstellung eines höchsten, der Einheit der Natur zugrundeliegenden intelligenten Wesens verstehen sollen: Diese Idee könne nur artikuliert werden, wenn wir sie »durch den zarten Umriß eines abstrakten Begriffs« denken, »wenn wir uns in ihm, als einer einigen Substanz, alle mögliche Vollkommenheit vereinigt vorstellen«. Ein solcher Begriff sei »der Erweiterung des Vernunftgebrauchs mitten in der Erfahrung, durch die Leitung, welche eine solche Idee auf Ordnung und Zweckmäßigkeit gibt, zuträglich« (*KrV*, A 623/B 651).

Die einzigen beiden anderen Stellen, an denen der Begriff »Monogramm« in der ersten *Kritik* auftaucht, legen also eine ganz andere Verwendung des Begriffs nahe als die »Architektonik«, wo der Begriff zu erklären scheint, wie die Idee des Ganzen eines Systems durch die wesentlichen Zwecke der Vernunft dargestellt wird. Darüber hinaus ist im Lichte seiner früheren Verwendungen klar, dass die Verwendung des Begriffs »Monogramm« als Synonym für »Umriss« und mit Verweis auf den Schematismus der Vernunft höchst problematisch ist. Kant scheint hier zwei Begriffe zu kollabieren, die sonst immer sorgfältig unterschieden wurden: das logische Postulat des Ideals des Ganzen zum Zwecke unserer Erkenntnis und das transzendentale Postulat der Einheit der Natur als ihr inhärentes, bestimmten Regeln folgendes Prinzip. Die Frage ist: Warum tut er das? Warum setzt die »Architektonik der reinen Vernunft« die Begriffe »Umriss« und »Monogramm« gleich, wenn sie über die Idee des Ganzen nachdenkt, die für die systematische Einheit unserer Erkenntnisse notwendig ist?

Die Berufung auf den Schematismus zur Erklärung der Beziehung zwischen der Idee des Ganzen und den Zwecken der Vernunft ist auf den ersten Blick ziemlich verwirrend. Kant verwendet den Begriff »Schema«, um zu erklären, wie wir heterogene Elemente der Vernunft in eine Einheit bringen können. Aber hier wird der Schematismus herangezogen, um die Beziehung zwischen dem Prinzip der Zweckmäßigkeit und der architektonischen Idee zu klären, die zur Begründung der Einheit des Systems notwendig ist. Kant erklärt jedoch nicht, *warum* wir hier ein Schema brauchen, und auch die merkwürdige Definition eines Schemas als »eine *a priori* aus dem Prinzip des Zwecks bestimmte wesentliche Mannigfaltigkeit und Ordnung der Teile« (*KrV*, A 833/B 861) ist wenig hilfreich.

Erstens ist weder klar, was »Mannigfaltigkeit« in diesem Zusammenhang bedeutet, noch, warum sie von »wesentlicher« Art ist. Zweitens ist unklar, wie wir das Prinzip der Zweckmäßigkeit verstehen sollen, das für die Einheit der Mannigfaltigkeit erforderlich ist. Der bloße Verweis auf die Idee des Schematismus reicht nicht aus.[20] Wenn wir nämlich den Gebrauch des Schematismus in der »transzendentalen Analytik« mit dem der »Architektonik« vergleichen, sehen wir, dass der Schematismus in der »transzendentalen Analytik« erst nach einer Deduktion der reinen Verstandesbegriffe eingeführt wird. Seine Verwendung in der »Analytik« besteht darin, zu erklären, wie die Kategorien auf sinnliche Wahrnehmungen überhaupt angewandt werden können, doch Kant hält die Legitimität der Anwendung der reinen Verstandesbegriffe nicht für selbstverständlich: Deshalb geht dem Schematismus eine Deduktion voraus.

20 In der umfangreichen Forschung zur ersten *Kritik* und spezifisch zur Frage des Schematismus wird die »Architektonik« am wenigsten berücksichtigt. Martin Heideggers *Kant und das Problem der Metaphysik* ist ein Beispiel dafür. Einerseits ist der Schematismus zentral für Heideggers Interpretation Kants, ebenso wie die Betonung, dass die menschliche Vernunft »ihrer Natur nach architektonisch« sei und »alle Erkenntnisse als gehörig zu einem möglichen System« betrachte (*KrV*, A 474/B 502). Andererseits instrumentalisiert Heidegger die Rolle des Schematismus in der »Architektonik« für seine Gesamtinterpretation der Zentralität der transzendentalen Einbildungskraft (siehe Heidegger, *Kant und das Problem der Metaphysik*, S. 195 ff.). Dabei übersieht er jedoch, dass der Schematismus in der »Architektonik« im Vergleich zur *transzendentalen Analytik* ein neues Problem aufwirft: die Vermittlungsfunktion, die er in der Beziehung zwischen der Idee des Ganzen und den praktischen Zwecken der Vernunft spielt. Es fällt daher schwer, nicht wie Gerhard Krüger einzuwenden, dass die Reduktion der Vernunft auf die transzendentale Einbildungskraft zur Folge habe, dass Moral mit Leidenschaft verwechselt und somit das Reich der Zwecke, des höchsten Gutes und des praktischen Handelns aus den Augen verloren würde (vgl. Gerhard Krüger, *Philosophie und Moral in der Kantischen Kritik*, Tübingen 1931, S. 68). Eine detaillierte Analyse von Heideggers *Kant und das Problem der Metaphysik* im Lichte der in der »Architektonik« enthaltenen Definition des Schemas (»eine *a priori* aus dem Prinzip des Zwecks bestimmte wesentliche Mannigfaltigkeit und Ordnung der Teile«) mit Bezug auf die praktische Vernunft würde seine Interpretation wahrscheinlich untergraben, aber dies ist nicht Ziel dieser Arbeit.

In der »Architektonik« gibt es keine Deduktion der reinen Vernunftbegriffe, die dem Gebrauch des Schematismus vorausgeht, ja, nicht einmal den Versuch einer Deduktion. Die Analyse beschränkt sich auf die Aufzählung der Elemente, die die schematische Ausführung einer Idee ermöglichen, und auf die Betonung der Bedeutung der Zwecke, die die Vernunft *a priori* setzt, statt sie empirisch zu erwarten. Dies ist sehr überraschend und als Problem auch überraschend vernachlässigt worden.[21] Warum enthält die »Architektonik der reinen Vernunft« angesichts der üblichen Vorgehensweise Kants keine Deduktion der Gültigkeit des architektonischen Prinzips, das dem System der Vernunft zugrunde liegt? Warum liefert sie keine weitere Erklärung seines Verhältnisses sowohl zu den praktischen Zwecken als auch zur Idee des Ganzen, von der es geleitet wird? Selbst wenn wir akzeptieren, dass der Begriff des Schematismus die Verbindung zwischen der Idee der Vernunft und dem Prinzip der Zweckmäßigkeit erklärt, ist nicht klar, was seine Verwendung rechtfertigt und wie der Schematismus seine Rolle im Prozess der systematischen Vereinheitlichung erfüllt.[22] Was legitimiert die Berufung auf eine schematische Verbindung zwischen der Idee der Vernunft und ihren wesentlichen Zwecken? Und wie stellt die »Architektonik der reinen Vernunft« eine solche Verbindung her? Inwiefern hängen Kants Ausführungen hier mit seiner Betonung der Notwendigkeit zusammen, sich auf ein einheitliches philosophisches System zu stützen, das sowohl die Natur als auch die Freiheit umfasst?

Kant beantwortet diese Fragen in der »Architektonik« selbst nicht. Um zu erklären, warum wir hier zusätzlich zum Schematismus des Verstandes auch einen Schematismus der Vernunft vorfinden, sollten wir auf die Beziehung zwischen der allgemeinen Analyse der Ideen auf den vorangegangenen Seiten der *Kritik* und der engeren Rolle der »Architektonik« für die Veranschaulichung der Funktion der Idee des Systems (verstanden als Bedingung der

21 Die Vernachlässigung erstreckt sich sogar auf Studien, die üblicherweise als weitreichende Rekonstruktionen des Problems des Schematismus in Kants Denken gelten, wie Davals Monographie, *La métaphysique de Kant*, S. 179-243, oder auf die wenigen einflussreichen Kommentare zum zweiten Teil der ersten *Kritik* wie Heimsoeth, *Transzendentale Dialektik. Ein Kommentar zu Kants Kritik der reinen Vernunft*, S. 648 ff.

22 Wie ich in den Kapiteln 4 und 5 zu zeigen versuchen werde, versucht der »Anhang zur transzendentalen Dialektik« tatsächlich eine Deduktion anzubieten, wenngleich eine, die von Kant selbst als problematisch bezeichnet wird.

Möglichkeit seiner Teile) in der zweckmäßigen Konstitution der Vernunft zurückkommen. Kant argumentiert in der »Architektonik« dafür, dass die Idee des Ganzen in einer schematischen Funktion durch die wesentlichen Zwecke der Vernunft dargestellt werde. Die Funktion des Verhältnisses zwischen Ideen und Vernunftzwecken ist jedoch keineswegs klar, und es ist schwierig, sie auf der Grundlage seiner früheren Bemerkungen zu rekonstruieren. Kants allgemeine Darstellung der Ideen auf den ersten Seiten der *Kritik* scheint auf den ersten Blick nicht mit ihrer teleologischen Analyse auf den letzten Seiten des Buches zusammenzuhängen. Sein Fokus auf die Frage der Einheit des Systems und seine Verweise auf den Schematismus in diesem Kontext werfen vielmehr Probleme der Übereinstimmung mit seiner vorherigen Diskussion des Begriffs der Ideen auf. Das möchte ich erklären.

Die Idee des Ganzen, die nicht nur vorausgesetzt, sondern als Schema zur Legitimierung der Summe der Erkenntnisse als Teil eines Systems der Vernunft vorgestellt wird, ist genau das: eine Idee. Skeptische Lesarten haben Ideen traditionell als »theoretisch falsche« Begriffe interpretiert und argumentiert, dass die einzige Stelle in der *Kritik*, an der Kant eine konstruktive Rolle für ihre Verwendung findet, der »Kanon der reinen Vernunft« sei, in dem ihre Anwendung auf den praktischen Bereich ihre vereinheitlichende Funktion legitimiert. Wir werden auf dieses Problem in den folgenden Kapiteln zurückkommen. Für den Moment ist es wichtig, zu verstehen, dass diese Lesart den Ideen eine Rolle zuweist, in der sie lediglich dazu dienen, die im ersten Teil der *Kritik der reinen Vernunft* begonnene Kritik der Metaphysik zu vollenden. Stellt man zwei verschiedene Interpretationen von Kants Analyse der Ideen gegenüber – eine skeptische, die sich vor allem auf die »Antinomien der reinen Vernunft« konzentriert, und eine positivere, die im »Anhang zur transzendentalen Dialektik« und in der »Methodenlehre« zum Ausdruck kommt –, so schlägt etwa Norman Kemp Smith sich auf die Seite der ersteren und behauptet, dass die Ideen, obzwar vom theoretischen Standpunkt aus falsch, vom praktischen Standpunkt aus legitim und unentbehrlich seien.[23] Seine Analyse ist selbst in der zeitgenössischen Kantforschung alles andere als ungewöhnlich. Tatsächlich wird sie auch von weniger skeptisch eingestellten Auto-

23 Kemp Smith, *A Commentary to Kant's Critique of Pure Reason*, S. 428.

rinnen unterstützt, die eine konstruktivistische Interpretation von Kants Gedanken zur Methode vertreten und für den Vorrang der praktischen Vernunft in Kants Philosophie argumentieren.[24]

Solche Interpretationen vernachlässigen jedoch den methodologischen Beitrag der Ideen zu den architektonischen Anliegen der ersten *Kritik* nicht nur in praktischer, sondern auch in theoretischer Hinsicht. Hier geht es nicht nur um den praktischen Gebrauch der Vernunft, sondern um das Verhältnis desselben zu ihrem theoretischen Gebrauch, um die systematische Verbindung zwischen beiden als Teil des Versuchs, die Methode der Philosophie zu rechtfertigen, und um die Rolle, die die Systematisierung dabei spielt. Was bei praxisorientierten Lesarten der ersten *Kritik* oft übersehen zu werden scheint, ist, dass hier nicht von einem praktischen, autonomen Gebiet der Vernunftideen die Rede ist; das ist etwas, das Kant erst sehr viel später und in jedem Fall nicht vor der Veröffentlichung der *Kritik der praktischen Vernunft* und der *Kritik der Urteilskraft* in aller Strenge artikuliert. Was wir stattdessen finden, sind zwei unterschiedliche Verwendungen (die theoretische und die praktische) derselben Ideen der Vernunft und ein Versuch zu erklären, wie sie zusammenpassen.[25] Dies ist nicht leicht zu erreichen.

Dass sowohl die traditionellen skeptischen Lesarten als auch die neueren dazu neigen, das entscheidende Ziel der »Architektonik« zu verfehlen, hat weitreichende Auswirkungen. Zum einen ist es schwer zu erkennen, wie die Vernunft unter dem Gesichtspunkt ihres praktischen Gebrauchs einen Begriff zulassen kann, der sich als »theoretisch falsch« erwiesen hat, wie Kemp Smith es ausdrückt. Skeptische Lesarten der ersten *Kritik* müssen zumindest die theoretische Unbestimmtheit (nicht Falschheit) der Ideen zugestehen. Darüber hinaus wird bei der Reduktion der Ideen auf bloße Schemata, die der Verstand einsetzt, um den höchsten Grad an Einheit und Vollständigkeit zu erreichen, übersehen, dass das Streben nach dem Unbedingten (als das, was die Idee der systematischen Einheit der Erkenntnisse am besten repräsentiert) eine Eigenschaft nicht des Verstandes, sondern der Vernunft in ihrem angemessenen Gebrauch ist. Was wir also brauchen, ist eine Erklärung, warum das

24 Siehe z. B. O'Neill, »Vindicating Reason«, S. 280-308.

25 Siehe hierzu Martial Gueroult, »Canon de la raison pure et critique de la raison pratique«, in: *Revue Internationale de Philosophie* 8 (1954), S. 331-357.

Prinzip der Zweckmäßigkeit für die architektonische Einheit des Systems notwendig ist und wie es uns durch das Schema einer Idee gegeben wird, die die Vernunft mit Bezug auf ihren letzten Zweck aufstellt.[26] Dies ist einerseits schwierig, weil, wie wir im dritten Teil dieser Arbeit sehen werden, die erste *Kritik* keinen Raum für ein besonderes Gebiet lässt, in dem die Begriffe der praktischen Vernunft autonom gesetzgeberisch tätig sind. Zweitens ist eine solche zweckmäßige Funktion der Ideen für Kant der Eckpfeiler des systematischen Charakters der Erkenntnis im Allgemeinen. Denn nur durch die Schematisierung der praktischen Vernunftzwecke können wir die Idee des Ganzen begreifen, durch die die Gesamtheit der theoretischen und praktischen Erkenntnisse ihren wissenschaftlichen Charakter erhält.

4. Systematische Einheit und praktische Zweckmäßigkeit

Das Ergebnis der Analyse des vorangegangenen Abschnitts ist, dass zwischen der Tätigkeit eines archetypischen Verstandes, der das gesamte System theoretischer und praktischer Zwecke vereinheitlicht, und der Tätigkeit der Vernunft, die ihre Erkenntnisse in Bezug auf eine Idee des Ganzen systematisiert, eine Analogie besteht. Aber es gibt auch einen wichtigen Unterschied: Die architektonische Idee kann nur dann zur Einheit des Ganzen beitragen, wenn sie schematisiert wird.[27] Wie genau wird dieses Schema erstellt?[28] Um das Problem zu verstehen, müssen wir uns dem praktischen Interesse der Vernunft zuwenden, mit dem wir begonnen haben.

26 Eine seltene Erörterung dieses Problems mit einer expliziten Analyse des Schematismus und Verweisen auf die dritte *Kritik*, die jedoch den von Kant in seinem späteren Werk eingeschlagenen anderen Weg außer Acht lässt, findet sich in Robert McRae, »Kant's Conception of the Unity of the Sciences«, in: *Philosophy and Phenomenological Research* 18 (1) (1957), S. 1-17.

27 Ich diskutiere dieses Problem im zweiten Teil dieser Arbeit, wo ich den spekulativen Gebrauch der Ideen im »Anhang zur transzendentalen Dialektik« analysiere. Siehe auch Daval, *La métaphysique de Kant*, S. 179 f.

28 Daval analysiert in *La métaphysique de Kant*, S. 179 f., ausführlich das Problem des schematischen Gebrauchs der Ideen, geht aber nicht im Detail auf das Problem des Schematismus innerhalb der »Architektonik der reinen Vernunft« ein, sondern beschränkt seine Diskussion auf den »Anhang« und verpasst daher den Beitrag des praktischen Gebrauchs der Vernunft.

In der »Architektonik der reinen Vernunft« wiederholt Kant bei der Erörterung der schematischen Darstellung der Idee des Ganzen einige seiner Bemerkungen zum Schematismus aus dem »Anhang zur transzendentalen Dialektik«, jedoch mit einem interessanten Zusatz. Er betont, dass »ein Schema, welches nicht nach einer Idee, d. i. aus dem Hauptzwecke der Vernunft, sondern empirisch, nach zufällig sich darbietenden Absichten entworfen wird«, nur »technische Einheit« erzeuge. Er warnt hier vor einem Verständnis von Philosophie nach dem Schulbegriff, wonach es allein auf die logische Vollkommenheit der Erkenntnisse ankomme, unabhängig von den Zwecken, die die Vernunft mit ihnen verfolgt. Nur das Schema, das sich nach einer Idee vollziehe, »wo die Vernunft die Zwecke *a priori* aufgibt und nicht empirisch erwartet«, begründe architektonische Einheit (*KrV*, A 833/B 861).

Was aber ist der Unterschied zwischen der empirischen Bestimmung der Vernunftzwecke und ihrer architektonischen Disposition? Kant beharrt auf der Unterscheidung beider, weil nur apriorische Zwecke die korrekte schematische Darstellung der Idee des Ganzen stützen. Das architektonische Schema müsse zwischen der Mannigfaltigkeit empirischer Erkenntnisse und einer Idee des Ganzen vermitteln, die durch die wesentlichen Zwecke der Vernunft *a priori* als universal und notwendig gegeben sei. Ebendiese Zwecke bilden die vermittelnden Begriffe, nach denen die einzelnen Erkenntnisse der Vernunft in Übereinstimmung mit der übersinnlichen Idee eines Ganzen geordnet werden, die die systematische Einheit der Vernunft begründet und ihren »obersten und inneren Zwecke« enthält.

Der »oberste und innere Zweck« der Vernunft wird von Kant ausdrücklich erwähnt, wenn er betont, dass das, was wir Wissenschaft nennen, nicht »wegen der Ähnlichkeit des Mannigfaltigen, oder des zufälligen Gebrauchs der Erkenntnis in concreto zu allerlei beliebigen äußeren Zwecken« technisch verstanden werden dürfe. Sie müsse vielmehr »architektonisch« entstehen. Architektonische Ordnung beinhalte die »Ableitung von einem obersten und inneren Zwecke, der das Ganze allererst möglich macht« (*KrV*, A 833/B 861). Warum aber kann nur der »oberste« und »innere« Zweck der Vernunft eine architektonische Einheit begründen? Wie verwandelt die Vernunft ein grobes Aggregat von Elementen in ein kohärentes, systematisches Ganzes?

Hier ist es wichtig, den Unterschied zwischen dem obersten und inneren Zweck (der nach Kants Auffassung die systematische Erfahrung begründet) und den wesentlichen Zwecken zu betonen, die die Vernunft *a priori* gibt, um sein Verständnis zu ermöglichen. Kant klärt die Unterscheidung zwischen ihnen hier nicht, beruft sich jedoch einige Absätze später auf sie, in einem der rätselhaftesten Abschnitte der gesamten ersten *Kritik*: Er betont, wesentliche Zwecke seien »noch nicht die höchsten«. Der höchste Zweck könne in der systematischen Einheit der Vernunft »nur ein einziger« sein. Sie bilden daher entweder den »Endzweck« oder »subalterne Zwecke«, die als Mittel notwendig zu ersterem gehören. Der Endzweck sei nicht weniger als die »ganze Bestimmung des Menschen, und die Philosophie über dieselbe heißt Moral« (*KrV*, A 840/B 868).

Die Gründe, aus denen die moralische Bestimmung des Menschen einen Endzweck der Natur darstellt, werden im »Kanon der reinen Vernunft« deutlich, auf den ich im dritten Teil dieser Arbeit zurückkommen werde. Die Idee eines Reichs der Zwecke, so Kant dort, führe unweigerlich zu einer zweckmäßigen Ordnung der Natur, die von der Annahme einer Idee garantiert werde: der Idee Gottes, ohne die es unmöglich wäre, der physischen und moralischen Welt systematische Einheit und kausale Wirksamkeit zuzuschreiben (*KrV*, A 816/B 844). Interessant an der »Architektonik« und ihrer Analyse der systematischen Einheit ist, dass Kant hier die Erkenntnisse des »Kanons der reinen Vernunft« wiederholt, aber keineswegs die Möglichkeit der Erkenntnis des Endzwecks der Natur nur an die moralische Natur des Menschen knüpft. Im Gegenteil, er definiert ihn als einen der wichtigsten Zwecke, die der Vernunft *a priori* gegeben sind, die Möglichkeit der systematischen Reflexion der Erfahrung begründen und einen schematischen Zugang zu ihrem »obersten« und »inneren« Zweck ermöglichen. Ein solches Zweckprinzip ermögliche es, den Aufbau des gesamten Erfahrungssystems gemäß einer »Idee« zu erkennen, die sowohl Ursache als auch Wirkung ihrer selbst ist. Der Endzweck der Vernunft fungiert somit als die *ratio cognoscendi* der natürlichen Zweckmäßigkeit, während die natürliche Zweckmäßigkeit die *ratio essendi* und die Garantie für die moralische Zweckmäßigkeit in der erfahrbaren Welt darstellt.

Die zweckmäßige Konstitution der Vernunft beweise die zweckmäßige Ordnung der Natur, ohne die die Vernunft ihre wesentlichen Zwecke in der empirischen Welt nicht fördern und verwirklichen könnte. Der Endzweck der praktischen Vernunft ermögliche die architektonische Einheit des Systems sowohl nach dem Schulbegriff als auch nach dem Weltbegriff der Philosophie, garantiere die Integration des theoretischen und praktischen Vernunftgebrauchs und erkläre, warum Natur und Freiheit, die zunächst in »zwei besondern« Systemen aufgetreten sind, »zuletzt in einem einzigen philosophischen System« vereint seien (*KrV*, A 840/B 868).[29] Die Zweckmäßigkeit der Vernunft offenbare die Zweckmäßigkeit der Natur, die sich schematisch in der Idee eines intelligenten und weisen Wesens zeige, das die Gesamtheit der Bedingungen begründe und die vereinigende Idee des Systems liefere.

Die Lösung der »Architektonik« zur Frage des Übergangs vom System der Natur zu dem der Freiheit nimmt einige relevante Themen der *Kritik der Urteilskraft* vorweg, ist zugleich aber deutlich anders. Die Unterscheidung zwischen »wesentlichen« Zwecken und dem »höchsten« Zweck der Vernunft kehrt auch hier zurück, aber die unkritische Identifizierung der moralischen Bestimmung des Menschen mit dem Endzweck der Natur wird problematisiert und schließlich aufgelöst. Die dritte *Kritik* definiert den Endzweck als »denjenige[n] Zweck, der keines andern als Bedingung seiner Möglichkeit bedarf« und identifiziert ihn mit dem »Endzwecke des Daseins einer Welt« (*KU*, 434). Kant stellt jedoch klar, dass der Endzweck der Natur vom Menschen als Mitglied der natürlichen Ordnung niemals als solcher erkannt werden könne; er könne lediglich mit den wesentlichen Zwecken der Vernunft und der moralischen Bestimmung des Menschen zusammenhängen. Der moralische Akteur steht also weiterhin im Mittelpunkt eines zweckmäßigen Systems, aber die Kausalität dieses Systems beruht nicht länger auf dem Postulat eines intelligenten Welturhebers. Was hat sich geändert?

In der »Architektonik der reinen Vernunft« beruht die Lösung des Problems der systematischen Einheit auf der Idee des Ganzen, die einer Analyse der Natur als System von Zwecken zugrunde liegt. Um diese starke Veränderung zu erklären und zu zeigen, warum

29 Zu einer weiteren Diskussion dieses Problems siehe auch den Vergleich von Kant und Hegel in Klaus Düsing, »Naturteleologie und Metaphysik bei Kant und Hegel«, in: H. F. Fulda, R. P. Horstmann (Hg.), *Hegel und die »Kritik der Urteilskraft«*, Stuttgart 1990, S. 139-146.

sie letztlich das gesamte kritische Projekt zu untergraben drohte, müssen wir auf die Analyse des Gebrauchs der Ideen aus spekulativer und praktischer Perspektive in der »Architektonik« zurückkommen. Wie wir im nächsten Kapitel sehen werden, ist die Integration des spekulativen und praktischen Vernunftgebrauchs durch die Rechtfertigung des Prinzips der Zweckmäßigkeit entscheidend für das Verständnis von Kants teleologischer Lösung des Problems der Einheit der Vernunft. Aber es ist auch entscheidend, um zu erhellen, warum die teleologische Lösung, wie sie in der ersten *Kritik* dargelegt ist, für Kant letztlich unbefriedigend war. Dazu müssen wir uns dem organischen Charakter von Kants Vernunfttheorie und seiner charakteristischen Interpretation der Methode der Philosophie zuwenden. Dies ist die Aufgabe des folgenden Kapitels.

3. Die Vernunft als Organismus

1. Die Analogie zwischen System und Organismus

Niemand, so behauptet Kant, »versucht es, eine Wissenschaft zu Stande zu bringen, ohne daß ihm eine Idee zum Grunde liege« (*KrV*, A 834/B 862). Diese These mag auf den ersten Blick wie eine rein formalistische, inzwischen überholte Bemerkung zugunsten der methodologischen Einheit der Wissenschaften erscheinen. Ihre Relevanz wird aber deutlich, wenn wir uns ihren Implikationen für den Untersuchungsgegenstand der *Kritik der reinen Vernunft* zuwenden: die Einheit der Vernunft und die Methode ihrer Konstruktion. Für Kant ist die Philosophie keine Disziplin, die isoliert von anderen arbeitet. Sie ist eine hochgradig rigorose Wissenschaft, die die Erkenntnisse aller anderen integrieren und sie um eine Reflexion über den richtigen Gebrauch ihrer Werkzeuge, ihre Untersuchungsmethoden und ihr Verhältnis zu unseren Erkenntnisvermögen und praktischen Haltungen ergänzen soll. All dies kann die Philosophie aber nur anstreben, indem sie sich allein auf die Vernunft statt auf äußere Autoritäten stützt und ihre eigenen methodologischen Kriterien im Dialog mit anderen Wissenschaften verfeinert. Die Philosophie setzt nur die Selbstexplikation, die Selbstkorrektur und das Selbstverständnis der Vernunft voraus. Es ist unmöglich, die Gültigkeit ihrer Werkzeuge *more geometrico* zu beweisen, indem man bestimmte Prämissen und Definitionen voraussetzt und ihre Methode mit der der Physik oder der Mathematik gleichsetzt (wie Descartes oder Spinoza es taten). Die Legitimität und der angemessene Gebrauch eines jedes Prinzips hängt von seiner organischen Beziehung zu den anderen ab sowie von der Fähigkeit aller Prinzipien, die Kohärenz der Erfahrung in ihrer Komplexität zu zeigen. Daher müsse die Philosophie, wie jede andere Wissenschaft auch, »aus dem Gesichtspunkte eines gewissen allgemeinen Interesse[s]« konzipiert werden, und zwar »nicht nach der Beschreibung, die der Urheber derselben davon gibt, sondern nach der Idee, welche man aus der natürlichen Einheit der Teile, die er zusammengebracht hat, in der Vernunft selbst gegrundet findet« (*KrV*, A 834/B 862).

Wie bereits betont, beruht diese Voraussetzung der Einheit der

Teile auf einem transzendentalen Prinzip der Zweckmäßigkeit, dessen Status in der ersten *Kritik* nie vollständig geklärt wird. Kant behauptet, dass die Einheit der wissenschaftlichen Erkenntnis und der zweckmäßige Charakter der Idee des Ganzen, die ihr zugrunde liegt, den Grundstein des »Szientifischen in unserer Erkenntnis überhaupt« darstelle. Darüber hinaus erklärt er, dass uns diese Idee des Ganzen durch ein Schema gegeben sei, das die Vernunft im Hinblick auf ihren »letzten Zweck« aufstelle. Die Rede von letzten Zwecken kommt jedoch der dogmatischen Metaphysik gefährlich nahe, es sei denn, wir beziehen uns auf die praktische Sphäre der Gesetzgebung der Ideen – ein autonomes Gebiet, in dem die Begriffe der praktischen Vernunft selbstständig Gesetze erlassen. Doch wie wir im dritten Teil dieser Arbeit sehen werden, erwähnt die *Kritik der reinen Vernunft* ein solches autonomes Gebiet der Gesetzgebung durch praktische Prinzipien nicht. Wenn die Annahme architektonischer Einheit eine bloße logische Annahme der Vernunft ist, sollten wir dann schlussfolgern, dass auch ihr Endzweck eine bloße Annahme ist? Kant scheint für eine stärkere These argumentieren zu wollen: Da das Streben der Vernunft nach systematischer Einheit der Erkenntnis mit dem Interesse der Verfolgung wesentlicher praktischer Zwecke zusammenfalle, könnte ein solcher Zweck auch das Medium sein, durch das die Idee des Ganzen auch aus theoretischer Perspektive schematisiert werde. Wie soll das funktionieren?

Um die teleologische Grundlage der Einheit der Vernunft in der »Architektonik« besser zu verstehen, ist es nützlich, auf Kants methodologische Bemerkungen in der »Vorrede« zur *Kritik der reinen Vernunft* zurückzukommen. Kant erklärt hier, dass die Vernunft »einen wahren Gliederbau enthält, worin alles Organ ist«. Dies bedeute, dass »alles um Eines willen und ein jedes Einzelne um aller willen, mithin jede noch so kleine Gebrechlichkeit, sie sei ein Fehler (Irrtum) oder Mangel, sich im Gebrauche unausbleiblich verraten muß« (*KrV*, B XXXVII-XXXVIII). Die reine Vernunft, so führt Kant in der »Vorrede« zu den *Prolegomena* weiter aus, müsse in ihrer Autorität sich selbst genügen, »weil, da nichts außer derselben ist, was unser Urtheil innerhalb berichtigen könnte, jedes Theiles Gültigkeit und Gebrauch von dem Verhältnisse abhängt, darin er gegen die übrige in der Vernunft selbst steht, und wie bei dem Gliederbau eines organischen Körpers der Zweck jedes Gliedes nur aus dem vollständigen Begriff des Ganzen abgeleitet werden kann« (*Prol*, 263).[1]

Diese Metapher der Vernunft als Organismus ist entscheidend, um die Art von methodischem Prinzip zu verstehen, auf dem die Einheit der Vernunft in der ersten *Kritik* beruht.[2] Systematische Einheit ist für die Fähigkeit der Vernunft zur Selbstkorrektur sowie für den angemessenen Gebrauch ihrer spezifischeren Begriffe in ihrem theoretischen wie praktischen Gebrauch wesentlich.[3] Kant signalisiert die Bedeutung der organischen Metapher, indem er sie nicht nur auf den ersten, sondern auch auf den abschließenden Seiten der ersten *Kritik* verwendet – am Ende der »Architekto-

1 Dieser Abschnitt ist nicht nur wegen der Analogie zwischen organischen Körpern und dem System der Vernunft wichtig, sondern auch, weil Kant erneut die Bedeutung der systematischen Einheit für die Lösung *aller* in der ersten *Kritik* aufgeworfenen Probleme betont. Die vollständige Passage lautet wie folgt: »Allein reine Vernunft ist eine so abgesonderte, in ihr selbst so durchgängig verknüpfte Sphäre, daß man keinen Theil derselben antasten kann, ohne vorher jedem seine Stelle und seinen Einfluß auf den andern bestimmt zu haben: weil, da nichts außer derselben ist, was unser Urtheil innerhalb berichtigen könnte, jedes Theiles Gültigkeit und Gebrauch von dem Verhältnisse abhängt, darin er gegen die übrige in der Vernunft selbst steht, und wie bei dem Gliederbau eines organisirten Körpers der Zweck jedes Gliedes nur aus dem vollständigen Begriff des Ganzen abgeleitet werden kann. Daher kann man von einer solchen Kritik sagen, daß sie niemals zuverlässig sei, wenn sie nicht ganz und bis auf die mindesten Elemente der reinen Vernunft vollendet ist, und daß man von der Sphäre dieses Vermögens entweder alles, oder nichts bestimmen und ausmachen müsse« (*Prol*, 263).

2 Zu einer Diskussion dieser Behauptung siehe auch Angela Breitenbach, *Die Analogie von Vernunft und Natur: Ansatz zu einer Umweltphilosophie nach Kant*, Berlin 2009, insb. Kap. 4.

3 Mehrere Kommentatoren des vergangenen Jahrhunderts haben die theoretische Relevanz einer solchen Metapher für eine korrekte Interpretation des kantischen Systembegriffs betont. Die meisten neueren Studien zu diesem Thema konzentrieren sich jedoch auf die Analyse der *Kritik der Urteilskraft* und vernachlässigen die Teile der ersten *Kritik*, die im Mittelpunkt dieses Buches stehen. Siehe zum Beispiel Wolfgang Krohn, »Die natürlichen Ursachen der Zwecke. Kants Ansätze zu einer Theorie der Selbstorganisation«, in: *Jahrbuch für Komplexität in den Natur-, Sozial- und Geisteswissenschaften* 3 (1992), S. 31-50, und Bernhard Rang, »Zweckmäßigkeit, Zweckursächlichkeit und Ganzheitlichkeit in der organischen Natur. Zum Problem einer teleologischen Naturauffassung in Kants ›Kritik der Urteilskraft‹«, in: *Philosophisches Jahrbuch der Görresgesellschaft* 100 (1993), S. 39-71. Zu einer ausführlicheren kritischen Rekonstruktion des Themas siehe Antonio Marques, *Organismo e sistema em Kant. Ensaio sobre o sistema kantiano*, Lissabon 1987.

nik«.[4] Auch hier versucht er zu klären, wie man architektonisch vorgehen könne, um den Schulbegriff der Philosophie (der an systematischer Einheit der Erkenntnisse interessiert ist) und ihren Weltbegriff (der an der Beziehung aller Erkenntnisse auf den letzten Zweck der menschlichen Vernunft interessiert ist) zu vereinen. Einerseits geht es Kant darum, ein Prinzip zu identifizieren, das eine klare Unterscheidung zwischen Aggregat und System erlaubt. Andererseits soll ebendieses Prinzip die Integration des theoretischen und praktischen Gebrauchs der Vernunft erklären, die für die Beförderung der wesentlichen Zwecke der Vernunft notwendig ist. Wie bereits betont, geht Kant am Ende der ersten *Kritik* davon aus, diesen Übergang vollzogen zu haben: Die zunächst getrennten Systeme der Natur und der Freiheit seien schließlich in einem einzigen philosophischen System vereinigt (*KrV*, A 840/B 868).

Die Unterscheidung zwischen Aggregat und System, die Kant an verschiedenen Stellen der »Architektonik« hervorhebt, überschneidet sich mit einer Unterscheidung zwischen vollständiger und partieller Wissenschaft und ist wichtig, um die Rechtfertigung dieses einheitlichen philosophischen Systems nachzuvollziehen. Vollständige Wissenschaft erfordere die Aufnahme der »Form eines Ganzen, so fern durch denselben der Umfang des Mannigfaltigen so wohl, als die Stelle der Teile unter einander, *a priori* bestimmt wird«. Schon die Definition eines Systems als »Einheit der mannigfaltigen Erkenntnisse unter einer Idee« bringt eine rationale Neubeschreibung der Idee des Ganzen mit sich, die sowohl die Rolle jedes Teils des Systems *a priori* vorwegnehme als auch eine konkrete Einheit bilde, auf die die Teile ausgerichtet sind. Der wissenschaftliche Vernunftbegriff enthalte »den Zweck und die Form des Ganzen, das mit demselben kongruiert« (*KrV*, A 832/B 860).

Die Einheit der Vernunft gründet also auf einer Idee des Ganzen, die eine Vielzahl von Erkenntnissen in ihrer ständigen Entwicklung enthalten kann – eine Entwicklung, deren Möglichkeit selbst vorausgesetzt ist. Kants Vorgehensweise erinnert an den leibnizschen Monadenbegriff. Für Leibniz war die Monade eine »Urkraft« oder »Urtätigkeit«, die ebenfalls die Möglichkeitsbedingungen für ihre eigene Entwicklung enthielt. Indem er den aristotelischen Begriff der *entelecheia* erweiterte und wieder aufgriff, versuchte Leibniz zu

4 Vgl. auch Karl Jaspers, *Die großen Philosophen,* Bd. I, München 1957, S. 397-616.

zeigen, wie diese Urkraft die Grundlage für eine Erklärung der Entwicklung organischer Körper im Unterschied zu unbelebten Objekten bildete.[5]

Interessanterweise stützt sich der Begriff der Systematizität bei Kant wie bei Leibnitz auf den Begriff der Zweckmäßigkeit. Auch folgt Kant Leibniz, indem er über die Tätigkeit organischer Wesen nachdenkt, um die Eigenschaften der Idee des Ganzen zu erklären, auf der die architektonisch-systematische Struktur der Vernunft beruht. Das Ganze, so Kant,

> ist gegliedert (articulatio) und nicht gehäuft (coacervatio); es kann zwar innerlich (per intus susceptionem), aber nicht äußerlich (per appositionem) wachsen, wie ein tierischer Körper, dessen Wachstum kein Glied hinzusetzt, sondern, ohne Veränderung der Proportion, ein jedes zu seinen Zwecken stärker und tüchtiger macht (*KrV*, A 833/B 861).

Die Analogie zu einem tierischen Körper und der ausdrückliche Hinweis auf die Art der Entwicklung organischer Wesen ist sehr wichtig, um den zweckmäßigen Charakter des Prinzips zu verstehen, auf dem die Einheit der Vernunft beruht. Kant scheint hier von der Metapher des Gebäudes aus früheren Seiten der »Methodenlehre« zu der des organischen Wesens übergegangen zu sein. Für einige Kommentatorinnen ist diese Verschiebung rätselhaft.[6] Aber wie in einem unserer ersten Kapitel erläutert, ist die Gebäudemetapher bei Kant von der Architektur inspiriert, einer *Kunst*form, in der das Prinzip der Zweckmäßigkeit ebenfalls für das Nachdenken über die Verbindung zwischen dem Ganzen und den Teilen wesentlich ist. Tatsächlich sind die beiden Beispiele, anhand derer Kant den Begriff der Zweckmäßigkeit in der dritten *Kritik* artikuliert, Kunstprodukte und organische Wesen. Im Lichte dieser Beispiele ist der Übergang von der einen Metapher (künstlerisches Schaffen) zur anderen (die Natur der Organismen) nicht nur leicht zu erklären, sondern auch kohärent. Was allerdings Fragen aufwirft, ist die Rechtfertigung des Prinzips der Zweckmäßigkeit in diesem Teil von Kants Werk, seine Beziehung zur Annahme von Ordnung in

5 Zum Verhältnis zwischen Leibniz' Monadenbegriff und Kants Darstellung der Zweckmäßigkeit siehe Franco Chiereghin, »Finalità e idea della vita. La recezione hegeliana della filosofia di Kant«, in: *Verifiche* 19 (1990), S. 127-229.

6 Siehe zu einer Diskussion Manchester (die auch Tonelli zitiert), »Kant's Conception of Architectonic in its Historical Context«, S. 187 f.

der Natur und die mysteriöse Schematisierung der Idee des Ganzen als Grundlage eines einheitlichen Systems. Um sein Argument in der ersten *Kritik* zu verstehen und zu klären, inwiefern es sich von seinem reiferen Werk unterscheidet, konzentriert sich der nächste Abschnitt auf Kants Analyse organischer Wesen, die Rolle des Prinzips der Zweckmäßigkeit bei der Erklärung ihrer Kausalität und die Grundlagen dieses Prinzips in der dritten im Vergleich zur ersten *Kritik*.

2. Vernunft und Natur als Zwecksysteme

Um zu verstehen, warum Kant in der ersten *Kritik* die Metapher des Organismus zur Erklärung des zweckmäßigen Charakters der Vernunft heranzieht, ist es nützlich, die »Architektonik« im Lichte seiner Bemerkungen zur Zweckmäßigkeit in dem einzigen Werk zu lesen, das ganz der Analyse dieses Prinzips gewidmet ist: der *Kritik der Urteilskraft*. Wie Kant hier behauptet, sei in organisierten Wesen alles wechselseitig Mittel und Zweck (*KU*, 376). Es sei schwierig, die Entwicklung organischer Wesen durch Verweise auf mechanische Ursachen zu erklären, indem Verstandesbegriffe auf Gegenstände der Erfahrung angewandt werden. Stattdessen sollten wir sie als »Naturzwecke« (*KU*, 372 ff.) analysieren, indem wir eine besondere Art von Kausalität voraussetzen, »die Idee der Wirkung der Kausalität ihrer Ursache, als die dieser selbst zum Grunde liegende Bedingung der Möglichkeit der ersteren« (*KU*, 367). Um diesen Gedanken zu entschlüsseln, sei an Kants wiederholte Bemerkung erinnert, dass wir zwar über organische Wesen als Zwecke der Natur nachdenken, dass der angemessenere Grund für die Zuschreibung zweckgerichteter Kausalität jedoch unser eigenes Vermögen der reflektierenden Urteilskraft sei. Die Hypothese der Endursachen könne nicht unter Berufung auf die Prinzipien des Verstandes formuliert werden; der Begriff des Zwecks könne nur in Bezug auf die praktische Vernunft und die Bestimmung des Willens in Übereinstimmung mit dem Moralgesetz gedacht werden.[7]

7 Tatsächlich verwendet Kant in der ersten Fassung der Einleitung zur dritten *Kritik* den Begriff der Zweckmäßigkeit, um sowohl das spezifische Prinzip, das der reflektierenden Urteilskraft zugrunde liegt, als auch den Begriff der praktischen Zweckmäßigkeit zu erklären. Bei Letzterem handle es sich um eine Art »Zweckmäßigkeit,

Wir beginnen hier zu sehen, dass Kant in der dritten *Kritik* das Prinzip der Zweckmäßigkeit mit der besonderen praktischen Kausalität der Vernunft in Verbindung bringt, die als Grundlage für die Bestimmung des Willens dient. Dies ist ein Begriff von Zweckmäßigkeit, der die Realität transzendentaler Freiheit voraussetzt und den wir als »Zweckmäßigkeit als Normativität« bezeichnen können. Wir berufen uns auf diese besondere Art von Kausalität, wenn wir Kunstprodukte oder das Wirken natürlicher Organismen in Analogie zu unserem eigenen, auf moralische Zwecke ausgerichteten Handeln beurteilen müssen. Kant erklärt, dass die von den Prinzipien des Verstandes aufgestellte Kausalbeziehung uns helfen könne, die Verbindung zwischen wirkenden Ursachen (*nexus effectivus*) zu erhellen, aber nicht andersherum. Der Versuch, über die Kausalität organischer Wesen nachzudenken, stütze sich auf einen Nexus von Vernunftbegriffen (Zwecken), die, »wenn man sie als Reihe betrachtete, sowohl abwärts als aufwärts Abhängigkeit bei sich führen würde, in der das Ding, welches einmal als Wirkung bezeichnet ist, dennoch aufwärts den Namen einer Ursache desjenigen Dinges verdient, wovon es Wirkung ist«. Ein solcher Nexus sei gegeben, wenn 1. die Teile nur aufgrund ihrer Beziehung zum Ganzen möglich sind und 2. die Teile so zum Ganzen verbunden sind, dass sie wechselseitig sowohl Ursache als auch Wirkung ihrer Form sind. Nur dann bestimme die Idee des Ganzen die Form und die Kombination aller Teile, »als Erkenntnisgrund der systematischen Einheit der Form und Verbindung alles Mannigfaltigen, was in der gegebenen Materie enthalten ist, für den, der es beurteilt« (*KU*, 372).

Das Prinzip, das zur Erklärung der Entwicklung organischer Lebewesen beiträgt, ist das Prinzip der »innern Zweckmäßigkeit der Natur« (*KU*, 376 ff.), ein Prinzip, das zur reflektierenden Urteilskraft gehört, das transzendental und regulativ ist, sich von allen

die zugleich Gesetz ist« (*KUEE*, 245). Dass Kant für beide Prinzipien denselben Begriff verwendet, verdeutlicht die Schwierigkeit, den Begriff der Zweckmäßigkeit vom praktischen Bereich zu trennen. Erst in der zweiten Einleitung zur dritten *Kritik* unterscheidet er den Begriff der Zweckmäßigkeit, der dem Vermögen der reflektierenden Urteilskraft vorbehalten ist, von der »Gesetzmäßigkeit« des Verstandes und dem »Endzweck« der Vernunft. Siehe Francesca Menegoni, »Finalità e scopo finale nelle introduzioni alla kantiana ›Critica del Giudizio‹«, in: *Verifiche* 17 (1988), S. 327-351.

anderen Prinzipien des Verstandes unterscheidet und in Affinität zu den Prinzipien der Vernunft betrachtet werden kann. Dieses Prinzip beruhe auf einer »Idee«, der »Idee der gesamten Natur aus einem System nach der Regel der Zwecke« (*KU*, 379). Doch diese Idee erweitere das Wissen nicht über die Grenzen der Erfahrung hinaus, und wir können aus ihr nichts über die Existenz eines möglichen »Baumeisters« ableiten. Zweckmäßigkeit als Normativität diene dem Urteilsvermögen als Regel bei der Reflexion über die Vielfalt der Naturgesetze dort, wo die Prinzipien des Verstandes nicht mehr weiterhelfen.

Kants Analyse der Zweckmäßigkeit in der *Kritik der Urteilskraft* hilft uns zu verstehen, warum er die Analogie zu Gebäuden und organischen Wesen einsetzt, um die Grundlage der systematischen Einheit der Vernunft in der ersten *Kritik* zu erklären. Aber in der dritten *Kritik* können wir organischen Wesen nur dann Zwecke zuschreiben, wenn wir uns auf ein Prinzip der inneren Zweckmäßigkeit stützen, das auf einer Vorstellung von der Natur als System von Zwecken beruht. Diese basiert wiederum auf dem Prinzip der reflektierenden Urteilskraft. Lässt sich mit derselben Analogie auch das Wesen des systematischen Prinzips erklären, das der architektonischen Einheit der Vernunft zugrunde liegt? Um welche Art von Zweckmäßigkeit handelt es sich bei der organischen Anordnung der verschiedenen Erkenntnisse der Vernunft um der systematischen Einheit willen?

Kants Bemerkung, dass der rationale, wissenschaftliche Vernunftbegriff eines Systems den »Zweck und die Form des Ganzen, das mit demselben kongruiert« enthalte, zeigt, dass auch in der ersten *Kritik* das Prinzip der Zweckmäßigkeit für ein Verständnis der systematischen Verbindung verschiedener Erkenntnisse entscheidend ist. Der reine Vernunftbegriff verbinde die Idee des Ganzen, die das Denken eines einheitlichen Systems ermögliche, mit dem Begriff des Zwecks, der das Prinzip der inneren Koordination der Teile innerhalb des Systems erkläre:[8] »Die Einheit des Zwecks, worauf sich alle Teile und in der Idee desselben auch unter einander beziehen, macht, daß ein jeder Teil bei der Kenntnis der übrigen

8 Zur Bedeutung der Idee des Ganzen für das kantische System, auch mit Bezug auf die »Architektonik der reinen Vernunft«, siehe Hans Driesch, »Kant und das Ganze«, in: *Kant-Studien* 29 (1924), S. 365-376.

vermißt werden kann, und keine zufällige Hinzusetzung, oder unbestimmte Größe der Vollkommenheit, die nicht ihre *a priori* bestimmte Grenzen habe, stattfindet« (*KrV*, A 832/B 860).

Es ist bemerkenswert, dass Kant sich nicht nur von den für die newtonsche Schule typischen mechanischen Erklärungen distanziert, sondern sogar eine diametral entgegengesetzte Lösung des Problems zu formulieren versucht.[9] Um ein Aggregat von Erkenntnissen zu vermeiden, in dem sich Wissen auf kontingente Weise und ohne eine Vorstellung der wechselseitigen Verbindungen aller Elemente im Ganzen zusammensetzt, müssen wir die Beziehung zwischen dem Ganzen und den Teilen als durch dasselbe Prinzip geregelt denken, das auch die Entwicklung organischer Wesen bestimmt: das Prinzip der Zweckmäßigkeit. Ebenso wie wir die Entwicklung tierischer Körper nur schwer ohne Bezug auf dieses Prinzip erklären könnten, würde es uns ohne dieses Prinzip auch im Falle des organischen Systems der Vernunft schwerfallen, die architektonische Einheit ihrer Erkenntnisse zu verstehen. Einerseits wird ein solches Prinzip in der »Architektonik der reinen Vernunft« als das Prinzip der Möglichkeit systematischer Erfahrung eingeführt, als Grundlage unserer logischen Annahmen für die Einheit gesetzmäßiger empirischer Verallgemeinerungen. Andererseits betont Kant auch, dass ein solches Prinzip bereits in der Idee des Ganzen der Erkenntnis vor ihrer vollständigen Ausführung enthalten sei. Es handle sich hier um eine funktionale Beziehung: Die entstehende Idee des Ganzen der Erkenntnisse setze die Ordnung der Teile bereits voraus und bestimme sie zugleich.[10] Das heiße nicht, dass die Entsprechung makellos wäre: Das »Schema« oder die »Definition« der Wissenschaft entspreche »nur sehr selten seiner Idee«. Vielmehr sei die Idee des Ganzen in der Vernunft enthalten »wie ein Keim [...], in welchem alle Teile noch sehr eingewickelt und kaum der

9 Siehe Alexis Philonenko, »L'antinomie du jugement téléologique chez Kant«, in: *Revue de métaphysique et de morale* 82 (1977), S. 12-37. Philonenkos Hauptthese, dass es Kant nie gelungen sei, sich von der analytischen Logik des Verstandes zu befreien, scheint jedoch zu vernachlässigen, dass das Hauptproblem hier die systematische Funktion und die theoretischen Vorannahmen der Ideen als spezifische Vernunftbegriffe sind.

10 Siehe zu dieser funktionalen Erklärung der kantischen Teleologie Angela Breitenbach, »Teleology in Biology: A Kantian Perspective«, in: *Kant Yearbook* 1 (2009), S. 31-56.

mikroskopischen Beobachtung kennbar, verborgen liegen« (*KrV*, A 834/B 862).

Wie aber wird dieses Prinzip in der ersten *Kritik* begründet? Nicht mit dem Verweis auf die reflektierende Urteilskraft, die mit der Kausalität der Vernunft gemäß moralischen Zwecken verbunden ist. In der *Kritik der reinen Vernunft* gibt es keinen Begriff der reflektierenden Urteilskraft, keinen Hinweis auf eine Kausalität der transzendentalen Freiheit und keinen Begriff von Zweckmäßigkeit als Normativität. Stattdessen bedient sich Kant einer Idee von Zweckmäßigkeit als Design, die er mit der bisherigen metaphysischen Tradition teilt. Um zu erhellen, was in der Analogie auf dem Spiel steht, ist es sinnvoll, zu Kants historischen Quellen zurückzukehren, zu den Debatten über das Wesen der Organismen, die die *Kritik der reinen Vernunft* umgeben und auf denen Kants Konzeption der »Architektonik« beruht.

3. Die Quellen der kantischen Analyse der Keime und Anlagen

So wie das System in der »Architektonik« mit einem Lebewesen verglichen wird, so wird die ihm zugrundeliegende Idee der Einheit mit einem »Keim« verglichen, aus dem sich der Organismus entwickelt: »Die Systeme scheinen, wie Gewürme, durch eine generatio aequivoca, aus dem bloßen Zusammenfluß von aufgesammleten Begriffen, anfangs verstümmelt, mit der Zeit vollständig, gebildet worden zu sein, ob sie gleich alle insgesamt ihr Schema, als den ursprünglichen Keim, in der sich bloß auswickelnden Vernunft hatten« (*KrV*, A 835/B 863).

Kants Vorstellung vom zweckmäßigen Charakter der Keime und seine früheren Überlegungen zu ihrem Status müssen in den Kontext einer Debatte des 18. Jahrhunderts um die Einheit der Spezies und die Art der Übertragung von Eigenschaften von einer Generation von Organismen auf die nächste gestellt werden. Um die Bedeutung dieser Debatte für die Idee der natürlichen Zweckmäßigkeit besser zu verstehen, sollten wir uns auf die Trilogie von Aufsätzen konzentrieren, in denen die Naturgeschichte des Menschen explizit diskutiert wird: *Von den verschiedenen Rassen der Menschen* (1775), *Bestimmung des Begriffs einer Menschenrasse* (1785) und *Über den Gebrauch teleologischer Principien in der Philosophie* (1788). In all diesen Aufsätzen bietet Kant in etwa die folgende Erklärung für die Entstehung verschiedener »Rassen«:

> Die in der Natur eines organischen Körpers (Gewächses oder Tieres) liegenden Gründe einer bestimmten Auswickelung heißen, wenn diese Auswickelung besondere Teile betrifft, Keime; betrifft sie aber nur die Größe oder das Verhältnis der Teile untereinander, so nenne ich sie natürliche Anlagen. [...] Diese Fürsorge der Natur, ihr Geschöpf durch versteckte innere Vorkehrungen auf allerlei künftige Umstände auszurüsten, damit es sich erhalte, und der Verschiedenheit des Klima oder des Bodens angemessen sei, ist bewundernswürdig [...]. Der Zufall, oder allgemeine mechanische Gesetze, können solche Zusammenpassungen nicht hervorbringen (*VRM*, 435).

Kants Bemerkungen über »Keime« und »natürliche Anlagen« sollten im Kontext einer langen wissenschaftlichen Debatte des 18. Jahrhunderts zwischen Verfechtern epigenetischer und präformistischer Theorien der natürlichen Entwicklung analysiert werden. Erstere wurden in dieser Zeit in Form einer Verteidigung der »mechanischen« Epigenese durch G. L. L. Buffons 1749 erschienene *Histoire naturelle générale et particulière* wiederbelebt. Die Theorie erklärte die organische Entwicklung durch das Wirken einer *moule intérieure*, einer Art Lebenskraft, die in Analogie zu den newtonschen Mikrokräften das Zusammenspiel der verschiedenen organischen Moleküle organisierte, aus denen sich die lebende Materie zusammensetzt.[11] Hier wurde die Erzeugung neuer Organismen durch ein der Materie innewohnendes Vermögen dargestellt, sich umzuwandeln und neue organische Formen zu erzeugen. Präformistische

11 Zu einem ausgezeichneten Überblick über das Denken verschiedener Autoren, die an solchen Kontroversen beteiligt waren, siehe John H. Zammito, »Kant's Persistent Ambivalence towards Epigenesis, 1764-1790«, in: Philippe Huneman (Hg.), *Understanding Purpose: Kant and the Philosophy of Biology*, Rochester 2007, S. 51-74, und Phillip R. Sloan, »Performing the Categories: Eighteenth Century Generation Theory and the Biological Roots of Kant's A Priori«, in: *Journal of the History of Philosophy* 40 (2) (2002), S. 229-253. Eine aktuelle Studie über Kants Beziehung zur epigenetischen Tradition in Buchlänge findet sich bei Jennifer Mensch, *Kant's Organicism: Epigenesis and the Development of Critical Philosophy*, Chicago 2013. Siehe auch Ina Goy, »Epigenetische Theorien. Caspar Friedrich Wolff und Immanuel Kant«, in: Ina Goy, Eric Watkins (Hg.), *Kant's Theory of Biology*, Berlin 2014, S. 25-41.

Darstellungen entwickelten sich indes in einem Klima der Skepsis gegenüber epigenetischen Theorien.[12] In Deutschland erlangten sie besondere Bedeutung durch die Arbeiten von Albrecht von Haller, die später durch die Analysen und mikroskopischen Beobachtungen des Schweizer Naturforschers Charles Bonnet gestärkt wurden.[13] Sowohl Haller als auch Bonnet verfeinerten die bestehenden Darstellungen der Präformation unter Rückgriff auf Malebranche und Leibniz, indem sie auf vorgeformte Keime verwiesen, von denen sie annahmen, dass sie in jedem Lebewesen vorhanden seien und seine zukünftige Entwicklung bestimmten. Keime wurden als vor dem voll ausgebildeten Organismus existierend angesehen, nicht in dem Sinne, dass in ihnen bereits alle Eigenschaften des voll ausgebildeten Organismus entwickelt wären, sondern so, dass sie eine ordnende Ursache für ihr Wachstum benötigen. Präformistische Theoretiker wie Haller und Bonnet waren so in der Lage, sowohl auf biologische als auch theologische Debatten über die Beziehung zwischen Gott und lebender Materie zu reagieren, indem sie die natürliche Entwicklung von Organismen mit der Idee beabsichtigter Eingriffe in die Entwicklung und Organisation natürlicher Kräfte vereinten.

Es ist nicht schwer, die philosophischen Wurzeln der Präformationslehre im Denken von Leibniz und die Anwendung seiner Monadenlehre auf die Erscheinungen des organischen Lebens zu erkennen. Für Leibniz wie auch für seine Nachfolger ergab sich die Notwendigkeit von auf Zwecken beruhenden Erklärungen aus den Schwierigkeiten des kartesischen Modells, die Vielfalt organischer Arten durch rein mechanische Gesetze zu erklären. Er schlussfolgerte, dass das Fortbestehen verschiedener Eigenschaften bei verschiedenen Lebewesen als zweckmäßige Entwicklung von Merkmalen erklärt werden müsse, die zwar von Anfang an vorhanden seien, ihre reife Form aber erst am Ende des Entwicklungsprozesses und in Abhängigkeit von verschiedenen Umwelten erreichen können. Die aristotelische Theorie der *entelechia* wurde auf eine Weise

12 Zu Hinweisen auf einige der Debatten siehe Clara Pinto Correira, *The Ovary of Eve. Egg, Sperm, and Preformation*, Chicago 1997.

13 Zu nützlichen Diskussionen und Übersichten über die Debatten siehe Shirley A. Roe, *Matter, Life, and Generation. Eighteenth-Century Embryology and the Haller-Wolff Debate*, Cambridge 1981. Siehe auch Philippe Huneman, *Métaphysique et biologie. Kant et la constitution du concept d'organisme*, Paris 2008.

an die neuen wissenschaftlichen Bedingungen angepasst, dass sie mechanische Erklärungen nicht ausschloss. Wie Leibniz in seiner Kritik an Stahls Animismus und Cudworth' und Mores Theorie der »plastischen Natur« betonte, sollten die zentralen Prinzipien des Präformismus nicht als Alternativen zu mechanischen Erklärungen verstanden werden, sondern als deren Ergänzung.[14] Dass Leibniz mechanische und teleologische Erklärungen in Einklang brachte, war entscheidend für die nachfolgende Entwicklung des Studiums der Organismen, und sein Einfluss auf Kant kann nicht hoch genug geschätzt werden. Leibniz war einer der ersten Philosophen, der die organische Entwicklung dynamisch interpretierte, als sukzessives, von den Umständen abhängiges Wachstum, und nicht, gemäß dem früheren essentialistischen Denken, als statische Entfaltung immanenter, in der Natur der Dinge stets bereitliegender Potenzialitäten. Er erkannte, dass Phänomene wie das Aussterben bestimmter Organismen ernsthafte Probleme für solche Theorien darstellten – obwohl er natürlich nicht so weit ging, das Entstehen neuer Arten in Begriffen der Abstammung zu erklären, wie die moderne Evolutionsbiologie es tut.[15]

Kants Analyse der Entwicklung organischer Wesen und ihrer Beziehung zum Problem der Einheit der Vernunft sollte also im Kontext der Debatten des 18. Jahrhunderts zwischen epigenetischen und präformistischen Theorien der biologischen Entwicklung betrachtet werden. Wie viele Interpretinnen betont haben, ist Kants Position zur Epigenese komplex.[16] Obwohl er in der ersten *Kritik* so weit geht, das gesamte System als »Epigenesis der reinen Vernunft« (*KrV*, B 167) zu bezeichnen, ist sein Bekenntnis zu einer Version der Präformationslehre in seinen frühen Schriften, insbesondere in seinen Aufsätzen über die »Rasse«, durchgehend deutlich. Dort

14 Gottfried Wilhelm Leibniz, »Betrachtungen über die Lebensprinzipien und über die plastischen Naturen«, in: Ernst Cassirer (Hg.), *Gottfried Wilhelm Leibniz: Hauptschriften zur Grundlegung der Philosophie*, Hamburg 1996, S. 317-326. Siehe auch Ernst Cassirer, »Leibniz' System in seinen wissenschaftlichen Grundlagen«, in: Birgit Recki (Hg.), Ernst Cassirer, *Werke*, Hamburg 1998.

15 Zu einer Diskussion dieser Fragen siehe Ernst Mayr, *The Growth of Biological Thought: Diversity, Evolution, and Inheritance*, Cambridge, MA 1982, insb. S. 319-328.

16 Siehe Zammito, »Kant's Persistent Ambivalence«, und Mensch, »Kant's Organicism«.

behauptet Kant, dass Keime und Anlagen als zweckmäßige Bedingungen für die Entwicklung natürlicher Wesen zu verstehen seien, die ihre Fähigkeit zum Überleben unter bestimmten Umwelt- und Witterungsbedingungen festlegen. Sie seien angeborene, von mechanischen Ursachen unabhängige Strukturen, die der empirischen Entwicklung der Organismen vorausgehen, aber den Keim für ihr zukünftiges Wachstum enthalten und ihnen die Anpassung an verschiedene Umgebungen erlauben (*VRM*, 435).

Der Mensch, so Kant, »war für alle Klimaten und für jede Beschaffenheit des Bodens bestimmt; folglich mußten in ihm mancherlei Keime und natürliche Anlagen bereit liegen, um gelegentlich entweder ausgewickelt oder zurückgehalten zu werden, damit er seinem Platze in der Welt angemessen würde, und in dem Fortgange der Zeugungen demselben gleichsam angeboren und dafür gemacht zu sein scheine« (*VRM*, 435). Angesichts der üblichen Schwierigkeiten bei der Erklärung der Einheit einer Spezies und der Weitergabe von Merkmalen an die nächste Generation durch mechanische Gesetze befürwortet Kant eine Version »präformistischer« Theorien, um die Evolution menschlicher Eigenschaften zu erklären, die bereits als Keime und natürliche Anlagen in ihm enthalten seien. Während sich natürlichen Anlagen auf bestimmte Entwicklungsbedingungen hinsichtlich der Größe und des Verhältnisses der Teile (Organe) eines Lebewesens beziehen, gelten Keime als Bedingungen für die Entwicklung neuer Merkmale. So erklärt Kant die Einheit und die Vielfalt der menschlichen Gattung sowie ihre Fähigkeit, sich an unterschiedliche äußere Umstände anzupassen. Unterschiedliche »Rassen« entstünden durch den Kontakt verschiedener Keime mit verschiedenen Umwelten. Natürliche Anlagen hingegen seien die strukturellen Bedingungen, unter denen sich bestimmte Keime entwickeln können. Sie seien daher für die gesamte menschliche Spezies gleich.

3.1 Vernunft, Natur und Geschichte

Die historischen Debatten über die Entwicklung von Organismen sind entscheidend für ein Verständnis von Kants teleologischer Analyse der historischen Entwicklung der menschlichen Gattung und der besonderen Eigenschaften, die Menschen im Zuge der Anpassung an verschiedene Umwelten entwickeln.[17] Kant zufolge erklären Keime die unterschiedlichen Eigenschaften, die die »Rassen« innerhalb derselben menschlichen Spezies erben. Er betont aber auch, dass der Einfluss einer bestimmten Umgebung, die Beschaffenheit des Bodens oder bestimmte atmosphärische Bedingungen Unterschiede in menschlichen Eigenschaften begründen. Noch wichtiger für meine Interpretation ist jedoch Kants zugrundeliegender Gedanke, dass der zweckmäßige Charakter eines Organismus der »allgemeine Grund« sei, aus dem wir »auf ursprünglich in der Natur eines Geschöpfs in dieser Absicht gelegte Zurüstung, und, wenn dieser Zweck nur später hin zu erreichen war, auf anerschaffene Keime schließen« können (*BBM*, 102 f.). Das muss ich näher erklären.

Kants biologische Keimtheorie ist wesentlich für den Übergang von der zweckmäßigen Beschaffenheit der Organismen zu einer zweckmäßigen Organisation der Natur selbst. Die Problematik dieser These wird aber erst deutlich, wenn wir von der Naturteleologie abstrahieren und uns dem Status der Keime in der Menschheitsgeschichte zuwenden. Die Theorie der natürlichen Anlagen beschränkt sich nicht nur auf die Erklärung von Naturphänomenen, sondern wird auch auf die Analyse der Anpassung menschlicher Fähigkeiten im Laufe der Menschheitsgeschichte ausgeweitet. Tatsächlich wird das Argument sogar auf unsere kognitiven Funktionen selbst und auf die Vernunft als das Vermögen, das sie weiterentwickelt, angewandt. Kant deutet diese andere Anwendung der Keimtheorie bereits gegen Ende der *Recension von Moscatis Schrift* an, wo er behauptet, dass wir im Menschen einen »Keim von Vernunft« finden, der ihn, »wenn sich solcher entwickelt, für die Gesellschaft bestimmt« (*RM*, 425). Aber warum sollte die Natur eine solche Entwicklung in Form eines Keims von Vernunft fördern? Oder besser gesagt, wie kann die Natur der Ursprung und die Ursache des Fortschritts der Vernunftwesen und zugleich die Ursache ihrer biologischen Entwicklung sein?

Dieselbe Frage nach der Ursache der organischen Entwicklung der Vernunft steht im Mittelpunkt des Essays von 1784 über die *Idee zu einer allgemeinen Geschichte in weltbürgerlicher Absicht*. Hier

17 Siehe auch Lea Ypi, »Commerce and Colonialism in Kant's Philosophy of History«, in: K. Flikschuh, L. Ypi (Hg.), *Kant and Colonialism: Historical and Contemporary Perspectives*, Oxford 2014, S. 99-126.

fragt Kant, ob sich in der absurden Entfaltung menschlicher Ereignisse nicht »eine Naturabsicht« entdecken lasse, die es ermögliche, scheinbar unerklärliche Entwicklungen der menschlichen Gattung gemäß einer Geschichte zu deuten, die einem »Plane der Natur« folge (*IaG*, 18). Die Grundlage für einen solchen Plan sei auch in diesem Fall eine »Idee«, die uns einen »Leitfaden« finden lasse, mithilfe dessen wir die menschliche Geschichte nicht als ungeordnete Abfolge von Ereignissen, sondern als fortschreitende Verwirklichung eines Zwecks denken können, der wie ein Keim in der menschlichen Natur enthalten sei.[18] Die menschliche Vernunft wird hier als Veranlagung zur Entwicklung nach Zwecken verstanden, die die Veranlagung der Natur zur zweckmäßigen Entwicklung widerspiegele. Die Nichtentfaltung einer solchen Veranlagung wäre mit einem Organismus vergleichbar, der nicht wächst, um seinen Zweck zu erfüllen; sie wäre »ein Widerspruch zur teleologischen Naturlehre« (*IaG*, 18). Die Vernunft entwickle ihr Potential analog zu organischen Wesen gemäß ihnen innewohnenden Keimen. Es seien diese Keime und ihre Entwicklung über ganze Generationen hinweg, die den Fortschritt ermöglichen und die Menschheit mit der Zeit zu der »Stufe der Entwicklung treiben, welche ihrer Absicht vollständig angemessen ist« (*IaG*, 19).

Die Zweckorientierung der Vernunft, die im Zentrum der systematischen Einheit steht, ist methodisch also nur ein engerer Ausschnitt der allgemeinen, der Natur inhärenten Zweckmäßigkeit. Die menschliche Geschichte wird als Prozess der Verwirklichung von Anlagen und Keimen verstanden, die in natürlichen Organismen von Natur aus vorhanden sind, und soll nur durch die Annahme natürlicher Zweckmäßigkeit erklärt werden können. Wie aber kann die natürliche Zweckmäßigkeit helfen, den bedeutsamen Verlauf der menschlichen Geschichte zu erklären, ohne dabei die Fähigkeit des Menschen zu untergraben, seine autonomen Zwecke – einschließlich den Zwecken der Wissenschaft – frei zu bestim-

18 Zu einer Diskussion des Verhältnisses zwischen der *Idee zu einer allgemeinen Geschichte* und Kants architektonischer Idee, jedoch ohne den Fokus auf den Implikationen von Kants Theorie der Keime, siehe Pauline Kleingeld, »Kant on Historiography and the Use of Regulative Ideas«, in: *Studies in History and Philosophy of Science Part A* 39 (4) (2008), S. 523-528. Siehe auch Pauline Kleingeld, *Fortschritt und Vernunft: Zur Geschichtsphilosophie Kants*, Würzburg 1995, insb. Kap. 7.

men? Kants Theorie der Keime und Anlagen versucht, das schwierige Problem der Beziehung zwischen natürlicher und menschlicher Zweckmäßigkeit zu lösen, indem sie die Idee natürlicher Entwicklungsbedingungen einführt, die sowohl die Unveränderlichkeit als auch den Wandel im Verlauf der menschlichen Geschichte erklären können. Doch wie wir gesehen haben, sind solche Annahmen auch mit anhaltenden Debatten über die Möglichkeit verbunden, von der Annahme einer Idee der Einheit, die für die Systematisierung der verschiedenen Arten des Vernunftgebrauchs benötigt wird, auf die Existenz einer der Natur innewohnenden Ordnung zu schließen. Dies lässt zum einen Zweifel an der Kontingenzbedingung aufkommen, die Kant manchmal dem Status des transzendentalen Prinzips der Zweckmäßigkeit in der Natur zuschreibt. Was aber noch problematischer ist: Wenn die natürliche Zweckmäßigkeit als Bedingung für die Entwicklung vorgeformter Anlagen verstanden werden soll, dann wird der Raum für das moralische Streben nach wesentlichen Zwecken letztlich erheblich eingeschränkt.

Diese Klärungen sind nützlich, um die Schwierigkeiten der Darstellung der Einheit der Vernunft und der ihr zugrundeliegenden zweckmäßigen Struktur in der *Kritik der reinen Vernunft* aufzuzeigen. Hier ist die Idee des Ganzen notwendig, um das System der Vernunft (und die damit verbundene Geschichte der Philosophie) als Reihe von Erkenntnissen und Zwecken zu verstehen, die auf nichtkontingente Weise miteinander verbunden sind. Aber angesichts der Analogie der Vernunft als Organismus bezieht sich die Idee des Ganzen auch auf die Natur, in der eine einheitliche Struktur vorausgesetzt wird. Kant versucht dem Problem zu begegnen, indem er den *Keimen* eine doppelte zweckmäßige Funktion zuweist, die für die Erklärung des Übergangs von der Naturwissenschaft zur Geschichte der Vernunft entscheidend ist. Die Geschichte der Vernunft ist eine Reihe von Entdeckungen von Erklärungsmustern, die nur dann notwendig miteinander verbunden sind, wenn wir der Natur einen immanenten Zweck zuschreiben, der den verschiedenen spekulativen und praktischen Erkenntnissen organische Einheit verleiht. Kants Geschichtsphilosophie, im Lichte der Theorie der zweckgerichteten organischen Entwicklung in der ersten *Kritik* gelesen, hat den Vorteil, erklären zu können, warum die Idee des Ganzen als systematischer Konvergenzpunkt des theoretischen und praktischen Vernunftgebrauchs wirkt. Indem er seine Keimtheorie auf die Phänomene des natürlichen organischen Lebens und auf die quasigeschichtlichen Bedingungen, unter denen sich die menschliche Vernunft entwickelt, anwendet, versucht Kant, eine Antwort auf die schwierige Frage nach dem Verhältnis zwischen natürlicher und praktischer Teleologie, zwischen natürlichen und moralischen Zwecken, zu finden. Diese Antwort verbindet er mit der Funktion der *Ideen* der Vernunft, die zugleich als *Zwecke* verstanden werden.

Später scheint Kant mit dieser Antwort jedoch nicht mehr zufrieden zu sein. In den Schriften, die auf die *Idee zu einer allgemeinen Geschichte* folgen, überprüft er seine Theorie organischer Wesen und isoliert die Erklärung der Zwecke in der Geschichte zunehmend von der Theorie der Keime. So erklärt er in den *Recensionen von J. G. Herders »Ideen zur Philosophie der Geschichte der Menschheit«*, dass die Selbstregenerationsfähigkeit organischer Wesen nicht mit dem Hinweis auf »uranfänglich eingelegte und sich nur gelegentlich auseinander faltende Maschinen und Knospen« zu erklären sei, sondern als »bloße, nicht erklärliche Einschränkungen eines sich selbst bildenden Vermögens, welches letztere wir eben so wenig erklären oder begreiflich machen können« (*RH*, 62 f.). In dem Essay *Über den Gebrauch teleologischer Prinzipien in der Philosophie* betont er, dass der »Bestimmungsgrunde« solcher organischer Kräfte »nur in uns selbst« zu beobachten sei, das heißt »an unserem Verstande und Willen, als einer Ursache der Möglichkeit gewisser ganz nach Zwecken eingerichteten Producte, nämlich der Kunstwerke« (*TTP*, 181). In der *Kritik der Urteilskraft* schließlich macht er unmissverständlich klar, dass das für Lebewesen typische Selbstgestaltungsvermögen zwar nicht allein auf mechanische Erklärungen reduziert werden könne, aber auch nicht auf einer unbedingten Annahme von Zweckmäßigkeit in der Natur beruhe. Kant erklärt hier, dass der Begriff des »Naturzwecks« nicht aus der empirischen Beobachtung von Organismen, sondern aus der Bestimmung ihres Verhaltens gefolgert werden könne – in Analogie zu den Zwecken, die der Mensch in der Kunst und in seinem praktischen Handeln entfalte (*KU*, 373-376).

Warum änderte Kant später seine Meinung über die Beziehung zwischen der Annahme von Zweckmäßigkeit in der Natur und Zweckmäßigkeit in der Geschichte? Die Antwort ist, dass die doppelte Charakterisierung der Keime als Gegenstand sowohl der natürlichen als auch der historischen Entwicklung zwar dazu beiträgt, Kants Auffassung des Verhältnisses von Mensch und Natur zu formulieren, aber auch schwierige Fragen der Rechtfertigung der philosophischen Methode aufwirft, die die Einheit der Vernunft in der »Architektonik« der ersten *Kritik* befördert. Diesem Problem möchte ich mich nun zuwenden.

3.2 Die Verbindung zwischen der Idee zu einer allgemeinen Geschichte und der systematischen Idee der Architektonik der Vernunft

In der *Idee zu einer allgemeinen Geschichte* behauptet Kant, dass die Idee, die ein Verständnis der Entwicklung der menschlichen Anlagen ermöglicht, auf einem Prinzip der natürlichen Zweckmäßigkeit beruhe. Auch hier besteht er auf der Unterscheidung zwischen einem Aggregat und einem System von (in diesem Fall historischem) Wissen, um die Entwicklung menschlicher Anlagen auf nichtkontingente Weise zu verstehen. Auch hier reflektiert er über die Bedeutung der Systematizität, die sich nicht nur auf die theoretischen und wissenschaftlichen Erkenntnisse der Vernunft bezieht, sondern auch auf die Handlungen und Ereignisse, die Menschen durch ihre Beziehungen zueinander bewirken. Der Essay enthält jedoch keine weitere Erklärung zur Funktion und Rechtfertigung der philosophischen Idee, die erforderlich ist, um systematisch über Vernunft und Geschichte nachzudenken, abgesehen von den sehr vagen Verweisen auf den Begriff des »Keims« als eine Art Samen, den die Natur dem Menschen eingepflanzt habe, damit er seine wesentlichen Zwecke erreichen könne.

Die Rechtfertigung der systematischen Rolle der Ideen, die in diesem Essay fehlt, wird in der »Architektonik der reinen Vernunft« auf anspruchsvolle Weise geliefert. Letztere beleuchtet die transzendentalen Voraussetzungen der Vernunftideen und verdeutlicht ihre Stellung in Kants kritischem System. Die Lösung der Frage nach den Bedingungen der Möglichkeit einer Idee, die den Leitfaden zu einem systematischen Verständnis der Weltgeschichte enthält, ist der Lösung des Problems der architektonischen Einheit der Vernunft inhärent. Die Begründung ihrer Gültigkeit und des Prinzips, das sie ermöglicht, ist dieselbe wie die Begründung der architektonischen Idee des Systems in der ersten *Kritik*.

Die Analogie zwischen der Idee der allgemeinen Geschichte und der Idee, die der systematischen Darstellung der Architektonik der Vernunft zugrunde liegt, wird in den Beschreibungen deutlich, die Kant für beide liefert und in denen er die Rolle der »Keime« in der organischen Entwicklung der Vernunft betont.[19] In beiden Fällen unterstreicht er den Unterschied zwischen einer aggregativen und einer systematischen Darstellung der Erfahrung und hebt die Notwendigkeit eines »Plans« hervor, der in Übereinstimmung mit den theoretischen und praktischen Ambitionen der Vernunft konstruiert wird. In beiden Fällen betont Kant auch, dass ein solcher Plan gemäß einer Idee konstruiert werden müsse, die bereits als Keim in der menschlichen Vernunft enthalten sei.[20] Wir können über die Rolle eines solchen Keims nachdenken, indem wir unsere Aufmerksamkeit nicht nur auf die Entwicklung bestimmter Systeme und einzelner Wissenschaften richten, sondern auf die Entwicklung der philosophischen Forschung als vollständiger Disziplin. Jede Wissenschaft sei nicht nur durch eine Idee ihrer Entwicklung bestimmt, sondern alle seien »untereinander in einem System menschlicher Erkenntnis wiederum als Glieder eines Ganzen zweckmäßig vereinigt [...], und [erlauben] eine Architektonik alles menschlichen Wissens, die jetziger Zeit, da schon so viel Stoff gesammlet ist, oder aus Ruinen eingefallener alter Gebäude genommen werden kann, nicht allein möglich, sondern nicht einmal so gar schwer sein würde« (*KrV* A 835/B 863).

Diese Abschnitte bestätigen Kants Interesse an einer Konzeption der Philosophie, die im Einklang mit den schul- und weltbegrifflichen Forderungen der »Architektonik der reinen Vernunft« artikuliert und als Kulmination der Forderung nach Systematizität

19 Zu einer Diskussion dieses Problems siehe auch Lehmann, »Zur Problemanalyse von Kants Nachlasswerk«; auch diskutiert in: Lehmann, »System und Geschichte in Kants Philosophie«. Siehe auch Salvucci, *L'uomo di Kant*.

20 Der Begriff des Keims wird in den *Prolegomena* mit einer metaphysischen Veranlagung des Menschen assoziiert, die sich auf die Ordnung der Naturzwecke bezieht. Hier jedoch schreibt Kant von »transcendentalen Ideen«, die unvermeidbar seien, obgleich sie sich »niemals wollen realisiren lassen«; sie »dienen dazu, nicht allein uns wirklich die Grenzen des reinen Vernunftgebrauchs zu zeigen, sondern auch die Art, solche zu bestimmen; und das ist auch der Zweck und Nutzen dieser Naturanlage unserer Vernunft, welche Metaphysik als ihr Lieblingskind ausgeboren hat, dessen Erzeugung so wie jede andere in der Welt nicht dem ungefähren Zufalle, sondern einem ursprünglichen Keime zuzuschreiben ist, welcher zu großen Zwecken weislich organisirt ist« (*Prol*, 353).

und Klassifikation in allen Wissenschaften verstanden wird, indem sie den theoretischen und praktischen Gebrauch der Vernunft integriert. Die Philosophie sei eine systematische Disziplin, die nicht von vornherein voll ausgebildet sei, sondern sich entsprechend bestimmten Anlagen entwickle und der historischen Evolution der menschlichen Gattung folge. Die Vernunft enthalte nicht immer schon das, was sie für die Einheit eines solchen Systems brauche, sondern erwerbe es im Laufe der Gestaltung ihrer eigenen Geschichte, in einem Prozess der Reflexion, der Klärung der eigenen Ziele und der Selbstkorrektur. Philosophie sei die »bloße Idee von einer möglichen Wissenschaft, die nirgends in concreto gegeben ist, welcher man sich aber auf mancherlei Wegen zu nähern sucht, so lange, bis der einzige, sehr durch Sinnlichkeit verwachsene Fußsteig entdeckt wird, und das bisher verfehlte Nachbild, so weit als es Menschen vergönnet ist, dem Urbilde gleich zu machen gelinget« (*KrV*, A 838/B 866).

Man beachte aber, dass diese bloße Idee einer möglichen Wissenschaft keine Chimäre sein solle. Die Bemühungen bestimmter einzelner Wissenschaften, ihren Platz innerhalb eines Ideals vollständiger Erkenntnis zu finden, seien kein hoffnungsloser Versuch, zu der Art von metaphysischer Einsicht zu gelangen, die von der Kritik der Vernunft verboten und von ihrem praktischen Gebrauch verlangt wird. Wer sich der Philosophie verschreibe, so Kant auch in der *Jäsche-Logik*, »baut, so zu sagen, auf den Trümmern eines Andern sein eigenes Werk, nie aber ist eines zustande gekommen, das in allen seinen Theilen beständig gewesen wäre« (*LJ*, 25).

Die Geschichte der Philosophie bestehe aus einer Reihe von Bemühungen, durch die man schließlich einen Weg erkennen könne, der dem Menschen zuvor unklar und unbekannt gewesen sei. Die Vernunft folge diesem Weg zunächst ziel- und orientierungslos.[21] Sie gehe anfangs chaotisch vor. Aber ihre Konstruktion finde mehr Stabilität durch die Entdeckung des architektonischen Schlüssels in

21 Yirminiahu Yovel stellt die These auf, dass Kant durch diese Konzeption der Philosophiegeschichte, die am deutlichsten in der »Architektonik der reinen Vernunft« zutage tritt, nicht nur Hegel in der Historisierung des platonischen Begriffs der Liebe zur Weisheit, sondern auch der hegelianischen und marxianischen Idee vom Ende der Philosophie zugunsten ihrer völligen Befriedigung zuvorkomme. Ich werde auf diesen Vorschlag in den Kapiteln über den praktischen Gebrauch der Ideen zurückkommen. Siehe Yovel, *Kant and the Philosophy of History*, S. 237.

Form des Prinzips der Zweckmäßigkeit, das dem theoretischen und praktischen Gebrauch der Vernunft systematische Einheit verleiht. Mithilfe dieses Prinzips können Wissenschaftlerinnen Erkenntnisse systematisch organisieren und die theoretischen Interessen der Vernunft als mit ihren wesentlichen Zwecken (auch den praktischen) integriert verstehen. Kant merkt an, dass es »schlimm« sei, »daß nur allererst, nachdem wir lange Zeit, nach Anweisung einer in uns versteckt liegenden Idee, rhapsodistisch viele dahin sich beziehende Erkenntnisse, als Bauzeug, gesammlet, ja gar lange Zeiten hindurch sie technisch zusammengesetzt haben, es uns denn allererst möglich ist, die Idee in hellerem Lichte zu erblicken, und ein Ganzes nach den Zwecken der Vernunft architektonisch zu entwerfen« (*KrV*, A 834 f./B 862 f.). Das angesammelte philosophische Wissen aus historischer Perspektive zu betrachten, ist wichtig, um zu sehen, wie die Vernunft aus ihren vergangenen Fehlern gelernt hat. Eine rein aggregative historische Perspektive reicht jedoch nicht aus. Die Identifizierung sowohl der gegenwärtigen Grenzen der Vernunft als auch ihrer Ausrichtung auf künftige Zwecke ist entscheidend, um das zu liefern, was einer rein historischen Perspektive fehlen würde: eine philosophische Perspektive auf die Geschichte der Vernunft.

4. Schlussfolgerung

Die organische Theorie der Vernunft, die wir in der ersten *Kritik* finden, zeigt, dass die Philosophie für Kant eine Disziplin ist, die sich sowohl für den spekulativen als auch den praktischen Gebrauch der Vernunft interessiert, und dass das Prinzip der Zweckmäßigkeit für die systematische Integration der Erkenntnisse aus beiden Bereichen entscheidend ist. Jedes einzelne Wissensgebiet nimmt in der Geschichte der Philosophie einen bestimmten Platz ein. Ein Wissensbestand, der im Laufe der kulturellen Entwicklung der menschlichen Spezies einst als kohärent und plausibel galt, später aber irrelevant wurde, ist vergleichbar mit einem archäologischen Fundus, aus dem man über die Vergangenheit für die Zukunft lernen kann. Kant versteht seine Kritik nicht nur als philosophische Synthese der Arbeit seiner Vorgänger, sondern auch als Werkzeug zur Entdeckung einer klareren und umfassenderen

Systematisierung der Erkenntnisse der Vernunft, die mit einer angemessenen Darstellung der Beziehung zwischen ihren verschiedenen Gebrauchsweisen beginnt und mit der Rechtfertigung ihrer jeweiligen Rollen innerhalb des Systems der Vernunft endet. Dies sei durch die Entdeckung einer Idee möglich, die die Vernunft zunächst zufällig und fast im Verborgenen geleitet habe und die nun endlich als Grundlage für ihr architektonisches System »in hellerem Lichte« auftauche (*KrV*, A 839 f./B 862 f.).[22]

In einer der entscheidenden Passagen der »Architektonik der reinen Vernunft«, auf die wir bereits hingewiesen haben, behauptet Kant, dass die Idee eines architektonischen Systems mit der Gesetzgebung einer Philosophie zusammenfalle, die nicht nur nach ihrem Schulbegriff, sondern nach ihrem Weltbegriff verstanden werde, als Idee der Gesamtheit der Erkenntnisse, die gemäß ihren wesentlichen Zwecken schematisiert werde. In den vereinheitlichenden Bestrebungen der Vernunft unterstützen sich der theoretische und der praktische Vernunftgebrauch also gegenseitig in einem einzigen kohärenten System. Doch wie wir schon betont haben, stößt diese Darstellung der architektonischen Einheit der Vernunft auf eigentümliche Schwierigkeiten. Die Historisierung der Idee der systematischen Einheit, die dem gesamten philosophischen System zugrunde liegt, erfordert die Überwindung einer Auffassung von Geschichte als bloße *cognitio ex datis* (*KrV*, A 836/B 864) zugunsten einer philosophischen Darstellung einer zweckmäßigen Geschichte des Wissens. Diese *philosophische* Geschichte beruht auf einem transzendentalen Prinzip der Zweckmäßigkeit, das die Idee des Ganzen mit den wesentlichen Zwecken der Vernunft verbindet. Was aber ist der Status dieses Prinzips? Warum ist es uns durch eine

22 Alexandre Kojève hat in seinem (posthumen) Werk über Kant den protohegelianischen Charakter dieses originellen kantischen Verständnisses der philosophischen Entwicklung hervorgehoben, indem er insbesondere die systematische Verbindung zwischen der »Architektonik der reinen Vernunft« und ihrer Geschichte betonte, die eine sehr hegelianische Konzeption der Philosophiegeschichte darstelle. Tatsächlich offenbart eine sorgfältige Lektüre dieser Seiten starke Affinitäten zu prominenten hegelianischen Themen, und Kojèves Analyse ist, zumindest was die »transzendentale Methodenlehre« betrifft, sehr nah an Kants Texten. Seine Schlussfolgerung, dass für Kant – wie für Hegel – das System der Erkenntnisse auch als Geschichte der Philosophie entlarvt werden könnte, scheint jedoch zu weit zu gehen. Siehe Alexandre Kojève, *Kant*, Paris 1973, S. 59-61.

Idee der Vernunft gegeben? Wie gelingt es ihm, den theoretischen und praktischen Vernunftgebrauch zu integrieren?

Wie wir im vorigen Kapitel gesehen haben, besteht Kants Antwort darin, den Begriff des Schematismus heranzuziehen, um die Notwendigkeit und den Zugang zur Idee der systematischen Einheit aus der Perspektive der praktischen Bedürfnisse der Vernunft zu erklären. Einerseits ist dies ein rein subjektives Bestreben, das auf die Eigenheiten der menschlichen Vernunft zugeschnitten ist. Andererseits lädt Kant uns ein, die Idee in Analogie zu einem ursprünglichen »Keim« zu denken, der immer schon in der Vernunft vorhanden ist, aber nur unter angemessenen Untersuchungsbedingungen wachsen und sich weiterentwickeln kann, wobei er besonderen methodischen Grenzen unterworfen ist. Dies impliziert, dass die Möglichkeit der Integration einzelner Erkenntnisse in ein zweckmäßiges Ganzes gewissermaßen immer schon in der Natur der Vernunft enthalten ist, auch wenn die volle Entwicklung dieser Idee von kontingenten wissenschaftlichen und sozialen Ereignissen abhängt. So, wie bei organischen Lebewesen die Umweltbedingungen für die volle Entfaltung der angeborenen Keime und Anlagen entscheidend sind, spielen die historischen Umstände für die Idee der Vernunft eine analoge Rolle. Die Entwicklung des Systems ist ein dynamischer Prozess, in dem die Vernunft sich selbst diszipliniert und begrenzt, Ordnung und Einheit schafft und unnötige Elemente verwirft. Jede Stufe in der Entwicklung dieses Prozesses ist ein Schritt auf dem Weg zu größerer Reife.

Wir sollten jedoch vorsichtig dabei sein, Kants methodologische Haltung hier als pragmatisch-fallibilistische zu interpretieren, die den ganzen Nachdruck auf den regulativen Status der für die Einheit des Systems notwendigen Idee des Ganzen legt. Es sei daran erinnert, dass die verschiedenen Elemente, die zur Einheit des Systems beitragen, nicht nur miteinander verbunden sind, sondern auch mit der Idee des Ganzen, die ihrer Entwicklung zugrunde liegt – einer Idee, die eine bereits vorhandene Einheit aufdeckt. Es ist, als ob diese Idee des Ganzen dem Zusammenkommen seiner verschiedenen Elemente immer schon vorausging; das Ganze wird als Bestimmungsgrund der Teile verstanden. Diese Darstellung weist viele Ähnlichkeiten zu Leibniz auf: Die Ordnung der Natur ist bereits vorhanden und die menschliche Vernunft deckt lediglich ihre notwendigen Gesetzmäßigkeiten auf, ungeachtet der Irrtümer, die auf dem Weg dahin gemacht werden. Kants Berufung auf den Begriff der Keime und ihre Stellung in seiner Philosophie der Biologie sowie seine rätselhaften Bemerkungen über die Notwendigkeit eines Schemas der Idee des Ganzen deuten darauf hin, dass am Ende der ersten *Kritik* die Möglichkeit eines Sprungs vom regulativen Gebrauch der Ideen zu einer objektiven Sicht der Natur als zweckmäßige Anordnung empirischer Gesetze nicht ohne weiteres ausgeschlossen werden kann. Ohne einen Begriff von Zweckmäßigkeit als Normativität bleibt uns nur der traditionelle metaphysische Begriff von Zweckmäßigkeit als intelligentem Design.

Ein möglicher Einwand gegen diese Interpretation ist, dass Kant sich zwar auf die Ordnung der Natur beruft, um die Notwendigkeit systematischer Einheit zu erklären, seine Darstellung aber die regulative Rolle der Ideen voraussetzt, die er im »Anhang zur transzendentalen Dialektik« darlegt. In diesem Teil der ersten *Kritik*, so der Einwand, zeigt Kant die Mangelhaftigkeit von Interpretationen, die eine zweckmäßige Ordnung der Natur voraussetzen, und unterscheidet zwischen einem logischen und einem transzendentalen Prinzip der systematischen Einheit der Erkenntnis. In der Tat, so könnte unsere Kritikerin einwenden, unterscheidet sich Kants Analyse im »Anhang« nicht von derjenigen in der *Kritik der Urteilskraft* und kommt ihr in der Befürwortung des regulativen Status der systematischen Einheit der Natur sogar recht nahe.

In den nächsten beiden Kapiteln wird diesem Einwand zu begegnen versucht. Wie ich zeigen werde, lässt die Interpretation des regulativen Status der Ideen im »Anhang« als verkürzte Version des Gebrauchs der reflektierenden Urteilskraft in der dritten *Kritik* den besonderen Status der Ideen in der ersten *Kritik* unberücksichtigt und vermittelt einen falschen Eindruck von ihrer Beziehung zum Prinzip der Zweckmäßigkeit. Um zu sehen, wie und warum die in der regulativen Rolle der Ideen begründete Forderung nach systematischer Einheit den Weg zum Begriff der reflektiven Urteilskraft ebnet, müssen wir zeigen, dass die Vernunft eine eigene moralische Kausalität besitzt. Die Entdeckung der praktischen Autonomie bereitet den Weg für eine Darstellung der systematischen Einheit, die auf einer Idee der Zweckmäßigkeit als Normativität statt als Design beruht. Die Begründung dieses Übergangs, die ihren Ursprung in den Kant vorausgehenden metaphysischen Debatten hat und die gesamte nachfolgende deutsche philosophische Tradition prägt, ist die Herausforderung der ersten *Kritik*. Es ist eine Herausforderung, die Kants »Architektonik«, wie wir im Folgenden sehen werden, zwar annimmt, aber nicht bewältigt.

4. Die theoretische Vernunft und die Rolle der Ideen

1. Die Einheit der Naturgesetze

Die neuere Forschung zur Rolle der Vernunftideen hat sich zunehmend für Kants Argumente für die systematische Einheit der Erkenntnisse interessiert, um eine Darstellung wissenschaftlicher Gesetze zu liefern, die sich auf ihre vereinheitlichende Kraft konzentriert.[1] Im Mittelpunkt dieser Interpretation steht die Bedeutung der Systematizität für ein Verständnis des Charakters von Gesetzen als auf eine begrenzte Menge reduzierte Muster, in denen größtmögliche Erklärungskraft und größtmögliche Einfachheit sich die Waage halten. Obwohl sie traditionell mit einer rigiden Verteidigung apriorischer Aussagen assoziiert wird, die in Spannung zu den fallibilistischen Verpflichtungen moderner wissenschaftlicher Theorien steht, haben wohlwollendere Lesarten den Weg zu einer anderen, pragmatischen Interpretation von Kants Überlegungen zur wissenschaftlichen Methode geebnet:[2] Kants Darstellung der systematischen Einheit sei relevant für zeitgenössische Darstellungen von Gesetzen, die entweder als »beste Systeme« für die Klassifizierung regelmäßiger empirischer Ereignisse oder als notwendige Regeln, nach denen sich empirische Phänomene verhalten, verstanden werden.[3] All diesen Lesarten ist der Versuch gemeinsam, Abhängigkeitsbeziehungen zwischen natürlichen Arten zu erfassen

1 Zum aktuellen Stand der Forschung siehe Michela Massimi, Angela Breitenbach (Hg.), *Kant and the Laws of Nature*, Cambridge 2017.

2 Gava, Stern, *Pragmatism, Kant, and Transcendental Philosophy.*

3 Zu einer Theorie von Gesetzen als »beste Systeme« siehe Gerd Buchdahl, *Kant and the Dynamics of Reason. Essays on the Structure of Kant's Philosophy*, Oxford 1992; Michael Friedman, *Kant and the Exact Sciences*, Cambridge, MA 1992, und Philip Kitcher, »Projecting the Order of Nature«, in: Robert E. Butts (Hg.), *Kant's Philosophy of Physical Science: Die metaphysischen Anfangsgründe der Naturwissenschaft, 1786-1986*, Dordrecht 1986, S. 201-238. Zu einer Verteidigung der Notwendigkeitsthese siehe zuletzt James Messina, »Kant's Necessitation Account of Laws and the Nature of Natures«, in: Massimi, Breitenbach, *Kant and the Laws of Nature*, S. 131-149.

und zugleich den notwendigen Charakter von Gesetzen angesichts kontingenter Regelmäßigkeiten zu rechtfertigen.

Dieses Kapitel befasst sich mit der Beziehung zwischen zwei miteinander verbundenen Behauptungen, die wir in Kants Analyse der Ideen in Bezug auf die Frage der Vereinheitlichung der Naturgesetze finden. Die erste ist eine erkenntnistheoretische Behauptung, die der systematischen Einheit eine heuristische Rolle zuweist, in der sie der Konstruktion strenger Verallgemeinerungen mit kausaler Erklärungskraft, die den Kriterien der Notwendigkeit genügen, dient. Diese Behauptung ist relativ unumstritten. Ihre Vorteile für unser Verständnis von Gesetzen als beste Systeme zur Erklärung des nichtkontingenten Zusammenhangs zwischen Erscheinungen sind in der Literatur bereits ausgiebig erforscht worden. Die These unterstreicht die Relevanz, Erklärungsmuster so zu konstruieren, dass sie ein Höchstmaß an Einheitlichkeit mit einem Höchstmaß an interner Differenzierung verbinden.

Die zweite Behauptung ist eine kontroversere, ontologische These über den Charakter der Regelmäßigkeiten, die Gesetze erfassen sollen, und besagt, dass solche Regelmäßigkeiten als der Natur inhärent angesehen werden können. Denn, wie ein Autor es ausdrückt, »wie könnten wir *gerechtfertigt* sein, Erklärungsmuster aus Überlegungen zur Vereinheitlichung zu übernehmen, wenn die Einheit von Ursachen, Gesetzen und Kräften der Natur nicht inhärent wäre?«. Ohne eine zusätzliche ontologische Verpflichtung erscheine die logische Forderung als getrieben von einer »zwanghaften Fantasie, die womöglich in keiner Weise mit der Ordnung der natürlichen Erscheinungen übereinstimmt«.[4]

Während einige Autorinnen die ontologische Behauptung als irrelevant für die erkenntnistheoretische abtun, nehmen andere ihre Implikationen für einen kantischen Beitrag zur Analyse der wissenschaftlichen Gesetze ernst. Sie argumentieren, dass Kants Behauptung der Einheit der Natur auf einem transzendentalen Prinzip der Zweckmäßigkeit beruhe, das die Bedingung der Möglichkeit des Begriffs eines empirischen Naturgesetzes selbst sei. Doch auch dieses Argument ist angefochten worden. Besonders problematisch erscheint Kants Beharren darauf, dass das transzendentale Prinzip der Zweckmäßigkeit zwar für die logischen Prinzipien der Homo-

4 Kitcher, »Projecting the Order of Nature«, S. 262, Übersetzung A. G.

genität und der Spezifizierung, an denen sich die Untersuchung der einzelnen Naturgesetze orientiert, notwendig, zugleich aber kontingent sei.[5]

Solche Anfechtungen sind zwar plausibel, konzentrieren sich aber vor allem auf Kants Prinzip der reflektierenden Urteilskraft und auf die Form der Zweckmäßigkeit, auf die sich das Prinzip stützt, um den Übergang vom Anwendungsgebiet der Prinzipien des Verstandes zum Gebiet der Vernunft zu artikulieren. Das Problem dabei ist, dass die Einführung des Begriffs der reflektierenden Urteilskraft das Verhältnis zwischen logischen und transzendentalen Behauptungen nur aus dem Blickwinkel von Kants späterem Werk verständlich macht. Dadurch sind wir nicht in der Lage, das Problem aus der Sicht von Kants Theorie der systematischen Einheit in der ersten *Kritik* zu formulieren. Auch verwehrt man sich so einer produktiveren Interpretation der »Architektonik der reinen Vernunft« im Kontext einer ehrgeizigeren Erklärung der Methode der Philosophie als Ganzes und der Beziehung zum Problem der Einheit der Vernunft, die im Zentrum dieses Werks steht.

Dieses und das nächste Kapitel untersuchen Kants Argument über die systematische Einheit der Erkenntnis im Zusammenhang mit seiner Analyse der philosophischen Methode und der Vernunft als dem Vermögen, das unseren Vereinigungsbemühungen zugrunde liegt. Sie zeigen, dass sein Argument über die systematische Einheit in der Wissenschaft nicht auf die Analyse empirischer Naturgesetze und ihre Verflechtung in einem System wissenschaftlicher Verallgemeinerung und Spezifizierung beschränkt ist. Im vorigen Kapitel wurde hervorgehoben, dass Kants Beitrag zur Debatte über die wissenschaftliche Methode nur eine engere Anwendung eines umfassenderen Bemühens ist, die Tätigkeit des Systematisierens in den Kontext einer Analyse kognitiver und praktischer Einstellungen zu stellen, die in einer organischen, einheitlichen Theorie der Vernunft wurzelt. Die Diskussion organischer Wesen wirft jedoch die Frage auf, wie das Prinzip der Zweckmäßigkeit zu verstehen ist, mithilfe dessen wir ihre Entwicklung erklären. Während Kants Theorie der Vernunft oft im Zusammenhang mit zeitgenössischen methodologischen Debatten in der Wissenschaftsphilosophie ana-

5 Siehe Hannah Ginsborg, *The Normativity of Nature: Essays on Kant's Critique of Judgment*, Oxford 2015.

lysiert worden ist,[6] eröffnet uns der Fokus auf die Rolle der Ideen für das Problem der Systematizität aus theoretischer Perspektive den Blick auf einen anderen, wichtigen Strang seiner Überlegungen zur philosophischen Methode und zur Einheit der Vernunft in der ersten *Kritik*.

2. Der zweideutige Status der transzendentalen Ideen in der Dialektik der reinen Vernunft

In der »Architektonik der reinen Vernunft« betont Kant, dass wir über die Vernunft als systematisches Ganzes nachdenken müssen, um die Beziehung zwischen den wesentlichen Zwecken der Vernunft und dem Komplex ihrer Erkenntnisse zu verstehen. Wie wir gesehen haben, erfordert dies die Annahme eines Prinzips der Zweckmäßigkeit, durch das wir die Idee des Ganzen (die für die systematische Einheit erforderlich ist) mit den uns zur Verfügung stehenden Erkenntnissen in Beziehung setzen können, und zwar sowohl als etwas, das vorausgesetzt wird, als auch als dasjenige, auf das die verschiedenen Teile ausgerichtet sind. Doch obwohl das architektonische Prinzip der Zweckmäßigkeit eine notwendige systematische und methodologische Voraussetzung für das Verständnis der Einheit der Vernunft ist, finden wir in der »Architektonik« keine Erwähnung der Legitimität seines Gebrauchs oder eine Ableitung seiner Gültigkeit. Die einzige Diskussion, die wir hier finden, ist die über Kants organische Theorie der Vernunft sowie seine Bemerkungen darüber, dass wir die Idee des Ganzen auf vermittelte Weise verstehen müssen, nämlich mithilfe eines Schemas, das die Vernunft gemäß ihrem letzten Zweck entwirft (*KrV*, A 833/B 861).

Doch wie bereits in Kapitel 2 festgestellt, gibt es in der »Architektonik« keine Deduktion der reinen Vernunftbegriffe, die dem Gebrauch des Schematismus vorausgeht, nicht einmal den Versuch einer Deduktion. Um die Beziehung zwischen der Idee des Ganzen und dem Begriff der Zweckmäßigkeit zu klären, ist es daher nötig, zu Kants allgemeinerer Analyse der Ideen als reine Vernunftbegriffe zurückzukehren. Dies dient der Beseitigung einiger potenziel-

6 Zu einer Diskussion siehe Michela Massimi, *Kant and Philosophy of Science Today*, Cambridge 2008.

ler Unklarheiten in der Analyse der transzendentalen Ideen, dem Aufzeigen ihrer Besonderheit im Vergleich zu den reinen Verstandesbegriffen und der Klärung der Rolle ihres hypothetischen Gebrauchs zur Ermöglichung einer kohärenten Darstellung komplexer Erfahrung.

Der »Anhang zur transzendentalen Dialektik« ist von entscheidender Bedeutung, um die spezifische Beziehung zwischen Ideen und Zwecken zu verstehen und die positive Rolle der Ideen zu erklären, wenn man sie etwa mit der Analyse der »transzendentalen Dialektik« vergleicht. Dabei ist es wichtig, sich auf die Rolle der Ideen im Prozess der logischen Vereinheitlichung der Verstandesregeln und als Leitfaden für die Erforschung empirischer Naturgesetze zu konzentrieren. Diese Rolle erfordert, wie wir sehen werden, erstens die Begründung des logischen Gebrauchs der Vernunftideen in einem transzendentalen Prinzip der Zweckmäßigkeit, zweitens eine Deduktion der Verbindung zwischen den reinen Vernunftbegriffen und dem Ideal der reinen Vernunft, das Kant als ihr Schema vorschlägt, und schließlich ein Verständnis des Zusammenhangs zwischen der Begründung eines transzendentalen Prinzips der systematischen Einheit und der Annahme der Natur als System von Zwecken.

Ich beginne mit dem ersten Problem: der Rolle der reinen Vernunftbegriffe in Kants »Dialektik der reinen Vernunft«. Während sich Kant im Falle der Kategorien auf die Autorität von Aristoteles beruft, um ihren Gebrauch zur Organisation der Erfahrung zu erklären, beruft er sich im Falle der Ideen auf Platon. Dies liegt an der Notwendigkeit der Einführung eines Begriffs, der mit Prinzipien verbunden ist, die sich in »Art, Ursprung und Gebrauch« von den Verstandesbegriffen unterscheiden (*Prol*, 328). Die Erläuterung ihrer besonderen Funktion und Verwendung im Vergleich zu den Kategorien des Verstandes wirft jedoch einige besondere Schwierigkeiten bei der Beschreibung ihres Status im Prozess der transzendentalen Konstruktion der Erfahrung auf.

Es gibt zwei Weisen, die kantische Definition der Ideen zu verstehen, die nicht immer kompatibel sind. Tatsächlich ist ihre scheinbare Unvereinbarkeit der Hauptgrund ihres unklaren transzendentalen Status. Die erste Interpretation charakterisiert Ideen als reines Produkt vernünftiger Tätigkeit, das von der Erfahrung weit entfernt ist. Diese Interpretation bezieht sich insbesondere auf die »transzendentale Dialektik«, vor allem auf den Abschnitt »Von den Ideen überhaupt« und auf die »Antinomien der reinen Vernunft«. Kant hebt hier hervor, dass Platon den Ausdruck »Idee« verwende, um etwas zu bezeichnen, das »nicht allein niemals von den Sinnen entlehnt wird, sondern welches so gar die Begriffe des Verstandes, mit denen sich Aristoteles beschäftigte, weit übersteigt, indem in der Erfahrung niemals etwas damit Kongruierendes angetroffen wird« (*KrV*, A 313/B 370). Ähnliche Definitionen finden sich auch in anderen Werken, etwa in den *Prolegomena* oder in den verschiedenen Vorlesungen zur Logik, zur Metaphysik oder zur Religionsphilosophie. Auch hier erklärt Kant, dass wir unter einer »Idee« einen notwendigen Begriff der Vernunft verstehen, »so fern keine mögliche Erfahrung derselben adäquat seyn kann« (*PR*, 1058), einen »Vernunftbegriff, deren Gegenstand gar nicht in der Erfahrung kann angetroffen werden« (*LJ*, 92) und der einen »unvermeidlichen Schein« mit sich bringe (*Prol*, 328).

Es ist leicht zu erkennen, dass die kantische Analyse der Ideen in all diesen Fällen einen anderen Weg einschlägt als die empirische Tradition, die mit Locke ihren Höhepunkt erreicht.[7] Die reinen Vernunftbegriffe sind weit davon entfernt, bei der Organisation des von den Sinnen gelieferten Materials zu helfen, und unterscheiden sich von den Verstandesbegriffen dadurch, dass sie sich nicht auf Gegenstände der Erfahrung beziehen (*KrV*, A 320/B 377). Der Versuch, sich direkt auf sinnliche Objekte zu beziehen, führe zur Überschreitung der Grenzen des Verstandes und sei für die Antinomien der reinen Vernunft verantwortlich.

Aber obwohl Kant einerseits betont, dass die Ideen die Grenzen der Erfahrung überschreiten, erklärt er andererseits auch, dass diese Begriffe »nicht willkürlich erdichtet«, sondern »durch die Natur der Vernunft selbst aufgegeben« seien (*KrV*, A 327/B 384). Denn die reinen Vernunftbegriffe haben, wie wir gleich sehen werden, einen ganz anderen Gebrauch als die reinen Verstandesbegriffe. Kant betont wiederholt, dass die Trennung der reinen Vernunftbegriffe von den Verstandesbegriffen entscheidend sei, nicht nur um die dialektischen Illusionen zu verhindern, die durch die Verdinglichung der Ideen entstehen, sondern auch um die positive Rolle zu erklären, die sie bei der Organisation der Erfahrung spielen.

7 Siehe John Locke, *Versuch über den menschlichen Verstand* [1690], übersetzt von Carl Winckler, Hamburg 2006, insb. die Einleitung und die ersten beiden Kapitel.

Die positive Rolle der reinen Vernunftbegriffe bei der Organisation kohärenter Erfahrung ist für die oben erwähnte zweite Interpretation der Ideen entscheidend. Kant betont, dass die reinen Vernunftbegriffe zwar nicht auf eine eigene, unabhängige Wirklichkeit verweisen (jedenfalls nicht auf dieselbe Weise wie die reinen Verstandesbegriffe), dass sie aber auch keine »leeren Gedankendinge« darstellen (*KrV*, A 669 f./B 697 f.). Diese auf ihre positive Rolle fokussierte Interpretation taucht in einzelnen Passagen des »Ideals der reinen Vernunft« auf, dominiert den »Anhang zur transzendentalen Dialektik« und bildet den begrifflichen Hintergrund, vor dem der »Kanon der reinen Vernunft« entwickelt wird. Auch in den Vorlesungen zur Metaphysik und zur Religionsphilosophie finden wir Hinweise darauf, verbunden mit Verweisen auf Platon, um den Ursprung der Ideen und ihren positiven Gebrauch in der Erfahrung zu erklären.

Für Platon zeige ein »Gewächs, ein Tier, die regelmäßige Anordnung des Weltbaues (vermutlich also auch die ganze Naturordnung) deutlich, daß sie nur nach Ideen möglich« seien (*KrV*, A 317 f./B 374). Die menschliche Vernunft, so lesen wir auch in der *Religionslehre Pölitz*, bedürfe einer »Idee der höchsten Vollkommenheit, die ihr zum Maasstabe dienet [...]. Einen solchen Begriff, dessen man zum Maasstabe der geringern oder höhern Grade bei diesem oder jenen Falle bedarf, ohne auf die Realität desselben zu sehen, nennen man eine Idee« (*RP*, 993). Und wiederum in der ersten *Kritik* erklärt Kant, dass die Ideen »nicht bloß Schlüssel zu möglichen Erfahrungen, wie die Kategorien«, sondern, wie schon von Platon angedeutet, eher »Urbilder der Dinge selbst« seien, die »aus der höchsten Vernunft [flossen], von da sie der menschlichen zu Teil geworden« (*KrV*, A 313/B 370).

Aber was genau meint Kant mit »Idee« in diesem positiven Verständnis? Der Abschnitt »Von der Idee und dem Ideale« in der »Metaphysik L_2« enthält einige wichtige und schwierige Bemerkungen dazu.[8] Kant erklärt hier, dass es apriorische Erkenntnisse gebe,

8 Die Definition des Begriffs »Idee« findet sich im Abschnitt »Ontologie« von L_2 in den *Vorlesungen über Metaphysik*, die Kant laut Pölitz um 1788 und nochmals um 1790-91 las. Neuere Analysen haben dies jedoch infrage gestellt, da das Manuskript, dem die Notizen entnommen wurden, sehr schwer zu datieren sei und der relevante Zeitrahmen viel größer sein könnte, nämlich von 1781 bis 1790. Siehe dazu die Einleitung in Ameriks, Naragon (Hg.), *Lectures on Metaphysics*, S. xiii-xliv.

durch die Gegenstände möglich seien. Dies sei zwar eine seltsame Vorstellung, letztlich seien aber alle zweckmäßigen Beziehungen durch eine Erkenntnis möglich:

> Eine Wahrheit ist ohne eine Erkenntniß, die vorhergehet, nicht möglich. Die Erkenntniß a priori, durch welche der Gegenstand möglich ist, ist die Idee. Plato sagte: man müsse die Ideen studieren. Er sagte: die Ideen sind bei Gott Anschauungen, bei Menschen Reflexionen. Zuletzt redete er davon, als ob es Sachen wären. – Die Idee ist unveränderlich, sie ist das Wesentliche, der Grund, durch den die Gegenstände möglich sind (*VM*, 577).

Eine oberflächliche Lektüre dieser Passage scheint eine Interpretation zu stützen, die mit dem ersten Verständnis der Ideen nicht nur unvereinbar ist, sondern es aktiv untergräbt. Im Falle des Menschen, so Kant, seien die Ideen keine Anschauungen (wie im Falle Gottes), sondern reine Denkakte, eher eine Modalität des Erkennens als etwas, das intelligible Objekte zum Inhalt hätte. Durch diesen Bezug auf das reine Denken seien sie aber auch »das Wesentliche, der Grund«. Gerade weil sie keine andere Existenz haben als die des Denkens, können die Ideen durch Selbstschöpfung Objektivität erlangen. Diese Art der Selbstschöpfung ist analog zu derjenigen organischen Tätigkeit, in der der Begriff eines strukturierten, systematischen Ganzen nicht nur der Ordnung der Teile zugrunde liegt, sondern diese Ordnung auch immer wieder neu erschafft.

Die Ähnlichkeit zum leibnizschen Monadenbegriff ist hier deutlich. Aber wir sollten uns davor hüten, Kants Verständnis der reinen Vernunftbegriffe auf das zu reduzieren, was die klassischen Metaphysiker von Leibniz bis Wolff unter Ideen verstanden. Kant überschneidet sich zwar mit dieser metaphysischen Tradition, aber nicht auf dieser Ebene der Analyse. Dass eine Erkenntnis einen Gegenstand bestimmen könne, sei »befremdlich«, und er erklärt, dass Ideen keine Gegenstände erschaffen, sondern Verbindungen, Ordnung und zweckmäßige Beziehungen zwischen ihnen herstellen (*VM*, 577). Die Analyse der Ideen in den Vorlesungen über Metaphysik ist dieselbe wie in der *Kritik der reinen Vernunft*: Die Ideen erklären nicht die Beschaffenheit der Gegenstände, sondern ihre wechselseitigen Beziehungen und zweckmäßige Ordnung. Die Modalität dieser Beziehung und die Rolle der Ideen beim Ordnen der systematischen Erfahrung wird im »Anhang zur transzendentalen Dialektik« erläutert, dem wir uns nun zuwenden wollen.

3. Die Ideen der Vernunft und der Gebrauch des Verstandes

Der »Anhang zur transzendentalen Dialektik« der *Kritik der reinen Vernunft* ist Gegenstand unterschiedlichster Interpretationen gewesen. Für einige Autoren gehören diese Seiten zu den kontroversesten in Kants gesamter erster *Kritik*.[9] Für andere sind sie entscheidend, um die Relevanz von Kants Werk für die zeitgenössische Wissenschaftsphilosophie zu verstehen[10] oder um zu sehen, wie Kants Erkenntnistheorie den Weg zu einem Verständnis der wissenschaftlichen Praxis ebnete, das enge Verbindungen zu pragmatischen Darstellungen der wissenschaftlichen Methode aufweist.[11] Für wiederum andere sind sie am besten als eigenständige philosophische Abhandlung zu lesen.[12] Traditionell hat sich die Kantforschung darauf konzentriert, die Kontinuität zwischen den hier behandelten Themen und denen der Einleitung zur dritten *Kritik* hervorzuheben. In jüngerer Zeit hat jedoch auch die systematische Rolle des »Anhangs« für das Projekt der Einheit der Vernunft in der ersten *Kritik* zunehmend Aufmerksamkeit erfahren. Dafür ist es entscheidend, die Rolle der Ideen im »Anhang« im Lichte von Kants Analyse der reinen Vernunftbegriffe und ihrer architektonischen Rolle bei der Verwirklichung des »höchsten Zweck[s] des speculativen Gebrauchs der Vernunft« (als Quelle von Prinzipien, die für die systematische Einheit des Verstandes notwendig sind) zu

9 Siehe Kemp Smith, *A Commentary to Kant's Critique of Pure Reason*, S. 547.

10 Siehe Philip Kitcher, »The Unity of Science and the Unity of Nature«, in: Paolo Parrini (Hg.), *Kant and Contemporary Epistemology*, Dordrecht 1994; Peter Krausser, »On the Antinomies and the Appendix to the Dialectic in Kant's Critique and the Philosophy and Science«, in: *Synthese* 77 (3) (1988), S. 375-401; Theodore A. Gracyk, »Kant's Doctrine of Heuristics: An Interpretation of the Ideas of Reason«, in: *The Modern Schoolman* 68 (3) (1990-1991), S. 191-210.

11 Siehe Thomas E. Wartenberg, »Reason and the Practice of Science«, in: Paul Guyer (Hg.), *The Cambridge Companion to Kant*, Cambridge 1992, S. 228-248; Michael Friedman, *Dynamics of Reason*, Stanford 2001; Silvestro Marcucci, »Aspetti epistemologici e teoretici della deduzione trascendentale delle idee in Kant«, in: *Physis* 27, 1f. (1985); Silvestro Marcucci, *Studi kantiani*, Lucca 1988, Band 1, *Kant e la conoscenza scientifica*, S. 43-98, und Bd. 2, *Kant e l'estetica*, S. 9-29; sowie Silvestro Marcucci, *Introduzione alla lettura della Critica della ragion pura di Kant*, Rom, Bari 1997, S. 112-130.

12 Siehe Luigi Scaravelli, *Scritti kantiani*, Florenz 1968, S. 387.

beurteilen (*Prol*, 350). Denn hier beginnt sich der »gute«, »immanente« Gebrauch der Ideen abzuzeichnen (*KrV*, A 643/B 671), ein am Verstand orientierter Gebrauch, der zur vollständigen theoretischen Einheit des Wissens beitragen soll.

Die jüngere Forschung hat die positive Verwendung von Ideen im »Anhang der transzendentalen Dialektik« anerkannt, ist aber zwischen zwei Interpretationen gespalten. Die eine, weniger anspruchsvolle Interpretation besagt, dass Ideen notwendig seien, um bestimmte Naturgesetze zu systematisieren. Die andere, anspruchsvollere Interpretation behauptet, dass Ideen erforderlich seien, um Gesetzmäßigkeit überhaupt zu begründen.[13] Nach der ersten Interpretation ist die Forderung nach systematischer Einheit ein unabhängiges Interesse der Vernunft, das transzendentale Implikationen hat, aber für die Möglichkeit der Erfahrung nicht notwendig ist. Nach der zweiten Interpretation sind systematische Einheit und der Beitrag der Ideen wesentlich für die Funktion des Verstandes und für unser Bemühen, Erfahrung *überhaupt* zu begreifen.[14]

Es scheint mir, dass eine genauere Analyse der positiven Rolle der Ideen im Lichte von Kants Analyse der Beziehung zwischen Verstand und Vernunft die zweite, anspruchsvollere Interpretation stützt. Im Gegensatz zu den nur rezeptiven Sinnen sind sowohl der Verstand als auch die Vernunft höhere kognitive Vermögen, die sich durch Spontaneität auszeichnen. Beide versuchen, eine gegebene Mannigfaltigkeit zu ordnen. Im Falle des Verstandes ist dies die Vielfalt der Erfahrungen, die er unter Regeln bringt, im Falle der Vernunft ist es die Mannigfaltigkeit der Regeln, die sie unter einheitliche Prinzipien bringt. Für Kant ist der Verstand ein Vermögen der Einheit der Erscheinungen durch Regeln; die Mannigfaltigkeit der Anschauungen wird mithilfe der Kategorien auf spontane, diskursive Weise synthetisiert.[15] Die Vernunft hingegen ist das Vermögen der Prinzipien. Ihre theoretische Funktion bestehe darin, den mannigfaltigen Erkenntnissen des Verstandes systematische Einheit

13 Die erste Interpretation ist die von Paul Guyer, die zweite bestimmt die Lesarten von Michael Friedman, Philip Kitcher und Gerd Buchdahl.

14 Zu einer Diskussion beider Positionen siehe Michelle Grier, *Kant's Doctrine of Transcendental Illusion*, Cambridge 2001, S. 281.

15 Der Hinweis auf die diskursive Funktion des Verstandes bei der Synthese der Kategorien zieht sich durch die gesamte *Erste Einleitung in die Kritik der Urteilskraft* (*KUEE*, 203, 213).

zu verleihen. Diese von der Vernunft verliehene Einheit sei eine Art von Einheit, die »ganz etwas andres sei, als bloße Verstandeserkenntnis« (*KrV*, A 302/B 359).

Die Idee der systematischen Einheit liege dem logischen Gebrauch der Ideen zugrunde. Als Beispiel für diesen Gebrauch dient der Syllogismus als logische Operation, die die Ideen der Vernunft auf die vielfältigen Regeln des Verstandes anwendet. Wie Kant bereits am Verhältnis von Verstand und Urteilskraft illustriert hat, beruht auch hier der logische Gebrauch eines bestimmten Vermögens auf seiner logischen Einheit. Aber die logische Einheit beruht auf transzendentaler Einheit. So wie im Falle des Verstandes die transzendentale Einheit der logischen Einheit zugrunde liegt, kann auch im Falle der Vernunft das Ideal der Einheit nicht aus dem Prozess der Vereinheitlichung hervorgehen, sondern muss bereits vorausgesetzt werden. So wie wir im Falle des Verstandes eine transzendentale Einheit voraussetzen, die die Anwendung der Kategorien auf die Vielfalt der Erfahrungen ermöglicht, müssen wir im Falle der Vernunft eine transzendentale Einheit voraussetzen, die dem logischen Prozess der Vereinheitlichung der Verstandesregeln zugrunde liegt.

Wie aber soll man sich die transzendentale Einheit im Falle der Ideen vorstellen? Wie verhalten sich die reinen Begriffe der Vernunft zum Prozess der Vereinheitlichung vielfältiger Regeln? Um dies zu verstehen, ist es nützlich, auf die logische Funktion der Ideen und den Syllogismus als Operation, die diese Funktion darstellt, zurückzukommen. Jeder Vernunftschluss, so Kant, sei eine »Form der Ableitung einer Erkenntnis aus einem Prinzip« (*KrV*, A 300/B 357). Anders als der Verstand und seine Kategorien beziehe sich ein Syllogismus aber nicht auf Anschauungen, um sie unter Regeln zu bringen, sondern auf Begriffe und Urteile (*KrV*, A 306/B 363). Die Vernunft suche in ihrem logischen Gebrauch »die allgemeine Bedingung ihres Urteils« und der Syllogismus sei »nichts andres als ein Urteil, vermittelst der Subsumtion seiner Bedingung unter eine allgemeine Regel (Obersatz)«. Diese Regel werde aber selbst einer neuen Suche unterworfen, indem die Vernunft »die Bedingung der Bedingung« durch einen »Prosyllogismus« suche. Dies zeige, dass der logische Gebrauch der Vernunft in dem Versuch bestehe, »das Unbedingte zu finden, womit die Einheit desselben [des bedingten Erkenntnisses des Verstandes] vollendet wird« (*KrV*, A 307, B 364).

Und doch gilt, so behauptet Kant:

> Diese logische Maxime kann aber nicht anders ein Principium der reinen Vernunft werden, als dadurch, daß man annimmt: wenn das Bedingte gegeben ist, so sei auch die ganze Reihe einander untergeordneter Bedingungen, die mithin selbst unbedingt ist, gegeben (d. i. in dem Gegenstande und seiner Verknüpfung enthalten) (*KrV*, A 307/B 364).

Der Syllogismus drückt also den Übergang der Vernunft von der in ihr enthaltenen Verbindung verschiedener Einzelurteile zu einer in der Konklusion enthaltenen Form der Einheit aus, die einen deduktiven Zusammenhang darstellt. Da aber der Schluss jedes einzelnen Syllogismus selbst als eigenständiges Urteil auftritt, kann ein solcher Schluss auch als weitere Bedingung aufgefasst werden, die die Vernunft dazu treibt, nach einer allgemeineren Bedingung zu suchen, die eine deduktive Verbindung zu ihm aufzeigt. Die Vernunft zielt darauf ab, ein grundlegendes Prinzip zu identifizieren, das die synthetische Beziehung aller Bedingungen des Verstandes enthält und selbst in keiner weiteren Bedingung begründet ist. Dies ist nichts anderes als das Prinzip des Unbedingten als Grundlage der synthetischen Totalität aller Bedingungen, ein Prinzip der Einheit der Vernunft, das eine besondere Idee voraussetzt: die Idee der »Form eines Ganzen der Erkenntnis, welches vor der bestimmten Erkenntnis der Teile vorhergeht und die Bedingungen enthält, jedem Teile seine Stelle und Verhältnis zu den übrigen *a priori* zu bestimmen« (*KrV*, A 645/B 673).

Wir sehen nun, wie sich der positive Gebrauch der Ideen auf den allgemeinen Gebrauch des Verstandes bezieht. Die reinen Begriffe des Verstandes dienen dazu, Wahrnehmungen zu verstehen, die reinen Begriffe der Vernunft hingegen sind notwendig, um Regeln zu begreifen (*KrV*, A 311/B 367). Sie beziehen sich also nie direkt auf Gegenstände, sondern nur auf den Verstand, das heißt auf ihren eigenen empirischen Gebrauch. Die Vernunft schafft also keine Begriffe von Gegenständen, sondern »ordnet sie nur, und gibt ihnen diejenige Einheit, welche sie in ihrer größtmöglichen Ausbreitung haben können«. Dies sei die Einheit der »Totalität der Reihen«, eine Totalität, die vom Verstand ignoriert werde, da dieser nur auf »diejenige Verknüpfung, dadurch allerwärts Reihen der Bedingungen nach Begriffen zu Stande kommen« ausgerichtet sei (*KrV*, A 643/B 671). Ohne den Verstand wäre das Wissen ein bloßes Aggregat von

Wahrnehmungen, ohne die Vernunft aber ein bloßes Aggregat von Erkenntnissen. Die Kategorien garantieren zwar die Bedingungen der Möglichkeit von Gegenständen, können aber keine Garantie für die besondere Verbindung zwischen ihnen bieten. Ohne die transzendentale Apperzeption könnte die Mannigfaltigkeit der Wahrnehmungen nicht unter Verstandesregeln vereint und geordnet werden; ohne eine Idee der systematischen Einheit der Vernunft aber könnte die Mannigfaltigkeit der Regeln keinen korrekten empirischen Gebrauch des Verstandes erwirken. Die verschiedenen Verstandesregeln würden in bloß aggregierter Form bleiben und keine organische Verbindung zueinander aufweisen.

4. Systematizität und Einheit der Verstandesregeln

Dass der empirische Gebrauch des Verstandes einen systematischen Konvergenzpunkt für die Vielfalt seiner Regeln benötigt, heißt nicht, dass die Verstandesregeln ohne das Eingreifen der Vernunft in einem chaotischen Zustand verharren würden, ähnlich dem Zustand der sinnlichen Anschauungen vor dem schematischen Eingreifen der Einbildungskraft. Zwischen Regeln und Wahrnehmungen besteht ein Unterschied. Während die Garantie der Bedingungen der Möglichkeit von Gegenständen überhaupt nicht mehr in Zweifel steht, geht es nun um die Idee der kohärenten Erkenntnis und um die Rolle, die die Vernunft bei der organischen Vereinigung der Verstandesregeln und ihrer Anwendung auf eine kohärente Darstellung komplexer Erfahrung spielt. Der einzige mögliche Gegenstand der Vernunft, so betont Kant, sei »der Verstand und dessen zweckmäßige Anstellung« (*KrV*, A 644/B 672).

Doch Kant erklärt hier nicht, was der Vernunft diese »zweckmäßige Anstellung« oder Orientierung gibt, die den Verstand lenkt. Er erklärt auch nicht, auf welcher Ebene der Konstituierung der Erfahrung durch die Verstandesregeln eine solche Orientierung notwendig ist. Oft wird diese Forderung als dieser Konstituierung inhärent betrachtet, und doch wird der Status des Prinzips der Zweckmäßigkeit, das hier indirekt aufgerufen wird, nie geklärt. Kant erklärt nicht nur nie, in welcher Weise das Prinzip der Zweckmäßigkeit zur Analyse der Bedingungen der Möglichkeit komplexer Erfahrung beiträgt, sondern liefert in der ersten *Kritik* auch selten eine explizite Analyse der Beziehung dieses Prinzips zur menschlichen Vernunft. Die einzig mögliche Hilfe zur Klärung dieser Verbindung ist der Verweis auf die Ideen der Vernunft, diejenigen reinen Begriffe, die eine zweckmäßige Orientierung enthalten, die erklären kann, wie die Vernunft Ordnung in die vielfältigen Verstandesregeln bringt.

Bei der Erklärung des spekulativen Gebrauchs der Ideen erklärt Kant: »Wie dieser [der Verstand] das Mannigfaltige im Objekt durch Begriffe vereinigt, so vereinigt jene [die Vernunft] ihrerseits das Mannigfaltige der Begriffe durch Ideen, indem sie eine gewisse kollektive Einheit zum Ziele der Verstandeshandlungen setzt, welche sonst nur mit der distributiven Einheit beschäftigt sind.« Denken bedeute nicht nur, Wahrnehmungen zu verstehen, sondern auch, Regeln zu begreifen. Um aber Regeln zu begreifen, sei es notwendig, dass die Vernunft »eine gewisse kollektive Einheit zum Ziele der Verstandeshandlungen setzt«, das heißt die verschiedenen vom Verstand produzierten distributiven Einheiten in eine einheitliche Perspektive stellt (*KrV*, A 644/B 672).

Wissen lässt sich also nicht auf die Ableitung abstrakter Kategorien reduzieren, die für das Ordnen der vielfältigen Anschauungen notwendig sind. Sobald die Frage, wie synthetische apriorische Urteile möglich sind, für gelöst erklärt wird, versucht die erste *Kritik* zu erklären, wie Erkenntnis überhaupt *systematisiert* werden kann. Das heißt, dass nicht nur die Bedingungen der Möglichkeit von Gegenständen überhaupt erklärt werden müssen, sondern auch die Bedingungen der Möglichkeit der verschiedenen kontingenten Beziehungen, die bei der Anwendung abstrakter Urteile auf konkrete Fälle und der Erforschung kontingenter empirischer Zusammenhänge eine Rolle spielen. Die Ideen der Vernunft sind also notwendig, um die kontingenten Gesetze zu erklären, die der Mensch zu erkennen behauptet, wenn er die Kategorien des Verstandes auf die konkrete Wirklichkeit anwendet.

Hier wird deutlich, dass sich die Rolle der »transzendentalen Dialektik« nicht auf die Analyse der negativen Rolle der Ideen und die Verhinderung von Illusionen durch ihren falschen Gebrauch reduzieren lässt. Die Ideen sind keine in sich widersprüchlichen Begriffe. Der Fehler besteht vielmehr darin, ihre Anwendung vom Ordnen und Vereinheitlichen der Verstandesregeln auf die Schaffung von Gegenständen der Erfahrung auszudehnen. Die gesamte »transzendentale Dialektik« besteht in dem Versuch, den notwendigen Schein zu beseitigen, der entstehe, wenn die Vernunft von einem heuristischen Gebrauch der Ideen als Orientierung des kohärenten Verstandesgebrauchs zu einem konstitutiven Gebrauch übergeht, der sich auf Gegenstände der Erfahrung bezieht.[16] In diesem Fall bemächtigen sich die Prinzipien der Vernunft des Anwendungsbereichs der Verstandesbegriffe und heben die vermittelnde Rolle des Verstandes beim Zugang zum Sinnlichen auf.

Die Hilfe der Vernunft bei der Orientierung des Verstandes ist jedoch entscheidend für eine umfassendere Analyse des Naturbegriffs als alles, »was nach Gesetzen bestimmt existirt« (*TTP*, 159). Hier ist die interessanteste Frage nicht die nach der Möglichkeit der Erfahrung von Gegenständen überhaupt, sondern wie wir bestimmte Erscheinungen als mit allgemeiner Regelmäßigkeit auftretend denken können. Operationen wie das Vergleichen, das Unterscheiden, das Aufstellen von Analogien und viele andere können nur dann wissenschaftliche Gültigkeit haben, wenn wir eine einheitliche systematische Ordnung voraussetzen, in der die distributiven Einheiten des Verstandes in einem Brennpunkt (*focus immaginarius*) zusammenlaufen, der notwendig ist, um für die Verstandesbegriffe »die größte Einheit neben der größten Ausbreitung« zu erhalten (*KrV* A 644/B 672). Doch eine solche Idee der Einheit sei nichts anderes als die Idee »der Form eines Ganzen der Erkenntnis, welches vor der bestimmten Erkenntnis der Teile vorhergeht und die Bedingungen enthält, jedem Teile seine Stelle und Verhältnis zu den übrigen *a priori* zu bestimmen«. Nur reine Vernunft könne eine solche Idee enthalten, denn nur sie könne die vollständige Einheit der Erkenntnisse des Verstandes als unbedingte Totalität einer Reihe von Bedingungen postulieren. Und nur reine Vernunft könne eine Einheit begründen, die »nicht bloß ein zufälliges Aggregat, sondern ein nach notwendigen Gesetzen zusammenhängendes System« ist (*KrV*, A 645/B 673).

16 Siehe dazu Wolfram Hogrebe, *Kant und das Problem einer transzendentalen Semantik*, Freiburg, München 1974, S. 140-149. Bei der Analyse der »transzendentalen Dialektik« betont der Autor, dass der von der Vernunft erzeugte illusorische Inhalt nicht auf die Natur der Vernunft zurückzuführen sei, sondern auf den falschen Gebrauch, den sie von ihren Prinzipien mache. Daher sei die »transzendentale Dialektik als Kritik des dialektischen Scheins« eine »Kritik falschen Vernunft*gebrauchs* und das heißt: *eine Kritik der Urteilskraft*«, S. 144.

Es ist nicht schwer zu erkennen, warum die Gesetze des Verstandes, selbst wenn sie die Kriterien der Universalität und der Notwendigkeit erfüllen und so zur Analyse der Bedingungen der Möglichkeit von Erfahrung beitragen, nicht in der Lage sind, die Erfahrung über ein bloßes Aggregat von Erkenntnissen hinaus zu organisieren. Der Begriff der »Gesetzmäßigkeit« kann auf zweierlei Weise verstanden werden:[17] Im Kontext der Verstandestätigkeit meint er die Art von Regelmäßigkeit, die der Verstand schafft, indem er die Gegenstände möglicher Erfahrung als Phänomene begreift, die die Vielfalt der Anschauungen zu diskursiven Kategorien synthetisieren. Im Kontext der Vernunfttätigkeit muss Gesetzmäßigkeit vorausgesetzt werden, um die systematische Verbindung der Verstandesregeln postulieren zu können.

Um diesen Prozess besser zu verstehen, lohnt es sich, zu klären, warum die Idee der systematischen Einheit logisch notwendig und kein bloßer Zusatz zur Synthese des Verstandes ist, wie die weniger anspruchsvollen Interpretationen der spekulativen Rolle der Ideen behaupten. Begriffe werden uns nicht gegeben, um anschließend geordnet zu werden, so als würde die ordnende Funktion der Vernunft einfach auf die wirklich notwendige Synthese des Verstandes aufgeschichtet. Dass die Ideen der Vernunft für den empirischen Verstandesgebrauch wesentlich sind, heißt auch nicht, dass ihre Rolle vollständig durch die Notwendigkeit erklärt werden könnte, konkrete Begriffe und Bedingungen ihrer Möglichkeit auf bestimmte Fälle anzuwenden. Es geht hier nicht nur um die Notwendigkeit, die Lösung konkreter Probleme um des plausiblen Gebrauchs des Verstandes willen (zum Beispiel für den Gebrauch von Begriffen wie »Kausalität«, »Substanz«, »dynamische Wechselwirkung« usw.) vorauszusetzen. Es geht um eine Analyse der Erfahrung als einheitliches und kohärentes Ganzes, das so organisiert ist, dass es sowohl die Anwendung von Bedingungen auf verschiedene Fälle *als auch* ihre zweckmäßige Anwendung auf bestimmte Forschungszwecke umfasst.[18]

17 Zu einer Diskussion siehe Buchdahl, *Kant and the Dynamics of Reason*, insb. S. 169-241 und S. 317-363.

18 Siehe hierzu auch Emilio Garroni, *Senso e paradosso. L'estetica, filosofia non speciale*, Rom, Bari 1986, S. 211-214. Der Autor betont zu Recht, dass die Frage der Anwendung von Verstandesbegriffen auf einzelne Fälle, die im Mittelpunkt der *Kritik der Urteilskraft* steht, bereits in der *Kritik der reinen Vernunft* auftaucht und

Deshalb betont Kant auch, dass die systematische Einheit der Erkenntnisse des Verstandes, die von der Vernunft in ihrem spekulativen Gebrauch gesucht wird, »der Probierstein der Wahrheit der Regeln« sei (*KrV*, A 647/B 675). Eine solche Idee der systematischen Einheit ist in der ersten *Kritik* eingebettet in den Begriff des »Maximum der Abteilung und der Vereinigung der Verstandeserkenntnis in einem Prinzip« (*KrV*, A 665/B 693). Diese Idee des Maximums kann durch Abstraktion von allen sinnlichen Bedingungen, die ihren Gebrauch einschränken würden, präzisiert werden. Obwohl sie unmöglich mit irgendeiner sinnlichen Anschauung übereinstimmen kann, verleiht der Idee ihre Rolle, den empirischen Gebrauch des Verstandes zu leiten, eine vermittelte Gültigkeit auch im Hinblick auf die Gegenstände der Erfahrung, auf die der Verstand gerichtet ist.

Eine Welt, in der wir nur diskrete Mengen bestimmter Erkenntnisse vorfänden, deren Harmonie und mögliche Kohärenz nicht gewährleistet wäre, wäre eine Welt, in der es keine Garantie für gesetzmäßige Zusammenhänge zwischen den Erscheinungen gäbe. Der positive Gebrauch der Ideen bringt also einen Vorteil sowohl für die Vernunft als auch für den Verstand mit sich. Was den Verstand anbelangt, so können wir uns über ein Aggregat von Wissen und seiner Anwendung auf empirische Naturgesetze hinaus in Richtung eines wissenschaftlichen Systems bewegen. Was die Vernunft betrifft, so erfüllt sie mit der Orientierung, die sie dem Verstand gibt, ihre theoretische Funktion. Indem sie den Verstandesregeln systemische Einheit gibt, fördert sie nicht nur ihre Ausbreitung, sondern garantiert auch ihre Richtigkeit (*KrV*, A 680/B 708) und zeigt, dass die Ideen einen legitimen Gebrauch haben.

Dennoch besteht Kant oft darauf, dass wir die Ideen trotz ihrer nützlichen Funktion bei der Organisation der Erfahrung als Begriffe betrachten sollten, die lediglich »subjektiv« und problematisch seien. Warum? Um Kants Zögern zu erklären, müssen wir auf die Verbindung zwischen transzendentalen und logischen Prinzipien zurückkommen, die im Zentrum dieses besonderen Gebrauchs der Ideen steht, den Kant ihren hypothetischen Gebrauch nennt.

das Problem eines Systems spezifischer Naturgesetze im »Anhang zur transzendentalen Dialektik« nur eine Folge dieser umfassenderen Frage ist.

5. Der hypothetische und der apodiktische Gebrauch der Vernunft

Wie bereits von vielen Interpretinnen bemerkt, nimmt der »Anhang zur transzendentalen Dialektik« entscheidende Themen aus der Einleitung der *Kritik der Urteilskraft* vorweg. Dies gilt insbesondere für die Abschnitte über die Kritik des zweckmäßigen Urteils. Die dritte »Mannigfaltigkeit«, die in der dritten *Kritik* erörtert wird, ist bereits hier präsent. Auch in der dritten *Kritik* erörtert Kant die »besonderen Naturgesetze« und den »empirischen Gebrauch des Verstandes«. Auch hier geht es ihm um eine Art von Totalität, die sich nicht auf die Totalität der Kategorien reduzieren lässt, sondern sich auf die »vollständige Einheit der Erkenntnis« bezieht. Und auch hier scheint das zentrale Problem der korrekte Gebrauch der Vernunft zu sein, um die systematische Einheit der Erfahrung in ihrer Gesamtheit zu begreifen. Das zentrale Thema ist in beiden Fällen das unvermeidliche Bedürfnis nach einer Art von Begriff, der den Verstand in der Kontingenz der Erfahrung leitet und Letztere als ein sinnvolles systematisches Ganzes begreift. Beobachten, so Kant in dem Essay *Über den Gebrauch teleologischer Prinzipien in der Philosophie*, heiße nichts anderes als »Erfahrung methodisch anstellen«. Er betont aber, dass »durch bloßes empirisches Herumtappen ohne ein leitendes Princip, wornach man zu suchen habe, nichts Zweckmäßiges jemals würde gefunden werden« (*TPP*, 161).

Der Prozess der Erforschung bestimmter empirischer Naturgesetze beruht auf der Annahme einer systematischen Einheit, die der Verstand für die Artikulation kohärenter Erfahrung benötigt. Doch während in der dritten *Kritik* ein solches heuristisches Prinzip zur Leitung des empirischen Verstandesgebrauchs durch das Vermögen der reflektierenden Urteilskraft bereitgestellt wird, wird dieses Prinzip in der *Kritik der reinen Vernunft* durch die Vernunft selbst bereitgestellt. »Übersehen wir unsere Verstandeserkenntnisse in ihrem ganzen Umfange«, so behauptet Kant im »Anhang«, »so finden wir, daß dasjenige, was Vernunft ganz eigentümlich darüber verfügt und zu Stande zu bringen sucht, das Systematische der Erkenntnis sei, d. i. der Zusammenhang derselben aus einem Prinzip« (*KrV*, A 645/B 673). Ein solches Prinzip wirkt, wie wir bereits festgestellt haben, auf einer anderen Ebene als die Verstandesbegriffe in der Organisation der Erfahrung. Kant spezifiziert jedoch weder die

Quelle noch die Merkmale dieses Prinzips. Er beschränkt die Analyse auf die allgemeine Feststellung, dass es sich um ein Prinzip von »regulativer« und nicht von »konstitutiver« Art handle, aus dem folglich nicht »die Wahrheit der allgemeinen Regel, die als Hypothese angenommen worden, folge«. Vielmehr habe das Prinzip eine regulative Funktion inne, »um dadurch, so weit als es möglich ist, Einheit in die besonderen Erkenntnisse zu bringen, und die Regel dadurch der Allgemeinheit zu nähern« (*KrV*, A 647/B 675).

Der Verweis auf den hypothetischen Gebrauch der Vernunft bei der systematischen Organisation der Erfahrung ist entscheidend für ein Verständnis des systematischen Prinzips, das für die organische Verbindung des besonderen Aggregats von Verstandeserkenntnissen notwendig ist, und der Rolle der Ideen bei der Herstellung der Einheit der dritten »Mannigfaltigkeit«, für die sich Kant interessiert. Um diesen Zusammenhang zu erklären, müssen wir auf die Unterscheidung zwischen dem apodiktischen und dem hypothetischen Gebrauch der Ideen zurückkommen. Kant erklärt den Unterschied wie folgt:

> Wenn die Vernunft ein Vermögen ist, das Besondere aus dem Allgemeinen abzuleiten, so ist entweder das Allgemeine schon an sich gewiß und gegeben, und alsdenn erfodert es nur Urteilskraft zur Subsumtion, und das Besondere wird dadurch notwendig bestimmt. Dieses will ich den apodiktischen Gebrauch der Vernunft nennen. Oder das Allgemeine wird nur problematisch angenommen, und ist eine bloße Idee, das Besondere ist gewiß, aber die Allgemeinheit der Regel zu dieser Folge ist noch ein Problem; so werden mehrere besondere Fälle, die insgesamt gewiß sind, an der Regel versucht, ob sie daraus fließen, und in diesem Falle, wenn es den Anschein hat, daß alle anzugebende besondere Fälle daraus abfolgen, wird auf die Allgemeinheit der Regel, aus dieser aber nachher auf alle Fälle, die auch an sich nicht gegeben sind, geschlossen. Diesen will ich den hypothetischen Gebrauch der Vernunft nennen (*KrV*, A 646 f./B 674 f.).

Die Interpretationsschwierigkeiten, die dieser Absatz aufwirft, haben viel Aufmerksamkeit auf sich gezogen.[19] Erstens ist es unmög-

19 Einer der ersten Autoren, der auf die Bedeutung dieses Absatzes verwies, war August Stadler. Die Verbindung zwischen dem hypothetischen Vernunftgebrauch und der formalen Zweckmäßigkeit, die im Mittelpunkt der *Kritik der Urteilskraft* steht, führe zu einer Theorie der Erfahrung als »reine Wissenschaftstheorie«. Siehe August Stadler, *Kants Teleologie und ihre erkenntnistheoretische Bedeutung*, Berlin 1874, und August Stadler, *Die Grundsätze der reinen Erkenntnistheorie in*

lich, nicht die Ähnlichkeit zwischen diesen Definitionen und denen in der *Kritik der Urteilskraft* zu bemerken, wo das transzendentale Prinzip der Zweckmäßigkeit, das für eine systematische Konzeption der Erfahrung erforderlich ist, erklärt wird. Zweitens verweist die Definition der Vernunft als das Vermögen der Ableitung des Besonderen aus dem Allgemeinen deutlich darauf, dass Kants Gedanken hier die Grundlage für die Analyse der Urteilskraft als durch eigene Prinzipien und systematische Voraussetzungen gekennzeichnetes Vermögen sind. Drittens nimmt die Unterscheidung zwischen »hypothetischem« und »apodiktischem« Vernunftgebrauch die Unterscheidung vorweg, die in der dritten *Kritik* zwischen der bestimmenden und der reflektierenden Urteilskraft getroffen wird. Hier definiert Kant zunächst die Urteilskraft als das »Vermögen, das Besondere als enthalten unter dem Allgemeinen zu denken«. Wenn nun das Allgemeine gegeben sei, so sei »die Urtheilskraft, welche das Besondere darunter subsumirt, [...] bestimmend«. Sei aber »nur das Besondere gegeben, wozu sie das Allgemeine finden soll, so ist die Urtheilskraft bloß reflektirend« (*KU*, 179).

Allerdings ist die Unterscheidung zwischen hypothetischem und apodiktischem Vernunftgebrauch auch problematisch, wie ebenfalls bereits viele Interpreten festgestellt haben. Wenn Kant wirklich sagen wollte, dass die Vernunft einen apodiktischen Gebrauch habe, würde dies den gesamten kritischen Apparat erheblich schwächen. Kant müsste dann die Möglichkeit einräumen, die Gegenstände der traditionellen Metaphysik (Gott, die Seele, die Welt) zu erkennen, die die »transzendentale Dialektik« für dem menschlichen Verstand unzugänglich erklärt hat.[20] Einige Interpretinnen haben das Problem zu beheben versucht, indem sie vorschlugen, dass Kant hier nicht wirklich auf zwei verschiedene Verwendungen desselben Vermögens (der Vernunft) verweise, sondern auf zwei verschiedene Vermögen (Vernunft und Verstand). Dies hilft uns jedoch nur teilweise, den theoretischen Status der Ideen zu klären. Die Unterscheidung zwischen Vernunft und Verstand ist natürlich entscheidend, um die Darstellung eines apodiktischen Gebrauchs

der kantischen Philosophie, Leipzig 1876, insb. S. 1-6. Stadler betonte erstmals die Rolle der »transzendentalen Dialektik« für Kants allgemeine Erkenntnistheorie, vernachlässigte dabei aber, dass sowohl theoretische *als auch* praktische Elemente zum Verständnis der Entwicklung des Prinzips der Zweckmäßigkeit beitragen.

20 Siehe Marcucci, *Kant e la conoscenza scientifica*, S. 48.

der Vernunft zu vermeiden, die den Ideen objektive Gültigkeit verleihen würde. Und doch hindert der bloß »regulative« Status der Ideen Kant nicht daran, eine Verbindung zwischen logischen und transzendentalen Prinzipien der systematischen Einheit herzustellen. Die Natur dieser Verbindung zu erklären, ist die größte Herausforderung des »Anhangs zur transzendentalen Dialektik«.

Um die Problematik dieser Verbindung zu erkennen, müssen wir zu dem oben erwähnten Absatz zurückkehren, der den apodiktischen vom regulativen Gebrauch der Vernunft unterscheidet. Nachdem Kant die Vernunft als das Vermögen definiert hat, das Besondere aus dem Allgemeinen abzuleiten, heißt es weiter, dass wir, um das Besondere unter ein durch die Kategorien gegebenes Allgemeines zu subsumieren, allein das Vermögen der Urteilskraft benötigen. Diese Behauptung ist unproblematisch, wenn die Rolle der Urteilskraft in der Vermittlung zwischen Begriffen und Urteilen besteht, wie in der »transzendentalen Analytik« erläutert. Andererseits schließt Kant, anders als in der dritten *Kritik*, die Urteilskraft von der Tätigkeit aus, aus Einzelfällen auf das Allgemeine zu schließen. Bezüglich des hypothetischen Vernunftgebrauchs behauptet er: Wenn aus einer Regel, die wir nur hypothetisch annehmen, genügend besondere Fälle folgen, dann »wird auf die Allgemeinheit der Regel, aus dieser aber nachher auf alle Fälle, die auch an sich nicht gegeben sind, geschlossen« (*KrV*, A 646 f./B 674 f.).

Kant erklärt nicht unmittelbar, aufgrund welchen Prinzips es möglich sei, die Allgemeinheit eines bestimmten Gesetzes auch für Fälle zu begründen, die nicht gegeben sind und deren Zusammenhang mit dem Gesetz nie geprüft wurde (und vielleicht auch nie geprüft werden wird). Doch ohne ein solches Prinzip gäbe es keine Garantie für die Richtigkeit dieser Vorgehensweise. Offensichtlich ist der Verstand nicht in der Lage, dieses Prinzip zu liefern; er ist vielmehr für seinen empirischen Gebrauch auf dieses Prinzip angewiesen. Die Unterscheidung zwischen hypothetischem und apodiktischem Vernunftgebrauch legt zudem nahe, dass wir es im Falle des hypothetischen Vernunftgebrauchs mit einer Art von Mannigfaltigkeit zu tun haben, die von den Gesetzen des Verstandes völlig unberücksichtigt bleibt. Obwohl apriorische Gesetze für die Erfahrung von Erscheinungen essenziell sind, schaffen sie noch keine Regelmäßigkeit ihrer kontingenten Manifestationen.

6. Logische und transzendentale Prinzipien

Welche Art von Prinzip begründet also den hypothetischen Gebrauch der Vernunft? Es ist interessant, dass Kant diese Frage kaum erörtert, mit Ausnahme der letzten Absätze der »Elementarlehre«, wo er die Idee einer »Endabsicht der natürlichen Dialektik der menschlichen Vernunft« einführt. Kants Zurückhaltung bezüglich dieses Themas offenbart die Komplexität des Problems, das im Hintergrund der systematischen Aufgabe der »Architektonik« und der Einheit von theoretischer und praktischer Vernunft auftaucht. Die Grundlage für das systematische Prinzip des hypothetischen Vernunftgebrauchs ist ein problematisch angenommenes Allgemeines, eine »projektierte« Einheit, die hilft, »zu dem Mannigfaltigen und besonderen Verstandesgebrauche ein Principium zu finden, und diesen dadurch auch über die Fälle, die nicht gegeben sind, zu leiten und zusammenhängend zu machen« (*KrV*, A 647/B 675).

Kant erklärt an dieser Stelle, dass der hypothetische Vernunftgebrauch keine konstitutive Gültigkeit habe; er sei nicht so beschaffen, dass die Wahrheit der als Hypothese vorausgesetzten allgemeinen Regel notwendig folge. In diesem Sinne sei das geforderte Prinzip der systematischen Einheit lediglich ein logisches Prinzip, das notwendig sei, damit die Ideen dort ansetzen können, wo der Verstand nicht weiterkomme: bei der systematischen Verknüpfung der Vielfalt seiner Regeln »unter einem Prinzip«. Die logische Idee der vollständigen Einheit der Erkenntnisse ist notwendig, weil die Kategorien des Verstandes völlig unbestimmt lassen, wie man die Einheit seiner Regeln kohärent denken kann, und weil Letztere wesentlich ist, um die Erfahrung in ihrer (teils kontingenten) Komplexität kohärent zu denken.

Kant erklärt auch, dass ein solches *logisches* Prinzip der systematischen Einheit der Erfahrung nicht mit einem *transzendentalen* Prinzip verwechselt werden dürfe. Ersteres sei subjektiv und methodisch, letzteres objektiv und ontologisch. Wenn wir nämlich behaupteten, dass »die Beschaffenheit der Gegenstände, oder die Natur des Verstandes, der sie als solche erkennt, an sich zur systematischen Einheit bestimmt sei«, und wenn wir weiter sagten, dass man »diese *a priori*, auch ohne Rücksicht auf ein solches Interesse der Vernunft in gewisser Maße postulieren, und also sagen könne: alle mögliche Verstandeserkenntnisse (darunter die empirischen) haben Vernunfteinheit, und stehen unter gemeinschaftlichen Prinzipien, woraus sie, unerachtet ihrer Verschiedenheit abgeleitet werden können«, dann wäre dies »ein transzendentaler Grundsatz der Vernunft«. Ein transzendentales Prinzip würde, anders als ein logisches, die systematische Einheit »nicht bloß subjektiv- und logisch-, als Methode, sondern objektivnotwendig machen« (*KrV*, A 648/B 676).

Bei oberflächlicher Lektüre legt Kants Unterscheidung zwischen subjektiver und objektiver Notwendigkeit für die Systematizität eine eher ablehnende Haltung gegenüber dem Wert und der Plausibilität transzendentaler Prinzipien für die systematische Einheit der Erfahrung nahe. Seine Position ist jedoch nuancierter. Interpretationen, die diese Seiten entweder als Vorwegnahme der dritten *Kritik* oder als Wiederholung der methodologischen Diskussion über die Rolle von auf logischen Prinzipien beruhenden Ideen lesen, liegen gleichermaßen falsch. Bekanntermaßen steht in der *Kritik der Urteilskraft* ein transzendentales Prinzip der Zweckmäßigkeit im Mittelpunkt der Suche nach systematischer Einheit auch unter logischen Gesichtspunkten. Aber in der ersten *Kritik* unterscheidet Kant den Status der logischen Prinzipien von dem der transzendentalen Prinzipien im Sinne von subjektiver versus objektiver Notwendigkeit und scheint es zunächst zu vermeiden, die Beziehung zwischen beiden zu klären.[21] Doch auch hier bleibt der Status des logischen Prinzips der systematischen Einheit der Erfahrung, auf dem der hypothetische Gebrauch der Ideen beruht, zweifelhaft, wenn er nicht auf einem transzendentalen Prinzip der Zweckmäßigkeit beruht.

Kants Analyse im »Anhang« verdeutlicht dies durch die Zusammenfassung einer naturwissenschaftlichen Debatte des 18. Jahrhunderts.[22] Hier führt Kant drei logische Prinzipien an, die bei der Beobachtung von Naturphänomenen hilfreich sind: die Prinzipien der *Homogenität*, der *Spezifikation* und der *Kontinuität der Formen*.

21 Dies ist wohl auch der Grund, warum manche Interpreten meinen, Kant vermeide es, den transzendentalen Status der Ideen in der ersten *Kritik* überhaupt zu erörtern. Siehe Ralph Peter Horstmann, »Why must there be a Transcendental Deduction in Kant's Critique of Judgment«, in: Eckart Förster, *Kant's Transcendental Deductions*, Stanford 1989, S. 157-176, S. 168.

22 Siehe dazu Silvestro Marcucci, »Sull'uso dei termini ›genere‹ e ›specie‹ nella filosofia di Kant«, in: *Studi kantiani*, Bd. 5 (1992), S. 11-45.

Bezüglich des ersten Prinzips stellt Kant fest, dass eine Klassifizierung natürlicher Elemente ohne die Hypothese der Homogenität unmöglich wäre. Ohne die Annahme systematischer Einheit fände »kein Gebrauch der Vernunft [statt], weil wir nur so fern vom Allgemeinen aufs Besondere schließen können, als allgemeine Eigenschaften der Dinge zum Grunde gelegt werden, unter denen die besonderen stehen«. Die berühmte Regel der scholastischen Philosophie, wonach man Anfänge (Prinzipien) nicht ohne Notwendigkeit vervielfältigen solle (»*entia praeter necessitatem non esse multiplicanda*«), sei weitgehend von diesem Prinzip inspiriert (*KrV*, A 652/B 680). Würde die Vielzahl beobachteter Phänomene eine so große Mannigfaltigkeit bieten, dass es trotz aller Vergleichsversuche unmöglich wäre, Ähnlichkeiten zwischen ihnen zu finden, »so würde das logische Gesetz der Gattungen ganz und gar nicht stattfinden, und es würde selbst kein Begriff von Gattung, oder irgend ein allgemeiner Begriff, ja sogar kein Verstand stattfinden, als der es lediglich mit solchen zu tun hat« (*KrV*, A 653 f./B 681 f.).[23]

Dasselbe gelte für das logische Prinzip, niemals eine Art als die niedrigste zu betrachten. Das Prinzip der Spezifikation verlange, innerhalb jeder neuen, niedrigeren Spezies wieder neue Unterscheidungsstufen vorauszusetzen. Dieses logische Prinzip beruhe auf einem transzendentalen Prinzip, das nicht aus der Erfahrung entlehnt werden könne, die uns »keine so weit gehende Eröffnungen« gebe. Vielmehr bleibe die empirische Spezifikation »in der Unterscheidung des Mannigfaltigen bald stehen, wenn sie nicht durch das schon vorhergehende transzendentale Gesetz der Spezifikation, als ein Prinzip der Vernunft, geleitet worden, solche zu suchen, und sie noch immer zu vermuten, wenn sie sich gleich nicht den Sinnen offenbaret« (*KrV*, A 657/B 685).

Die Vernunft vollende ihre Aufgabe durch ein letztes Gesetz, das Prinzip der Verwandtschaft aller Begriffe, das einen kontinuierlichen Übergang von jeder Art zu jeder anderen durch »stufenartiges Wachstum der Verschiedenheit« proklamiere (*KrV*, A

23 Man beachte, dass dasselbe Beispiel in der *Kritik der Urteilskraft* im Zusammenhang mit einer ähnlichen Debatte über das Verhältnis zwischen logischen und transzendentalen Prinzipien zu finden ist. In der *Ersten Einleitung* erklärt Kant, dass die Logik uns nichts darüber lehre, »ob die Natur zu jedem Objecte noch viele andere als Gegenstände der Vergleichung, die mit Producten eine Form voraussetzen kann«, bereithalte (*KUEE*, 212).

657 f./B 685 f.). Das Prinzip *continuum specierum (formarum logicarum)* stelle eine Synthese der beiden vorangegangenen Prinzipien dar, indem es selbst »bei der höchsten Mannigfaltigkeit dennoch die Gleichartigkeit durch den stufenartigen Übergang von einer Spezies zur anderen vorschreibt, welches eine Art von Verwandtschaft der verschiedenen Zweige anzeigt, in so fern sie insgesamt aus einem Stamme entsprossen sind« (*KrV*, A 660/B 688). Auch dieses logische Prinzip beruhe auf einem transzendentalen Gesetz der Vernunft, dem Gesetz der Kontinuität der Formen (*lex continui in natura*),[24] ohne welches der Verstandesgebrauch uns irreführen würde, da die Vorschrift »vielleicht einen der Natur gerade entgegengesetzten Weg nehmen würde« (*KrV*, A 660/B 688).

Anhand all dieser Fälle zeigt Kant, dass die Begründung logischer Prinzipien für die Einheit der Verstandesregeln in einem transzendentalen Prinzip der systematischen Einheit der Natur nicht willkürlich, sondern für die kohärente Analyse komplexer Erfahrung notwendig ist. Ein solches transzendentales Prinzip garantiere die Möglichkeit, über natürliche Zusammenhänge jenseits ihrer kontingenten Verknüpfung nachzudenken. Ein logisches Prinzip der rationalen Einheit von Regeln wäre unmöglich, »wenn nicht ein transzendentales [Prinzip] vorausgesetzt würde, durch welches eine solche systematische Einheit, als den Objekten selbst anhängend, *a priori* als notwendig angenommen wird«. Denn wie könnte die Vernunft in ihrem logischen Gebrauch behaupten, eine systematische Einheit der Naturgesetze zu finden, »wenn es ihr freistände zuzugeben, daß es eben so wohl möglich sei, alle Kräfte wären ungleichartig, und die systematische Einheit ihrer Ableitung der Natur nicht gemäß?« Die Vernunft würde dann »gerade wider ihre

24 Das Gesetz der Kontinuität, das von Leibniz in der *Monadologie* vorgestellt und, wie Kant erklärt, von Charles Bonnet in seiner *La Palingènèsis philosophique* perfektioniert wurde, geht auf Platon zurück. Es wurde zunächst in der mittelalterlichen Scholastik (und dann wieder im 17. und 18. Jahrhundert) adaptiert, um eine fortschreitende, lineare, hierarchische Kette des Seins zu bezeichnen, die mit den unbelebten Gegenständen beginnt und über die Pflanzen, die niederen und höheren Tiere bis hin zum Menschen (und im Idealfall über die Engel zu Gott) verläuft. Die Idee faszinierte französische und deutsche Aufklärer, womöglich weil sie dazu beitrug, die These eines aufgeklärten Fortschritts zur Vollkommenheit zu untermauern, in der sich die Themen der natürlichen und historischen Zweckmäßigkeit überschneiden. Siehe Arthur O. Lovejoy, *The Great Chain of Being*, Cambridge, MA 1936.

Bestimmung verfahren, indem sie sich eine Idee zum Ziele setzte, die der Natureinrichtung ganz widerspräche« (*KrV*, A 651/B 679).

Kants Argument ist hier sehr stark und zugleich problematisch. Würde die Vernunft nach einem logischen Prinzip für die systematische Einheit der mannigfaltigen Erkenntnisse suchen, ohne ihre Tätigkeit auf ein weiteres transzendentales Prinzip zu stützen, widerspräche sie sich selbst und ihrer eigenen Bestimmung. Aufgrund ihrer Bestimmung sei die Vernunft in der Lage, über das Unbedingte, über Harmonie und die Einheit des Systems nachzudenken. Würde sie aber in einer völlig gesetzlosen Umgebung agieren, dann müsste sie in ihrem Versuch scheitern, die Art von Regelmäßigkeit zu finden, die sie von Natur aus voraussetzt. Dieser letzte Punkt offenbart die verborgene Prämisse, auf der Kants gesamte Analyse beruht: Es könne nicht die Bestimmung der Vernunft sein, nach etwas zu suchen, das ihr nicht gegeben werden kann.

Kants These ist also nicht nur, dass das Nachdenken über die Systematizität der Naturgesetze ein Postulat der Ordnung in der Natur voraussetze: Dies ist der Punkt, an dem die logischen Prinzipien zum Stillstand kommen. Er geht noch einen Schritt weiter, und dieser Schritt erscheint sehr viel problematischer. Er behauptet 1. dass die Bestimmung der Vernunft darin bestehe, systematische Einheit vorauszusetzen und zu postulieren, dass die Natur ihr entsprechend geordnet sei; 2. dass die Vernunft ihre wissenschaftliche Untersuchung auf falsche Prämissen stützen und sich selbst widersprechen würde, wenn die Welt dieser systematischen Einheit nicht entspräche; und 3. dass in diesem Fall selbst die logischen Prinzipien nicht ausreichen würden, um die Einheit der vielfältigen Erkenntnisse des Verstandes zuverlässig zu begründen.

Für ein Verständnis dieser Interpretation ist es wichtig, hervorzuheben, dass Kant die Notwendigkeit transzendentaler Systematizität durch das Prinzip der logischen Einheit der Verstandesregeln begründet. Nachdem er behauptet hat, dass die systematische Einheit der besonderen Verstandeserkenntnisse notwendig sei und nicht *a posteriori* aus der kontingenten Beschaffenheit der Natur abgeleitet werden könne, erklärt er, dass die Forderung der Vernunft nach Einheit notwendig sei, weil wir ohne sie »gar keine Vernunft, ohne diese aber keinen *zusammenhängenden* Verstandesgebrauch, und in dessen Ermangelung kein zureichendes Merkmal empirischer Wahrheit haben würden, und wir also in Ansehung des letzteren die systematische Einheit der Natur durchaus als objektivgültig und notwendig voraussetzen müssen« (*KrV*, A 651/B 679).

Es ist rätselhaft, dass Kant, nachdem er so sehr auf dem trügerischen Charakter und den illusorischen Tendenzen der Vernunftideen im theoretischen Bereich beharrt hat, nicht etwa die systematische Einheit der Natur in Frage stellt, sondern zu überlegen beginnt, ob der regulative Status der Ideen wirklich nur regulativ sei. Zur Erklärung dieses Rätsels und in Ermangelung einer weiteren Klärung des Wesens transzendentaler Prinzipien müssen wir uns Kants Beharren auf der »Bestimmung« der menschlichen Vernunft und der Notwendigkeit des Prinzips zuwenden, mithilfe dessen die Vernunft zu dem Schluss kommt, dass die systematische Einheit der Natur »objektivgültig und notwendig« sei. Die Forderung nach Objektivität und Notwendigkeit spricht für einen anderen Gebrauch der Vernunftideen und ist von anderer, womöglich praktischer Art. Was aber würde es für die praktische Notwendigkeit der Vernunft bedeuten, das Postulat einer systematischen Einheit der Natur zu begründen? Die *praktische* Interpretation der Forderung nach *allgemeiner* systematischer Einheit wird unterstützt, wenn wir uns dem seltsamen und einzigartigen Charakter der »transzendentalen Deduktion der Ideen in Bezug auf die Endabsicht der natürlichen Dialektik der menschlichen Vernunft« zuwenden. Das nächste Kapitel untersucht Kants Thesen in Bezug auf die Deduktion. Dabei sollen sowohl die Relevanz des praktischen Gebrauchs der Ideen im Hinblick auf diese Aufgabe als auch die Schwierigkeiten im Zusammenhang mit der Integration des praktischen und theoretischen Gebrauchs der Ideen verdeutlicht werden, um Kants Argument über die Einheit der Vernunft insgesamt zu verstehen.

5. Die Deduktion der transzendentalen Ideen

1. Ideen im »Anhang zur transzendentalen Dialektik«

Einer der verwirrendsten Aspekte von Kants Verteidigung der Einheit der Vernunft in der ersten *Kritik* ist die Rolle der Ideen im »Anhang zur transzendentalen Dialektik«. Diese Seiten, die oft als Vorwegnahme der Analyse der reflektierenden Urteilskraft in der *Kritik der Urteilskraft* gelesen werden, haben Anlass zu mehreren interpretatorischen Kontroversen gegeben.[1] Erstens besteht eine Kontroverse darüber, welche Art von Erfahrung die Ideen der Vernunft zu systematisieren helfen. Einer schwächeren Lesart zufolge unterstützen sie die Vernunft bei der Ordnung empirischer Naturgesetze. Nach einer stärkeren Lesart sind sie indes wesentlich für den Begriff des Gesetzes selbst, der über nur kontingente Verallgemeinerungen hinausgeht. Zweitens existiert eine Kontroverse über die Annahme der systematischen Einheit der Natur, auf die sich die Untersuchung stützt, und über den Status der Ideen bei der Unterstützung dieser Annahme. Der schwächeren Lesart gemäß ist die Rolle der Ideen rein methodologisch. Die hypothetische Annahme systematischer Einheit sei lediglich ein nützliches und für die Forschung notwendiges heuristisches Hilfsmittel. Nach der stärkeren Lesart hingegen ist die Art der Einheit, die die Ideen projizieren, nicht rein methodologisch, sondern hat einen quasiontologischen Status und setzt eine zweckmäßige Ordnung der Natur selbst voraus. Drittens stellt sich die Frage nach der Art der Prinzipien, auf die sich der hypothetische Gebrauch der Ideen stützt. Laut der schwächeren Lesart sind dies die logischen Prinzipien der Homogenität, Spezifikation und Kontinuität. Der stärkeren Lesart zufolge beruhen diese Prinzipien selbst auf einem weiteren, transzendentalen Prinzip. Schließlich besteht eine Debatte darüber, um welche Art von Notwendigkeit es sich bei der Aussage handelt, dass logische Prinzipien *notwendigerweise* auf transzendentalen Gründen beruhen müssen. Für die einen ist die fragliche Notwendigkeit theoretischer Natur, für die anderen ist sie eminent praktisch.

1 Es folgt ein grober Abriss der Debatten, auf die ich auf den folgenden Seiten detailliert eingehen werde.

Dieses Kapitel befasst sich mit diesen Fragen, indem es die Rolle der Ideen im Lichte einer anderen, weniger bekannten Kontroverse im »Anhang« untersucht: dem Problem ihrer transzendentalen Deduktion. Zunächst möchte ich erklären, worin das Problem der Deduktion besteht, auf einige in der Literatur zu findende Antworten eingehen und zeigen, warum sie ihr Ziel verfehlen. Anschließend wende ich mich einer alternativen Interpretation des Problems der Deduktion zu, die Kants Schwierigkeiten im Lichte einer Spannung zwischen zwei Auffassungen von Zweckmäßigkeit erklärt: Zweckmäßigkeit als Design und Zweckmäßigkeit als Normativität.[2] Wie bereits im dritten Kapitel vorweggenommen, ist Letztere durch die praktische Forderung der Vernunft geprägt, während Erstere auf ein Argument für die zweckmäßige Struktur der Natur selbst angewiesen ist. Wie ich zu zeigen hoffe, versucht die *Kritik der reinen Vernunft* zwar, die Einheit der Vernunft in einem Begriff der Zweckmäßigkeit als Normativität zu begründen, der den Anforderungen sowohl des theoretischen als auch des praktischen Vernunftgebrauchs gerecht wird, aber es fehlen ihr die Mittel dazu. Das Ergebnis ist ein Vereinheitlichungsversuch, der die Forderung nach Einheit der Vernunft in eine Forderung nach Einheit der Natur kollabieren lässt, die auf einen Begriff von Zweckmäßigkeit als Design gegründet wird, was nicht nur Kants Vereinigungsprojekt, sondern den Erfolg des gesamten kritischen Unternehmens gefährdet. Das Fortgehen dieses Versuchs anhand von Kants Analyse in der ersten *Kritik* und in kleineren Schriften desselben Zeitraums zu erklären, liefert die textgetreueste Darstellung der Gründe für Kants Oszillationen im »Anhang« und wird zugleich seiner zukünftigen Entwicklung gerecht.

2. Die Deduktion der transzendentalen Ideen

»Man kann sich eines Begriffs *a priori* mit keiner Sicherheit bedienen«, behauptet Kant, »ohne seine transzendentale Deduktion zu Stande gebracht zu haben.« Natürlich, so fährt er fort, wäre die

2 Siehe zur Verwendung des Begriffs »Zweckmäßigkeit als Normativität« (»purposiveness as normativity«) Ginsborg, *The Normativity of Nature*, und Hannah Ginsborg, »Why Must We Presuppose the Normativity of Nature?«, in: Massimi, Breitenbach (Hg.), *Kant and the Laws of Nature*, S. 71-88.

Art der Deduktion, die den reinen Vernunftbegriffen würdig sei, nicht dieselbe wie die der Kategorien des Verstandes. Wenn aber die Ideen »im mindesten einige, wenn auch nur unbestimmte, objektive Gültigkeit haben, und nicht bloß leere Gedankendinge (*entia rationis ratiocinantis*) vorstellen, so muß durchaus eine Deduktion derselben möglich sein« (*KrV*, A 669 f./B 697 f.).

Solche Bemerkungen sind an sich nicht rätselhaft. Der Begriff der Deduktion hat hier wie an anderer Stelle weniger mit dem Schlussfolgern von gültigen Prämissen auf eine gültige Konklusion als mit der Demonstration einer Art von Legitimität zu tun: der Legitimität der Vernunft, ihre reinen Begriffe auf bestimmte Weise einzusetzen.[3] Wie viele Kommentatorinnen festgestellt haben, ist Kants Begriff der Deduktion der juristischen Literatur des 18. Jahrhunderts und der Tradition der »Deduktionsschriften« geschuldet, einer Reihe von Werken mit dem Zweck, die Legitimität bestimmter umstrittener Gebietserwerbungen innerhalb der Grenzen des Heiligen Römischen Reiches zu beweisen. Langatmige Texte wurden von Juristen für den Fall einer Befragung durch kaiserliche Gerichte verfasst, um zu beweisen, dass bestimmte faktische (*de facto*) Herrscher von umstrittenen Ländereien und Ressourcen auch einen rechtmäßigen (*de jure*) Anspruch darauf hatten.[4] Inspiriert von dieser Idee verlieh Kant dem Unternehmen des Philosophen einen ähnlichen legitimatorischen Dreh: Wie der Jurist müsse auch der Philosoph die faktischen territorialen Ansprüche der Vernunft innerhalb der Grenzen der Erfahrung detailliert darstellen, ihre Funktionsweise veranschaulichen und ihre Gültigkeit rechtfertigen. Und wie der Jurist wisse auch der Philosoph, dass erst nach Abschluss eines solchen Verfahrens die Besitzstände der Herrschenden in ihren jeweiligen Gebieten als sicher vor möglichen Übergriffen ihrer Gegner gelten können.

3 Zu einer ausgezeichneten Analyse des Hintergrunds, vor dem wir den Begriff »Deduktion« in Kants Schriften verstehen sollten, siehe Dieter Henrich, »Kant's Notion of a Deduction and the Methodological Background of the First Critique«, in: Förster (Hg.), *Kant's Transcendental Deductions*, S. 29-46. Zu einer längeren Diskussion der Rolle juristischer Metaphern in Kants Werk siehe Møller, *Kant's Tribunal of Reason*.

4 Zu einer längeren Diskussion dieser Praxis siehe Henrich, »Kant's Notion of a Deduction«, und Ian Proops, »Kant's Legal Metaphor and the Nature of a Deduction«, in: *Journal of the History of Philosophy* 41 (2) (2003), S. 209-229.

Kants Verwendung territorialer Metaphern zur Erklärung der kritischen Tätigkeit der reinen Vernunft und zur Diskreditierung konkurrierender Ansätze steht im Einklang mit dieser Interpretation der Deduktion. Der Anwalt der Vernunft müsse sowohl den skeptischen als auch den dogmatischen Kritikern den Herrschaftsanspruch der reinen Vernunftbegriffe über das Feld der Erfahrung beweisen. Dieser sei aber nur legitim, wenn er einer Überprüfung seines Ursprungs, seiner Funktion und seiner Gültigkeit standhalten könne. Nur dann entdecken der Skeptiker und der Dogmatiker die »Unmöglichkeit, den Titel ihrer Behauptungen auszufinden«, während die Kritik die reine Vernunft dazu zwinge, »ihre zu hoch getriebene Anmaßungen im spekulativen Gebrauch aufzugeben, und sich innerhalb die Grenzen ihres eigentümlichen Bodens, nämlich praktischer Grundsätze, zurückzuziehen« (*KrV*, A 794/B 822).

In diesem Sinne ist der Versuch zu verstehen, den positiven Gebrauch der reinen Vernunftbegriffe durch eine Deduktion zu rechtfertigen. Nachdem Kant im ersten Teil des »Anhangs« die Funktion der Ideen der Vernunft als systematische Ausrichtung des empirischen Verstandesgebrauchs illustriert hat, geht es ihm im zweiten Teil um die Rechtfertigung dieses Gebrauchs. Die Deduktion gewährleiste »die Vollendung des kritischen Geschäftes der reinen Vernunft« (*KrV*, A 669 f./B 697 f.).

Aber ganz so einfach ist die Sache nicht. Die Aufteilung zwischen einem ersten, eher deskriptiven Teil der positiven Funktion der Ideen und einem zweiten Teil, in dem ihr Geltungsanspruch auf dem Gebiet der Erfahrung geprüft und bestätigt wird, folgt nicht sauber dem eben skizzierten Modell der Deduktionsschriften. Im ersten Teil des »Anhangs« schließt Kant bei der Erörterung des hypothetischen Gebrauchs der Vernunftideen und ihrer heuristischen Funktion der Anleitung der empirischen Naturforschung eine mögliche Deduktion aus, die »in Ansehung der Ideen jederzeit unmöglich ist« (*KrV*, A 663/B 692).

Warum schließt er eine solche Deduktion erst aus, um sie anschließend doch zu liefern? Und was genau trägt die Deduktion zur Analyse der Rolle der Ideen in der systematischen Organisation der Erfahrung bei, die Kant zuvor untersucht hat? Die Forschung ist äußerst gespalten. Bis vor Kurzem betrachtete die Standardinterpretation sein Schwanken als symptomatisch für den allgemein verworrenen, sogar widersprüchlichen Charakter der Behandlung der Ideen in diesem Teil der *Kritik*.[5] Einige Autoren ignorieren das Problem der Deduktion ganz und gehen so vor, als wäre nur die Erklärung ihrer Unmöglichkeit im ersten Teil des »Anhangs« entscheidend.[6] Unter den wohlwollenderen Lesarten können wir zwischen einer schwächeren und einer stärkeren Version unterscheiden. In der schwächeren Version stellt das Auftauchen einer Deduktion der Ideen in der zweiten Hälfte des »Anhangs« keine große interpretatorische Herausforderung dar, wenn wir die Rolle des Postulats der Systematizität der Natur für die Bewältigung taxonomischer Aufgaben im Rahmen einer wissenschaftlichen Interpretation der Naturerscheinungen richtig verstehen. Die Deduktion sei nicht besonders wichtig, weil die Idee der Systematizität der Natur nur einen heuristischen bzw. methodologischen Status habe, der die Weise, auf die die Kategorien des Verstandes empirische Begriffe schaffen, nicht beeinflusse.[7] Diese Interpretation löst das Problem der Deduktion jedoch nur dadurch, dass sie leugnet, dass es überhaupt ein Problem gab. Wenn die Deduktion der Ideen angesichts Kants konsequenter methodischer Verpflichtung auf Regulativität keine besonderen Schwierigkeiten aufwirft, warum beharrte er dann anfangs aber so sehr auf der Unmöglichkeit einer solchen Deduktion? Vermutlich, so die stärkere Lesart, weil Kant im zweiten Teil des »Anhangs« darauf bestand, dass der heuristische bzw. subjektive Gebrauch der Vernunft bei näherer Betrachtung auf einem transzendentalen Prinzip beruhen müsse, das die Übereinstimmung mit den Zwecken der Natur selbst voraussetze.

Befürworterinnen dieser zweiten, stärkeren Interpretation ha-

5 Die bekannteste Interpretation ist hier die von Norman Kemp Smith (siehe z. B. Kemp Smith, *A Commentary to Kant's Critique of Pure Reason*, S. 547), der diese Seiten als »extrem selbstwidersprüchlich« verurteilte. Ähnlich lautende Bemerkungen, die Kemp Smith' Kommentar aufgreifen oder die »extrem instabile« Natur der im »Anhang« diskutierten Ideen betonen, stammen von Jonathan Bennet (siehe Bennet, *Kant's Dialectic*, S. 275) und Ralph Peter Horstmann (siehe Horstmann, »Why must there be a transcendental deduction in Kant's Critique of Judgment«, S. 166). Siehe auch Frederick E. England, *Kant's Conception of God*, New York 1968, S. 196-199, und William H. Walsh, *Kant's Criticism of Metaphysics*, Edinburgh 1975, S. 244-249.

6 Siehe z. B. Wartenberg, »Reason and the Practice of Science«, S. 245.

7 Zu einer Diskussion siehe Paul Guyer, *Kant's System of Nature and Freedom*, Oxford 2005, S. 28.

ben in jüngster Zeit versucht, diese Behauptungen mit einer größeren Debatte über Kants Verteidigung der Einheit der Vernunft und seiner Behauptung des Vorrangs der praktischen Vernunft zu verbinden.[8] Kants Forderung nach Systematizität in der Natur, so das Argument, sei auf die praktische Forderung der Vernunft nach Systematizität gegründet. In der verbreitetsten Interpretation wird damit eine Behauptung über die Eigendynamik der Vernunft aufgestellt: Die theoretische Vernunft sei wie die praktische von Maximen geleitet, die voraussetzen, dass der Inhalt ihrer Vorschriften auch ontologisch begründet sei. Die Forderung nach Systematizität in der Natur ergebe sich aus der Natur unserer Vernunft und sei Ausdruck ihrer Einheit. Da diese Forderung aber auch die Form von Vorschriften (oder Maximen im praktischen Sinne) annehme, müsse die Vernunft die Systematizität der Natur voraussetzen, um in Übereinstimmung mit sich selbst zu agieren.[9] Die Notwendigkeit der Verbindung zwischen der Systematizität der Vernunft und der Natur ergebe sich, wie eine Autorin es ausdrückt, aus der Eigendynamik der Vernunft, die »sowohl die Idee (das *totum realitatis*) als auch die Annahme ihres Gegenstandes (das *ens realissimum*) für ihre eigenen praktischen Zwecke« verlangt.[10]

Diese Lesart, die die Forderung nach Systematizität mit der Einheit der Vernunft verknüpft, hat den Vorteil, dass sie den augenscheinlichen Widerspruch zwischen einem subjektiven Verständnis der Ideen (das sich auf die Behauptung ihrer heuristischen methodologischen Eigenschaften beschränkt) und einem objektiven Verständnis (das verlangt, dass der logische Gebrauch der Vernunft auf einem notwendigerweise transzendentalen Prinzip der Zweckmäßigkeit der Natur beruht) aufhebt. So, wie wir um unserer moralischen Zwecke willen eine moralisch zweckmäßige Einheit annehmen müssen, müssen wir gemäß dieser Lesart auch eine natürliche

8 Siehe Neiman, *The Unity of Reason: Re-Reading Kant*, S. 89 f.; Grier, *Kant's Doctrine of Transcendental Illusion*, Kap. 8; und Sasha Mudd, »Rethinking the Priority of Practical Reason in Kant«, in: *European Journal of Philosophy* 24 (1) (2016), S. 78-102.

9 Siehe Grier, *Kant's Doctrine of Transcendental Illusion*, S. 286, und Rachel E. Zuckert, »Empirical Scientific Investigation and the Ideas of Reason«, in: Massimi, Breitenbach (Hg.), *Kant and the Laws of Nature*, S. 89-107.

10 Béatrice Longuenesse, *Kant on the Human Standpoint*, Cambridge 2005, S. 234, Übersetzung A. G.

Zweckmäßigkeit annehmen, um dem Imperativ, nach kognitiver Einheit zu suchen, nachzukommen.[11]

Der Rückgriff auf die praktische Funktion der Vernunft, der eine vielversprechende Strategie zur Lösung des Problems der transzendentalen Deduktion der Ideen zu sein scheint, weist jedoch mehrere Mängel auf. Der vielleicht wichtigste ist, dass der Begriff eines kategorischen Imperativs oder einer praktischen Notwendigkeit, die in der transzendentalen Freiheit begründet ist, in der ersten *Kritik* nirgends vorkommt. Natürlich ist viel von praktischen Forderungen, Bedürfnissen und sogar wesentlichen Zwecken der Vernunft die Rede, und es gibt Hinweise auf die Interessen der Vernunft, um derentwillen eine Art Systematizität der Natur vorausgesetzt werden müsse. Wenn aber die praktische Vernunft kein eigenes autonomes Gebiet hat und keine praktischen Gesetze aufstellt, die sie der Welt auferlegt, ist es unwahrscheinlich, dass die Berufung auf die spätere Lehre des kategorischen Imperativs und der transzendentalen Freiheit zur Lösung der auf diesen Seiten dargelegten Spannungen beiträgt, um den zweideutigen Status der Ideen zu klären. Die Interpretation stellt genau die Art von künstlicher bzw. teleologischer Lesart dar, die Kant in einem anderen Kontext abgelehnt hätte, weil sie die Konklusion an den Anfang des Untersuchungsprozesses stellt, statt zu zeigen, wie sie folgt. Obwohl die Befürworter der praktischen Lesart zu Recht betonen, dass die praktischen Bedürfnisse der Vernunft der Schlüssel zum Verständnis der Forderung nach Systematizität seien – ein Punkt, der von denjenigen, die sich für den Beitrag des »Anhangs« zur wissenschaftlichen Methodik interessieren, oft vernachlässigt wird –, ist die Lösung, die sie für Kants offensichtliche Oszillationen anbieten, vielleicht zu einfach. Erstens lösen auch die stärkeren Interpretationen, ebenso wie die erwähnten schwächeren, das Problem der Inkonsistenz bezüglich der Deduktion der Ideen nur, indem sie so tun, als gäbe es keines. Wenn Kant sich aber auf den praktischen Nutzen der Vernunft berufen wollte, um die Deduktion der transzendentalen Ideen zu rechtfertigen, warum hat er es dann nicht einfach gesagt? Warum hat er zunächst auf der Unmöglichkeit der Deduktion bestanden? Der Schlüssel zur Antwort liegt meines Erachtens in dem zweideutigen Status, den der Begriff der Zweck-

11 Mudd, »Rethinking the Priority of Practical Reason«.

mäßigkeit der Natur in der gesamten ersten *Kritik* aufweist, eine Spannung, die das Werk trotz aller Bemühungen Kants nicht aufzulösen vermag. Dies möchte ich nun zeigen.

3. Zweckmäßigkeit und das Schema der Vernunft

Um zu sehen, warum weder die schwächere noch die stärkere Lesart der Deduktion transzendentaler Ideen Kants Schwankungen im »Anhang« zufriedenstellend erklären kann, müssen wir auf das Problem der Deduktion als Entwicklung der Analyse des hypothetischen Vernunftgebrauchs zurückkommen.[12] Wie wir gesehen haben, verweist der hypothetische Vernunftgebrauch auf die Notwendigkeit, die Mannigfaltigkeit der empirischen Erkenntnisse unter eine einheitliche Idee der Vernunft zu subsumieren. Eine solche Idee ist eine problematisch angenommene Totalität, die nicht empirisch gegeben werden kann, sondern notwendigerweise vorausgesetzt werden muss, wenn die Vernunft ihrer natürlichen Bestimmung, die höchste Einheit der Erkenntnisse zu suchen, nachkommen soll. Ausgehend von der logischen Anwendung der reinen Vernunftbegriffe auf die empirischen Naturgesetze gelangt Kant zu der Frage nach der möglichen Gründung einer solchen logischen Funktion auf ein transzendentales Prinzip, dessen Eigenschaften zwar unbestimmt bleiben, das aber mit dem Postulat der systematischen Einheit der Natur untrennbar verbunden sei.

Befürworter der schwächeren Lesart des »Anhangs« neigen dazu, die Frage nach der Rechtfertigung dieses transzendentalen Prinzips mit dem Argument abzuweisen, dass das Prinzip lediglich den kohärenten Gebrauch des Verstandes bei der Entdeckung empirischer Naturgesetze ergänze, statt zur Produktion kohärenter Erkenntnis-

12 Zu Versuchen, zu zeigen, dass es doch eine Deduktion der Ideen gebe, siehe Mario Caimi, »Concerning a Neglected Deduction of Regulative Ideas – Kant Transcendental Dialectics«, in: *Kant-Studien* 86 (3) (1995), S. 308-320; Ted Kinnaman, »Kant's Transcendental Deduction of the Ideas of Pure Reason«, in: *Proceedings of the Eighth International Kant Congress* 2 (1) (1995), S. 303-309; und Silvestro Marcucci, »La Deduzione ›Trascendentale‹ Delle Idee in Kant«, in: *Studi Kantiani* 18 (2005), S. 61-74.

se überhaupt beizutragen.[13] Aber diese Interpretation übergeht die Behauptung, dass eine *Deduktion* der transzendentalen Ideen notwendig sei. Das Ziel ist hier gerade der Übergang von einer bloß hypothetischen bzw. regulativen Funktion der Ideen zu ihrer transzendentalen Begründung als Voraussetzung der Systematizität der Erfahrung. Im letzteren Fall muss die systematische Einheit der Natur als »objektivnotwendig« betrachtet werden, und wir sind bereits über den bloß problematischen Status der Idee der systematischen Einheit in den vorsichtigeren Teilen des »Anhangs« hinaus. Zwar unterscheidet sich die Forderung nach Systematizität, die die Anwendung der reinen Vernunftbegriffe kennzeichnet, stark von derjenigen, die für die Verstandesbegriffe erforderlich ist. Aber wenn wir Kants Argument über die Rolle der Ideen für die Systematisierung der Erkenntnisse des Verstandes ernst nehmen, scheint die Universalität und Notwendigkeit der Kategorien unzureichend zu sein, sobald wir über die Formen der Erkenntnis hinausgehen und auch den Inhalt der empirischen Naturgesetze untersuchen. Kant zufolge geht es beim Übergang von einem logischen Prinzip zu einem transzendentalen Prinzip der systematischen Einheit darum, dass gemäß dem letzteren »alle möglichen Verstandeserkenntnisse (darunter die empirischen) Vernunfteinheit [haben], und unter gemeinschaftlichen Prinzipien [stehen], woraus sie, unerachtet ihrer Verschiedenheit, abgeleitet werden können« (*KrV*, A 648/B 676). Wenn aber die Idee der systematischen Einheit der Natur auf einem transzendentalen Prinzip der Vernunft beruht, das auch objektiv notwendig sein soll, dann geht ihre Rolle weit über diejenige hinaus, den empirischen Verstandesgebrauch auf ein Ideal größerer Einheit auszurichten. Die Ideen haben dann ihre eigene Form der Notwendigkeit und Universalität, die sich zwar von der des Verstandes unterscheidet, aber für die Anwendung seiner Kategorien auf empirische Phänomene unerlässlich ist.

Wie viele Kommentatorinnen bemerkt haben, ähnelt die Funktion der Ideen in diesem Fall der des transzendentalen Prinzips der

13 Einige sehen im »Anhang« überhaupt kein transzendentales Prinzip, siehe Horstmann, »Why must there be a transcendental deduction in Kant's Critique of Judgment«, und zu einer Kritik Reinhard Brandt, »The Deductions in the Critique of Judgment«, in: Förster (Hg.), *Kant's Transcendental Deductions*, S. 177-191. Für andere, wie Paul Guyer, besteht genau hierin der Unterschied zwischen »Anhang« und dritter *Kritik*.

Zweckmäßigkeit in der *Kritik der Urteilskraft*: die empirischen Gesetze des Verstandes zu vereinheitlichen, um größere Kohärenz und Konsistenz in unserer Analyse komplexer Erfahrung zu erreichen. Die Verschiedenheit der beiden Texte ist aber ebenso aufschlussreich.[14] Bekanntlich liegt in der *Kritik der Urteilskraft* das transzendentale Prinzip der Zweckmäßigkeit dem Vermögen der reflektierenden Urteilskraft zugrunde und ermöglicht die Systematisierung der empirischen Naturgesetze »nach einer solchen Einheit [...], als ob gleichfalls ein Verstand (wenn gleich nicht der unsrige) sie zum Behuf unserer Erkentnißvermögen, um ein System der Erfahrung nach besonderen Naturgesetzen möglich zu machen, gegeben hätte«. Hier wird »der Begriff von einem Object, sofern er zugleich den Grund der Wirklichkeit dieses Objects enthält, der Zweck und die Übereinstimmung eines Dinges mit derjenigen Beschaffenheit der Dinge, die nur nach Zwecken möglich ist, die Zweckmäßigkeit der Form desselben« genannt. Das »Prinzip der Urteilskraft in Ansehung der Form der Dinge der Natur unter empirischen Gesetzen überhaupt« ist somit »die Zweckmäßigkeit der Natur in ihrer Mannigfaltigkeit« (*KU*, 180).

Man beachte jedoch, dass der in der *Kritik der Urteilskraft* verwendete Begriff der Zweckmäßigkeit ein Begriff der Zweckmäßigkeit als Normativität ist. Kant ist hier weit davon entfernt, der Idee einer systematischen Einheit der Natur einen Status zuzuweisen, der als objektivgültig und notwendig angesehen werden könnte. Tatsächlich betont er oft, dass wir »den Naturproducten [...] so etwas als Beziehung der Natur an ihnen auf Zwecke nicht beilegen, sondern diesen Begriff nur brauchen [können], um über sie in Ansehung der Verknüpfung der Erscheinungen in ihr, die nach empirischen Gesetzen gegeben ist, zu reflectiren« (*KU*, 181). Es

14 Die Verschiedenheit der Rolle der Ideen im »Anhang« und dem Prinzip der Zweckmäßigkeit in der dritten *Kritik* wird oft erwähnt, aber selten diskutiert. Im Zusammenhang mit einem Interesse an Kants Methodik der wissenschaftlichen Forschung ist die Kontinuität zwischen beiden Texten wichtiger. Philip Kitcher etwa vertritt die These, dass ein grundlegender Teil von Kants Gedanken zur Methodik der empirischen Wissenschaft von den architektonischen Neuanpassungen unberührt bleibe. Siehe Kitcher, »The Unity of Science and the Unity of Nature«, S. 255. Paul Guyer hingegen konzentriert sich auf die Verschiedenheit beider Schriften und betont die Hinwendung zu einer neuartigen Analyse der Funktionsweise des Verstandes in Verbindung mit der reflektierenden Urteilskraft in der dritten *Kritik*, siehe Guyer, *Kant's System of Nature and Freedom*, Kap. 1.

handelt sich um ein Prinzip, das sich die Urteilskraft zur Regelung ihres eigenen Gebrauchs zu eigen macht, zur Reflexion über eine bestimmte Art von Kausalität, die von der Art von Kausalität inspiriert ist, die sich im praktischen Gebrauch der Vernunft zeigt: einer Kausalität der Zweckmäßigkeit. Es ist die Vorstellung von Zweckmäßigkeit als Normativität, auf die wir uns berufen, wenn wir fragen, wie Objekte auf eine bestimmte Weise zu beurteilen sind. Der transzendentale Standpunkt beruht hier auf einer Analogie zu unserem praktischen Vernunftgebrauch. Objekte in diesem Sinne als zweckmäßig zu beurteilen, ist gleichbedeutend damit, zu fragen, wie diese Objekte wären, wenn sie eine bestimmte Anzahl normativer Eigenschaften aufwiesen – oder zu fragen, wie ein Objekt sein *sollte*, wenn praktisch vernünftige Menschen für seine Planung zuständig wären.[15] Zu beachten ist dabei, dass Zweckmäßigkeit in diesem Sinne völlig unabhängig von der Idee des Designs ist: Wir brauchen diese Idee nicht, um über Zweckmäßigkeit als Normativität nachzudenken.

Die Analyse desselben Problems im »Anhang zur transzendentalen Dialektik« ist völlig anders. Der hier verwendete Begriff der Zweckmäßigkeit ist ein Begriff der Zweckmäßigkeit als Design, nicht als Normativität. Obwohl sich Kant auch hier zur Erklärung der systematischen Einheit auf eine Idee der Zweckmäßigkeit beruft, erwähnt er dieses Prinzip nie ausdrücklich. Er liefert auch keine gesonderte Deduktion der Verwendung eines solchen Prinzips als notwendig, um über die Beziehung zwischen Gegenständen der Erfahrung nachzudenken. Vielmehr beschränkt sich seine Analyse auf eine Darstellung der Rolle der Idee der Einheit des Systems als Grundlage für den hypothetischen Gebrauch der Vernunft. Zwar beziehen sich auch die Ideen auf eine Vorstellung von zweckmäßiger Kausalität, doch wird in ihrem Fall, anders als im Falle der Urteilskraft, die Beziehung zum Konzept des Designs nicht durch unsere Reflexion über auf Freiheit gegründete moralische Kausalität vermittelt. Angesichts des in der ersten *Kritik* verfügbaren Materials fällt es Kant schwer, den Bezug der Ideen auf die Zweckmäßigkeit der Natur vollständig zu erklären, ohne genau die Art von metaphysischer Verwirrung zu stiften, die er bis zu diesem Punkt aufzulösen versucht hat.

15 Zu einer Diskussion siehe Ginsborg, *The Normativity of Nature*, Kap. 10 und 15.

Ich möchte dies weiter erläutern. Um das Schwanken bezüglich der transzendentalen Deduktion der Ideen in der ersten *Kritik* zu verstehen, ist es nützlich, die Analyse der systematischen Einheit im »Anhang« mit derjenigen in der dritten *Kritik* zu vergleichen. In der *Kritik der Urteilskraft* behauptet Kant, dass es leicht sei, die Idee der systematischen Einheit der einzelnen Erkenntnisse zu verstehen, wenn wir uns einen hypothetischen Verstand denken, der die Zwecke der Natur in Übereinstimmung mit unseren Erkenntnisvermögen und den Idealen der maximalen Harmonie und Einheit geordnet habe. In der ersten *Kritik* finden wir ein ähnliches Argument. Kant erklärt hier, dass wir die Idee der systematischen Einheit nur erfassen können, indem wir ihr einen Gegenstand zuschreiben, den wir als »Vernunftwesen (*ens rationis ratiocinatae*)« auffassen, um »alle Verknüpfung der Dinge der Sinnenwelt so anzusehen, als ob sie in diesem Vernunftwesen ihren Grund hätten, lediglich aber in der Absicht, um darauf die systematische Einheit zu gründen, die der Vernunft unentbehrlich, der empirischen Verstandeserkenntnis aber auf alle Weise beförderlich und ihr gleichwohl niemals hinderlich sein kann« (*KrV*, A 681/B 709). Die Aufgabe der transzendentalen Deduktion der Ideen besteht darin, die Notwendigkeit des Denkens dieses Gegenstandes aufzuzeigen, ohne den wir die rationale systematische Einheit, den damit verbundenen hypothetischen Gebrauch der Ideen und die Möglichkeit eines kohärenten Gebrauchs der partikulären Verstandesregeln nicht verstehen können.

Wie aber sollen wir uns einen solchen Gegenstand vorstellen? Offensichtlich handelt es sich nicht um einen Gegenstand im strengen Sinne des Wortes. Kant führt ihn vielmehr als ein »Schema« ein, das dazu diene, »andere Gegenstände, vermittelst der Beziehung auf diese Idee, nach ihrer systematischen Einheit, mithin indirekt uns vorzustellen«. So sei der Begriff einer höchsten Intelligenz nichts anderes als ein »nach Bedingungen der größten Vernunfteinheit geordnetes Schema, von dem Begriffe eines Dinges überhaupt, welches nur dazu dient, um die größte systematische Einheit im empirischen Gebrauche unserer Vernunft zu erhalten, indem man den Gegenstand der Erfahrung gleichsam von dem eingebildeten Gegenstande dieser Idee, als seinem Grunde, oder Ursache, ableitet« (*KrV*, A 670/B 698).

Der Verweis auf den Begriff des Schemas ist entscheidend, um die metaphysischen Implikationen des Prinzips der Zweckmäßigkeit zu verstehen, auf dem die Idee der systematischen Einheit beruht.[16] Der Schematismus taucht, wie wir in früheren Kapiteln gesehen haben, später in der »Architektonik der reinen Vernunft« wieder auf, wo die Beziehung zwischen der architektonischen Idee des Ganzen eines Systems und bestimmten wesentlichen Zwecken der Vernunft untersucht wird, die diese Idee schematisieren. Wie Kant in der »Architektonik« erklärt, benötige die Idee der architektonischen Einheit zu ihrer Verwirklichung ein Schema, das heißt eine »*a priori* aus dem Prinzip des Zwecks bestimmte wesentliche Mannigfaltigkeit und Ordnung der Teile«. Ein solches Schema müsse nach einer Idee umrissen werden und »aus dem Hauptzwecke der Vernunft« statt »empirisch, nach zufällig sich darbietenden Absichten« gegeben werden (*KrV* A 833/B 861). Aber sowohl im »Anhang« als auch in der »Architektonik« ist es sehr schwer zu verstehen, wie Schemata funktionieren und welche Art von Einheit zwischen heterogenen Elementen sie ermöglichen.[17] Kant führt den Begriff des Schemas ein, um zu erklären, dass die reinen Vernunftbegriffe, obwohl sie keine konstitutive Gültigkeit haben, wesentlich sind, um dem empirischen Verstandesgebrauch in seiner Reflexion über die mannigfaltigen empirischen Gesetze Orientierung zu verleihen. Der Schematismus der Vernunft ist dem des Verstandes also ähnlich, spielt aber eine umgekehrte Rolle. Während der Schematismus der Kategorien die Anwendung der Begriffe auf die Bedingungen der Erfahrung *beschränken* soll, *erweitert* der Schematismus der Vernunft sie, um genau das zu bestimmen, was nicht bestimmt werden kann: das Unbestimmte. Auch deshalb ist das Problem, das der Schematismus der Ideen aufwirft, äußerst kompliziert. Einerseits muss ein solcher Schematismus eine Vereinheitlichungsfunkti-

16 Zu einer Interpretation der Rolle des Schematismus im »Anhang«, die jedoch von meiner Betonung der Beziehung zur Gottesidee abweicht und stärker auf Ideen als leeren Platzhaltern besteht, siehe Zuckert, »Empirical Scientific Investigation and the Ideas of Reason«.

17 Diese Funktion der Vermittlung heterogener Elemente ist es, was Schemata leisten sollen, siehe z. B. die Diskussion über den Schematismus des Verstands, wo Schemata die heterogenen Elemente der Sinnlichkeit und des Verstandes mittels der Einbildungskraft vereinen. Siehe auch zu einer längeren Diskussion Vezrik Bazil, *Ideal und Schema: zu »Anhang zur transzendentalen Dialektik« der Kritik der reinen Vernunft*, München 1995.

on im Hinblick auf die Idee der systematischen Einheit erfüllen, die durch die architektonischen Normen der Vernunft auferlegt wird. Andererseits ist die systematische Einheit nur dann wirksam, wenn sie auch den Anforderungen einer transzendentalen Deduktion gerecht werden kann.

Kant führt dieses Argument wie folgt weiter aus: Da die Idee der systematischen Einheit »unumgänglich notwendig« sei, »um die empirische Einheit dem höchstmöglichen Grade zu nähern«, seien wir »nicht allein befugt, sondern auch genötigt [...], diese Idee zu realisieren«. Verwirklichung heiße in diesem Fall, für die Idee »einen wirklichen Gegenstand« zu postulieren, und zwar »nur als ein Etwas überhaupt, das ich an sich selbst gar nicht kenne, und dem ich nur, als einem Grunde jener systematischen Einheit, in Beziehung auf diese letztere solche Eigenschaften gebe, als den Verstandesbegriffen im empirischen Gebrauche analogisch sind« (*KrV*, A 677/B 705 f.). Die Notwendigkeit einer Deduktion hängt also mit der Beschaffenheit der Vernunft selbst zusammen, deren Ideen der Verwirklichung bedürfen. Dieses Bedürfnis berechtigt sie dazu, das zu postulieren, was sie zur Systematisierung der Erfahrungen benötigt. Was aber ist die Natur dieser Forderung? Und welche Art von Bedürfnissen hat Kant im Sinn? Warum verlangen diese Bedürfnisse nach einem transzendentalen Prinzip der natürlichen Systematizität?

4. Die Rechte und Bedürfnisse der Vernunft

Es mag hilfreich sein, die Notwendigkeit systematischer Einheit im Zusammenhang mit Kants Bemerkungen über die Rechte und Bedürfnisse der Vernunft in seinem kürzeren Essay *Was heißt: Sich im Denken orientiren?* aus dem Jahr 1786 zu erörtern. Kant schreibt hier über »das *Recht* des *Bedürfnisses* der Vernunft [...], als eines subjectiven Grundes etwas vorauszusetzen und anzunehmen, was sie durch objective Gründe zu wissen sich nicht anmaßen darf; und folglich sich im Denken [...] zu orientieren«. Solch ein sonderbares Recht rechtfertige das Vordringen der Vernunft in den »unermeßlichen und für uns mit dicker Nacht erfüllten Raume des Übersinnlichen« und gründe nicht allein auf dem Bedürfnis der Vernunft, »den Begriff des Uneingeschränkten dem Begriffe alles

Eingeschränkten, mithin aller anderen Dinge zum Grunde zu legen«, sondern gehe bis zur »Voraussetzung des *Daseins* desselben«. Ohne diese Annahme wäre die Vernunft nicht imstande, »von der Zufälligkeit der Existenz der Dinge in der Welt, am wenigsten aber von der Zweckmäßigkeit und Ordnung, die man in so bewundernswürdigem Grade [...] allenthalben antrifft«, einen befriedigenden Grund anzugeben (*WhDO*, 137 f.).

An dieser Darstellung sind mehrere Aspekte zu beachten. Das Recht der Vernunft, den Begriff des Unbegrenzten als Grund aller Begriffe von begrenzten Dingen zu postulieren, beruhe auf ihrer unvermeidlichen Tendenz, über die ersten Ursachen aller Dinge nachzudenken, einschließlich all dessen, was kontingent ist. Insbesondere die »Ordnung der wirklich in der Welt gelegten Zwecke« führe uns wegen unseres theoretischen Bedürfnisses, über die Ursachen alles Kontingenten nachzudenken, zum Postulat einer solchen zweckmäßigen Welt (*WhDO*, 139).

Interessanterweise ist diese Argumentation derjenigen in der ersten *Kritik* sehr ähnlich. Im »Anhang« schreibt Kant, dass wir von allen begrenzenden Bedingungen der Idee des Ganzen abstrahieren müssen, um die systematische Einheit des Mannigfaltigen zu ermöglichen. Nur durch diese Idee der Einheit sei der größtmögliche empirische Gebrauch der Vernunft gewährleistet, und alle Verbindungen werden so gesehen, »als ob sie Anordnungen einer höchsten Vernunft wären, von der die unsrige ein schwaches Nachbild ist« (*KrV*, A 678/B 706). Wenn wir uns auf ein solches Wesen beziehen, bezögen wir uns auf nichts anderes als den »Vernunftbegriff von Gott« (*KrV*, A 685/B 713). So eröffnen uns die Ideen »ganz neue Aussichten, nach teleologischen Gesetzen die Dinge der Welt zu verknüpfen, und dadurch zu der größten systematischen Einheit derselben zu gelangen« (*KrV*, A 687/B 715).

Auch hier ist bemerkbar, dass sich Kants theoretische Bemühungen von denen in der dritten *Kritik* stark unterscheiden. Anstatt zu erklären, wie die Vernunft angesichts ihrer eigenen Norm, wie die Dinge sein sollten, über zweckmäßige Zusammenhänge in der Natur nachdenkt (Zweckmäßigkeit als Normativität), bedient sich Kant der transzendentalen Deduktion der Ideen, um Zweckmäßigkeit mit der zugrundeliegenden Idee einer höchsten Vernunft zu verbinden (Zweckmäßigkeit als Design). »Denn wenn man nicht die höchste Zweckmäßigkeit in der Natur *a priori*, d. i. als zum Wesen derselben gehörig, voraussetzen kann«, so fragt Kant im »Anhang«, »wie will man denn angewiesen sein, sie zu suchen und auf der Stufenleiter derselben sich der höchsten Vollkommenheit eines Urhebers, als schlechterdingsnotwendigen, mithin *a priori* erkennbaren Vollkommenheit, zu nähern?« Das Prinzip der Zweckmäßigkeit verlangt hier, dass eine »systematische Einheit als Natureinheit [...] vorausgesetzt wird«, die als »zum Wesen derselben gehörig« erkannt wird (*KrV*, A 693/B 721, aber auch A 699/B 727).

Dieser Absatz illustriert einen deutlichen Unterschied zwischen der ersten und dritten *Kritik*, der von Lesern, die sich für die Gemeinsamkeiten beider Werke interessieren, selten beachtet wird. Bezüglich der Einheit der Vernunft und ihrer Forderung nach Systematizität liefert die *Kritik der Urteilskraft* eine Argumentation, die sich radikal von der eben analysierten unterscheidet. Hier heißt es, dass wir »den Naturprodukten [...] so etwas als Beziehung der Natur an ihnen auf Zwecke nicht beilegen« können; wir können diesen Begriff nur »brauchen, um über sie in Ansehung der Verknüpfung der Erscheinungen in ihr, die nach empirischen Gesetzen gegeben ist, zu reflectiren« (*KU*, 181). Dieser Zusammenhang wird mittels einer Analogie zu dem autonomen Vermögen der Vernunft hergestellt, moralische Zwecke in der Welt zu verfolgen. Erst die Fähigkeit, sich frei für eine moralische Handlungsweise zu entscheiden und eine den Forderungen der Vernunft entsprechende Welt zu schaffen, führt in einem nächsten Schritt zur Analogie mit einer höchsten Intelligenz als Grund und Ursache der Welt. Und doch warnt Kant: »Wenn wir gleich vermögend wären, auch das ganze System, sofern es bloße Natur betrifft, empirisch zu überschauen«, könne uns dies niemals »über die Natur zu dem Zwecke ihrer Existenz selber und dadurch zum bestimmten Begriffe jener obern Intelligenz erheben« (*KU*, 438).

In der *Kritik der reinen Vernunft* hingegen geht der Begriff der natürlichen Zweckmäßigkeit dem ihr zugrundeliegenden Postulat einer Idee der Vernunft nicht voraus, sondern folgt ihm nach. Die Deduktion seiner Geltung ist also völlig invertiert. Auch hier behauptet Kant, dass »die größte systematische, folglich auch die zweckmäßige Einheit [...] die Schule und selbst die Grundlage der Möglichkeit des größten Gebrauchs der Menschenvernunft« sei. Und auch hier meint er, dass diese Idee der systematischen Einheit »mit dem Wesen unserer Vernunft unzertrennlich verbunden«

und daher auch »für uns gesetzgebend« sei. Es sei daher »sehr natürlich, eine ihr korrespondierende gesetzgebende Vernunft (*intellectus archetypus*) anzunehmen, von der alle systematische Einheit der Natur, als dem Gegenstande unserer Vernunft, abzuleiten sei« (*KrV*, A 695/B 723). Was aber spricht für diese Behauptungen? Man könnte versucht sein, von der praktischen Gesetzgebung der Vernunft auszugehen, wo der moralische Wille die zu verfolgenden Zwecke festlegt. Aber wie ließe sich dies rechtfertigen? In der ersten *Kritik* deutet nichts darauf hin, dass die praktische Vernunft eine besondere, auf Freiheit beruhende Kausalität besitzt, die zur Entwicklung des Begriffs der Zweckmäßigkeit als Normativität – im Unterschied zu Zweckmäßigkeit als Design – nötig ist. Das Fehlen eines solchen Begriffs eröffnet eine Lücke in Kants Argumentation, die nur dann vollständig offengelegt werden kann, wenn wir die Verschiedenheit der Perspektiven der ersten und dritten *Kritik* bezüglich der Annahme einer zweckmäßigen Einheit der Natur und ihre Beziehung zur Idee Gottes weiter untersuchen.

In der dritten *Kritik* kann die offensichtliche Zweckmäßigkeit aller natürlichen Dinge, wie weit wir sie auch ausdehnen wollen, niemals eine Verbindung zwischen der Annahme von Ordnung in der Natur und der Idee einer für diese Ordnung verantwortlichen höchsten Intelligenz herstellen. Mit anderen Worten: Es gibt keinen Übergang vom theoretischen Postulat der Teleologie zu einem Beweis der Realität intelligenten Designs. Wie Kant es ausdrückt, werden wir »in den Principien des theoretischen Gebrauchs der Vernunft, welcher durchaus verlangt, zu Erklärung eines Objects der Erfahrung diesem nicht mehr Eigenschaften beizulegen, als empirische Data zu ihrer Möglichkeit anzutreffen sind, vergeblich Grund zu unserer Rechtfertigung suchen« (*KU*, 438). Vielmehr liege »eine Idee von einem höchsten Wesen, die auf ganz verschiedenem Vernunftgebrauch (dem praktischen) beruht, in uns *a priori* zum Grunde«. Diese Idee treibe uns dazu, »die mangelhafte Vorstellung einer physischen Teleologie von dem Urgrunde der Zwecke in der Natur bis zum Begriffe einer Gottheit zu ergänzen« (*KU* 438). In der ersten *Kritik* vertritt Kant eine andere These: Wenn wir uns fragen, »ob es etwas von der Welt Unterschiedenes gebe, was den Grund der Weltordnung und ihres Zusammenhanges nach allgemeinen Gesetzen enthalte, so ist die Antwort: ohne Zweifel« (*KrV*, A 696/B 724). Natürlich besteht Kant auch hier darauf, dass der Begriff dieses Wesens nicht durch Anwendung der Kategorien des Verstandes auf gegebene Anschauungen geliefert werden könne, sondern nur »nach der Analogie mit einer Intelligenz«, ähnlich wie bei Thomas von Aquin und Leibniz.[18] Der Begriff einer *analogia entis* ermögliche es der Vernunft, Gott als Objekt in der Idee und damit als »ein uns unbekanntes Substratum der systematischen Einheit, Ordnung und Zweckmäßigkeit der Welteinrichtung [...], welche sich die Vernunft zum regulativen Prinzip ihrer Naturforschung machen muß« zu begreifen (*KrV*, A 696 f./B 724 f.).

Kant warnt natürlich mehrfach davor, dies alles misszuverstehen. Die Idee einer höchsten Intelligenz beziehe sich nicht auf »ein von der Welt unterschiedenes Wesen«, sondern auf das »regulative Prinzip der systematischen Einheit der Welt, aber nur vermittelst eines Schema derselben, nämlich einer obersten Intelligenz, die nach weisen Absichten Urheber derselben sei«. Wenn wir uns aber fragten, ob wir dennoch »einen einigen weisen und allgewaltigen Welturheber annehmen« können, so laute die Antwort: »Ohne allen Zweifel.« Nicht nur das, »sondern wir müssen einen solchen voraussetzen. Aber alsdenn erweitern wir doch unsere Erkenntnis über das Feld möglicher Erfahrung?« Kants Antwort lautet: »Keinesweges« (*KrV*, A 697/B 725).

Es ist leicht zu erkennen, dass diese Seiten voller Spannung sind. Kant oszilliert zwischen dem in der »Analytik« erarbeiteten Gebot, nicht von der Strenge des transzendentalen Idealismus abzuweichen, und dem ebenso starken Gebot, die Gültigkeit der Ideen der Vernunft anzuerkennen, ohne die alle systematischen Voraussetzungen zusammenbrechen würden. Die Spannung ergibt sich aus der Notwendigkeit, die Idee einer höheren Intelligenz anzunehmen, die sich in der Ordnung der Natur manifestiert, und den gleichzeitigen Grenzen unserer Möglichkeiten, sie zu erkennen. Kant ist sehr beunruhigt von dieser Spannung. Er weiß, dass die Ordnung und Harmonie des Denkens die Ordnung und Harmonie der Welt widerspiegeln muss: Jede Möglichkeit muss sich auf die Realität eines bestimmten Inhalts stützen.[19] Kant hält nicht nur an einem

18 Zu einer Diskussion der Analogien und Unterschiede zwischen Kants und Leibniz' Argumenten zum Verhältnis von Zweckmäßigkeit und Physikotheologie siehe Andrew Chignell, »Kant, Real Possibility, and the Threat of Spinoza«, in: *Mind* 121 (483) (2012), S. 635-675.

19 Siehe die Diskussion in: Mark Fisher und Eric Watkins, »Kant on the Material

Prinzip des realen Grundes der Möglichkeit fest, sondern verbindet dieses Prinzip weiterhin mit der Idee Gottes. Denn wie könnten wir die Möglichkeit zweckmäßiger Strukturen in der Natur erklären, wenn es keine ontologische Grundlage für diese Möglichkeit gäbe? Die Kohärenz der Vernunft erfordere eine kohärente Struktur der Welt. Eine solche kohärente Struktur können wir nur durch die Vorstellung eines ihr zugrundeliegenden intelligenten Wesens als »selbstständige Vernunft, was durch Ideen der größten Harmonie und Einheit, Ursache vom Weltganzen ist« (*KrV*, A 678/B 706) verstehen.

An einigen Stellen versucht Kant, die Spannung aufzulösen, indem er zwischen der relativen Annahme (*suppositio relativa*) und der absoluten Annahme (*suppositio absoluta*) unterscheidet und betont, dass hinreichende Gründe für Erstere nicht notwendigerweise für Letztere genügen (*KrV*, A 676/B 704). Aber diese Lösung bringt ihn dazu, zwei getrennte Thesen zu kollabieren. Die eine besagt, dass die Natur als solche einen Zweck besitze. Die andere besagt, dass ein intelligentes und weises Wesen die Natur auf zweckmäßige Weise geordnet habe. Er kommt zu dem Schluss, dass es dasselbe sein müsse, zu behaupten, »die göttliche Weisheit hat alles so zu seinen obersten Zwecken geordnet, oder die Idee der höchsten Weisheit ist ein Regulativ in der Nachforschung der Natur und ein Prinzip der systematischen und zweckmäßigen Einheit derselben nach allgemeinen Naturgesetzen, auch selbst da, wo wir jene nicht gewahr werden«. Ebenso müsse es dasselbe sein, angesichts der offensichtlichen zweckmäßigen Einheit zu behaupten, »Gott hat es weislich so gewollt, oder die Natur hat es also weislich geordnet« (*KrV*, A 699/B 727).

Der »Anhang zur transzendentalen Dialektik« leistet daher trotz dieser vorsichtigen Aussagen kaum mehr als eine Verbindung der Annahme von Systematizität mit einem Begriff von Zweckmäßigkeit als Design. Die höchste systematische und zweckmäßige Einheit, auf der alle Naturforschung beruhe, gründe sich auf »die Idee einer höchsten Intelligenz als ein Schema des regulativen Prinzips« und »so viel ihr nun, nach demselben Zweckmäßigkeit in der Welt

Ground of Possibility: From ›The Only Possible Argument‹ to the ›Critique of Pure Reason‹«, in: *The Review of Metaphysics* 52 (2), S. 369-395, hier S. 389. Laut Fisher und Watkins steht nichts in Kants Verteidigung des transzendentalen Idealismus diesem Argument im Wege, wie einige Autoren behaupten.

antrefft, so viel habt ihr Bestätigung der Rechtmäßigkeit eurer Idee« (*KrV*, A 699/B 727). Mit anderen Worten: Die Annahme der Gültigkeit des transzendentalen Prinzips der Zweckmäßigkeit, das wir benötigen, um eine systematische Einheit zu begreifen, scheint uns zu einer bestimmten Weise des Nachdenkens über eine höhere Intelligenz zu verpflichten, die den Grund der Möglichkeit dieser Zweckmäßigkeit enthält. Dieser Schluss von der Ordnung der Natur auf die Vorstellung eines weisen und gütigen Schöpfers ist aus der früheren metaphysischen Tradition als physiotheologischer Gottesbeweis bekannt.[20]

5. Die Vorteile und Grenzen der Physikotheologie

Warum der Übergang von der physikalischen Teleologie zur Physikotheologie notwendig ist, erklärt Kant nicht im Detail. Sein Verständnis der Verbindung zwischen Zweckmäßigkeit der Natur und der Idee Gottes ist von seinen philosophischen Vorgängern wie Leibniz, Baumgarten und Wolff geprägt, die alle eine Version des physikotheologischen Gottesbeweises vertraten. Kants Position zu dieser Tradition wird deutlicher, wenn wir die Argumente der ersten *Kritik* mit denen der *Vorlesungen über Religionsphilosophie* vergleichen. Die hier relevanten Abschnitte sind diejenigen, die den physikotheologischen Gottesbeweis gegen Humes Einwände in den *Dialogen über natürliche Religion* verteidigen. Selbst wenn wir die Existenz einer höchsten Intelligenz als Ursache für die Ordnung und Zweckmäßigkeit der Natur anerkennen, so hatte Hume behauptet, sei unklar, wie ein solches Wesen alle notwendigen Vollkommenheiten enthalten könne, um die Idee von Harmonie aufrechtzuerhalten – ebenso wenig wie zuvor der Ursprung und die Möglichkeit ebendieser Harmonie klar gewesen sei.[21] Kant hält dies

20 Hervorragende Diskussionen zur Physikotheologie, die über die in der ersten *Kritik* aufgestellten Behauptungen hinausgehen, finden sich in: James DiCenso, *Kant, Religion, and Politics*, Cambridge 2011, S. 153-161, und Paul Guyer, »The Revised Method of Physico-Theology«, in: Jeffrey K. McDonough (Hg.), *Teleology*, Oxford 2020, S. 186-218.

21 Siehe Lothar Kreimendahl (Hg.), David Hume: *Dialoge über natürliche Religion* [1779], übersetzt von Lothar Kreimendahl, Hamburg 2016, Teil II, S. 21-35, und Teil IV, S. 40-52.

für einen auf den ersten Blick starken, aber dennoch falschen Einwand (*RP*, 1063). Zur Begründung schlägt er vor, zwei Hypothesen zu vergleichen:

Die erste ist diese: Ein höchstes vollkommenstes Wesen ist durch Verstand der Urheber der Welt. Die zweite ist: Eine blindwirkende ewige Natur ist die Ursache aller Zweckmäßigkeit und Ordnung in der Welt. [...] Aber können wir es uns wohl ohne Widerspruch denken, daß Zweckmäßigkeit, Schönheit und Harmonie in der Welt aus einer *natura bruta* entstanden seyn sollten [...]? Wie könnte die Natur verschiedener Dinge von selbst durch so vielerlei sich vereinigende Mittel zu bestimmten Endabsichten zusammenstimmen? In der Welt finden wir allerwärts eine Kette von Wirkungen und Ursachen, von Zwecken und Mitteln, von Regelmäßigkeit im Entstehen und Vergehen; wie könnte dieses alles von selbst in den Zustand treten, darin es sich befindet; oder wie könnte eine bloß blindwirkende allvermögende Natur die Ursache davon seyn? (*RP*, 1064).

Wenn also für Hume »eine bloße Fruchtbarkeit« in der Lage sei, »eine Harmonie in ihren Wirkungen hervorzubringen«, so ist es für Kant sehr viel plausibler anzunehmen, dass »ein höchster Verstand und Wille alle die zweckmäßigen Anordnungen in der Welt entworfen und ausgeführet hat«. Eine Natur, der keine Planung eines höchsten Verstandes zugrunde läge, wäre eine blind operierende Natur. Aber »welche Concurrenz von blinden Zufälligkeiten ist im Stande, auch nur eine Motte von zweckmäßiger Struktur hervorzubringen?«. So weist Kants Einwand gegen Hume nicht nur darauf hin, dass die Zweckmäßigkeit eine intrinsische, objektive Eigenschaft organischer Lebewesen sei, sondern vor allem darauf: »Zweckmäßigkeit in den Wirkungen setzet ja allemal Verstand in der Ursache voraus« (*PR*, 1064).

In der »Dialektik« der ersten *Kritik* finden wir mehrere Stellen, an denen Kant ähnliche Fragen thematisiert. Seine Aussagen zur Physikotheologie bleiben allerdings stets vage. Es ist offensichtlich schwierig, eine positive Verbindung zwischen der Zweckmäßigkeit in der Natur und der Physikotheologie herzustellen, aber im Lichte der eben untersuchten Argumente erscheint es noch schwieriger, die Möglichkeit eines solchen Übergangs zu verneinen. Kant tut sich schwer, einen stabilen Standpunkt zu finden und eine kohärente Antwort auf dieses Problem zu entwickeln. Die Gründe dafür sind vielfältig. Ein Problem ist der obskure doppelte Status der Ideen, die zwar nicht nur theoretisch, aber auch noch nicht mit einem autonomen Gebiet der praktischen Vernunft verbunden sind. Zweitens ist es nicht gelungen, eine Deduktion eines autonomen transzendentalen Prinzips der Zweckmäßigkeit zu entwickeln und mit einer transzendentalen Deduktion der Ideen zu verbinden. Ein weiteres Problem schließlich ist die Forderung nach architektonischer Einheit, die ein Schema der Idee Gottes erfordert, dessen Funktionsweise Kant aber nie richtig geklärt hat.

Die Schwierigkeit erscheint noch größer, wenn wir darüber nachdenken, was die Deduktion der Ideen im »Anhang« im Lichte der Dialektik der menschlichen Vernunft zu leisten versucht. Wie Kant in der ersten *Kritik* ausführt, besteht das Ziel der natürlichen Dialektik der menschlichen Vernunft darin, all ihre Erkenntnisse auf einen einzigen systematischen Punkt auszurichten, der als zweckmäßige Einheit gedacht wird. Für das Verständnis dieser Einheit sei es entscheidend, ein höchstes intelligentes Wesen zu denken, das als Urheber der Ordnung und des systematischen Zusammenhangs in der Welt verstanden wird. Kant schreibt der Idee dieses Wesens bzw. dem rationalen Gottesbegriff einen notwendig regulativen Status zu, der den hypothetischen Vernunftgebrauch (der wiederum für die heuristische Rolle der Ideen und den Prozess der systematischen Vereinheitlichung der Verstandesregeln notwendig ist) begründet.[22] Die Vernunft sei jedoch nicht befugt, aus der subjektiven Voraussetzung dieses Begriffs einen objektiven Beweis seiner Existenz abzuleiten. Genau das aber will der physikotheologische Gottesbeweis leisten. Seine Verfechter fragen danach, »ob nicht eine bestimmte Erfahrung, mithin die der Dinge der gegenwärtigen Welt, ihre Beschaffenheit und Anordnung, einen Beweisgrund abgebe, der uns sicher zur Überzeugung von dem Dasein eines höchsten Wesens verhelfen könne« (*KrV*, A 620/B 648).[23]

Kant hat nie verhehlt, dass er diesen Beweis anderen Gottesbeweisen vorzieht. Seiner Ansicht nach ist das Argument auch der gewöhnlichsten menschlichen Vernunft zugänglich, stütze sich auf empirische Gründe und sei »populär und anmuthig«, während der ontologische und der kosmologische Beweis »trocken und abstrakt«

22 Zur Bedeutung des Gottesbegriffs in der theoretischen Philosophie Kants siehe Svend Andersen, *Ideal und Singularität. Über die Funktion des Gottesbegriffes in Kants theoretischer Philosophie*, Berlin 1983.

23 Zu ähnlichen Definitionen der Physikotheologie siehe auch *Bew*, 118; *RP* 13; *VM*, 287; *KU*, 436.

seien (*RP*, 1007). Ausgehend von der Erfahrung der Ordnung und Regelmäßigkeit der sinnlichen Welt ermögliche es uns der Beweis, die »absolute Idee sich in concreto vorstellen zu können«, ohne durch leere Abstraktionen verdunkelt zu werden oder »außer dem Felde der Erfahrung in Labyrinthe zu gerathen«. Er sei »dem ganzen Menschengeschlecht angemessen«, könne »Anschaulichkeit geben, und unsere Begriffe von Gott aufklären« und habe den »Nutzen, daß [er] uns das höchste Wesen, als die höchste Intelligenz, und als den Urheber von Zweckmäßigkeit, Ordnung und Schönheit darstellt« (*RP*, 1004). Auf ähnliche Weise argumentiert Kant in der *Kritik der reinen Vernunft*, dass die Welt »uns einen so unermeßlichen Schauplatz von Mannigfaltigkeit, Ordnung, Zweckmäßigkeit und Schönheit« offenbare, eine »Kette von Wirkungen und Ursachen, von Zwecken und den Mitteln, Regelmäßigkeit im Entstehen oder Vergehen«, dass »das ganze All im Abgrunde des Nichts versinken müßte, nähme man nicht etwas an, das außerhalb diesem unendlichen Zufälligen, für sich selbst ursprünglich und unabhängig bestehend, dasselbe hielte, und als die Ursache seines Ursprungs ihm zugleich seine Fortdauer sicherte« (*KrV*, A 622/B 650). Daher würde es »nicht allein trostlos, sondern auch ganz umsonst sein, dem Ansehen dieses Beweises etwas entziehen zu wollen«. Der Beweis »belebt das Studium der Natur«, indem er unsere Aufmerksamkeit auf Zwecke und Absichten lenke, wo wir sie sonst vernachlässigen könnten, und »erweitert unsere Naturerkenntnisse durch den Leitfaden einer besonderen Einheit, deren Prinzip außer der Natur ist« (*KrV*, A 623 f./B 651 f.).

Doch obwohl Kant nachdrücklich meint, dass der physikotheologische Beweis »jederzeit mit Achtung genannt zu werden« verdiene (*KrV*, A 623/B 651), scheint seine Achtung zu schwanken, wenn er sich in der *Kritik* der Frage nach der Gültigkeit des Arguments zuwendet. Der Beweis folge zwar für den größten Teil seines argumentativen Fortgangs dem Weg der Erfahrung, verlasse ihn dann aber zugunsten des Begriffs eines notwendigen Wesens. Er beginne mit der nur hypothetischen Annahme eines solchen Wesens als Mittel zu einer kohärenten Analyse komplexer Erfahrung, erhebe schließlich aber den Anspruch, mehr als das zu erreichen: Er versuche, die absolute Notwendigkeit einer ersten Ursache zu rechtfertigen. Somit liefere er zuletzt eine Definition der Prädikate dessen, was aus theoretischer Sicht abstrakt und unbestimmt bleiben müsse. Die

Vernunft wage sich in den Bereich des Unbestimmbaren vor und erstrebe eine Überwindung der Grenzen der Erfahrung (*KrV*, A 629 f./B 657 f.). Der physikotheologische Beweis könne daher allenfalls die Existenz eines »Weltbaumeisters«, nicht aber eines »Weltschöpfers« beweisen (*KrV*, A 627/B 655).[24] Versuche man, die Prädikate des höchsten Wesens auf die gesamte Schöpfung auszuweiten und die höchste Ursache der Welt zu bestimmen, müssten wir uns auch auf den kosmologischen und den ontologischen Beweis berufen – auf das also, was wir ursprünglich zu vermeiden versucht haben.[25]

Es gibt noch eine andere Erklärung für Kant Warnung vor der Gefahr, das Prinzip, das die systematische Einheit der Natur begründet, für konstitutiv zu halten. Diese Erklärung hängt mit der »Bestimmung« der Vernunft aus theoretischer Perspektive zusam-

24 Ein ähnliches Argument, das besagt, dass der physikotheologische Beweis die Existenz Gottes als Urheber der Materie nicht hinreichend beweist, findet sich bereits in dem Essay *Der einzig mögliche Beweisgrund zu einer Demonstration des Daseins Gottes*. Es bestehe die Gefahr, Gott zwar als Urheber der Gesetze der Materie, nicht aber der Materie selbst zu betrachten und so die Macht Gottes indirekt einzuschränken. Siehe *Bew*, 122 f., und zum gleichen Problem *RP*, 1010. Zu einer Diskussion der Kontinuitäten zwischen diesem Text und Kants Position in der ersten *Kritik* siehe Fisher und Watkins, »Kant on the Material Ground of Possibility«, S. 369-395.

25 In der *Kritik der reinen Vernunft* macht Kant nur vereinzelte Bemerkungen über die Zusammenhänge zwischen dem physikotheologischen, dem ontologischen und dem kosmologischen Gottesbeweis und betont die Unmöglichkeit, die theologischen Prädikate Gottes (Allmacht, Allwissenheit usw.) aus einer Analyse der Ordnung, Größe und Zweckmäßigkeit der sinnlichen Welt abzuleiten. Dieser Abschnitt aus den *Vorlesungen über Religionsphilosophie* erlaubt es uns jedoch, besser zu verstehen, was Kant mit dem Einfluss des ontologischen und kosmologischen Beweises auf den physikotheologischen meint: »Unsere Erfahrung von der Welt ist zu eingeschränkt, als daß wir daraus die höchste Realität folgern könnten. Wir müßten erst das ganze Weltall kennen, alle Mittel und alle Zwecke, die dadurch erreicht werden, ehe wir schließen könnten, daß unter allen möglichen Welten die gegenwärtige durchaus die vollkommenste, und eben daher der Beweis der höchsten Vollkommenheit ihres Urhebers sey. Dies haben auch die Physikotheologen wohl eingesehen; daher verfolgen sie ihren Beweis nur bis dahin, bis sie durchaus dargethan zu haben glauben, daß eine *prima causa mundi* existire, und nun verfallen sie durch einen Sprung in die Transcendentaltheologie, indem sie nach dieser beweisen, daß die *prima causa mundi* (das *ens originarium*) absolut nothwendig, und daher auch *ens realissimum* seyn müsse. Wir sehen daraus, daß sich die Physikotheologie ganz auf die Transcendentaltheologie stütze« (*RP*, 1009).

men. Einerseits habe die Idee der maximalen Einheit der Naturerscheinungen (als eine nach höchsten Zwecken geordnete Einheit) einen gewissen objektiven, wenngleich unbestimmten Wert. Sie sei ein absolut notwendiger heuristischer Begriff, um den Verstand im Bereich der kontingenten Erfahrung bei der Erforschung seiner Gegenstände und ihres Zusammenhangs zu leiten (*KrV*, A 671/B 699). Vernachlässige die Vernunft aber den regulativen Wert dieses Prinzips und gebe ihm einen von der Erfahrung unabhängigen Inhalt, so ziehe sie nicht nur keinen Nutzen für ihre Untersuchungen, sondern verletze auch ihre selbstgesetzten Grenzen. Sie setze dann als Ursache das voraus, was sie erst als Ergebnis ihrer empirischen Untersuchungen und nur näherungsweise entdecken könne. Der rationale Gottesbegriff nehme die Gestalt einer »anthropomorphistisch« bestimmten höchsten Intelligenz an, indem die Vernunft »der Natur Zwecke, gewaltsam und diktatorisch, aufdringt, anstatt sie, wie billig, auf dem Wege der physischen Nachforschung zu suchen« (*KrV*, A 692/B 720).

Das Problem des Anthropomorphismus besteht allerdings weniger darin, dass der Begriff einer höchsten Intelligenz nicht denkbar wäre. Das Problem ist vielmehr, dass das, was auf Basis von empirischer Evidenz gezeigt werden soll, im Voraus festgelegt und in seiner Reichweite begrenzt ist. Kant konstatiert, dass damit nicht nur die »Teleologie, die bloß dazu dienen sollte, um die Natureinheit nach allgemeinen Gesetzen zu ergänzen, nun vielmehr dahin wirkt, sie aufzuheben, sondern die Vernunft sich noch dazu selbst um ihren Zweck bringt«. Werde ein höchstes ordnendes Wesen zum Grund der systematischen Einheit der Natur gemacht, so sei die Natureinheit »aufgehoben«; sie werde »der Natur der Dinge ganz fremd und zufällig, und kann auch nicht aus allgemeinen Gesetzen derselben erkannt werden«. Dadurch entstehe ein »fehlerhafter Zirkel«, der »voraussetzt, was eigentlich hat bewiesen werden sollen«. Die Naturforschung gehe dann »ihren Gang ganz allein an der Kette der Naturursachen nach allgemeinen Gesetzen derselben [...] nach der Idee eines Urhebers«. Dies geschehe aber nicht, »um die Zweckmäßigkeit, der sie allerwärts nachgeht, von demselben abzuleiten, sondern [um] sein Dasein aus dieser Zweckmäßigkeit, die in den Wesen der Naturdinge gesucht wird, wo möglich auch in den Wesen aller Dinge überhaupt, mithin als schlechthin notwendig zu erkennen« (*KrV*, A 692-694/B 720-722).

Heißt das, dass die Deduktion der transzendentalen Ideen letztlich zum Scheitern verurteilt ist? Das Problem ist weniger, dass Kant den Versuch aufgibt, über die Existenz Gottes im Zusammenhang mit der Untersuchung der Kohärenz komplexer Erfahrung nachzudenken. Das Problem ist vielmehr, dass eine als äußere Zweckkonformität verstandene Zweckmäßigkeit die Physikotheologie zum Scheitern und die Vernunft zum Missbrauch ihrer eigenen heuristischen Prinzipien bringen würde. Statt die Ursachen von Naturzwecken aus »allgemeinen Gesetzen des Mechanismus der Materie« zu erklären, beruft man sich auf »den unerforschlichen Ratschluß der höchsten Weisheit« und betrachtet die »Vernunftbemühungen alsdenn für vollendet«. Die Vernunft bleibt so ohne Gewähr für ihren systematischen Gebrauch, »der doch nirgend einen Leitfaden findet, als wo ihn uns die Ordnung der Natur und die Reihe der Veränderungen, nach ihren inneren und allgemeinen Gesetzen, an die Hand gibt« (*KrV*, A 691/B 719).

Interessant ist, dass Hegel in der *Wissenschaft der Logik* eine sehr ähnliche Diskussion über die äußere Zweckmäßigkeit führt und dabei einige der von Kant angeführten Punkte noch verstärkt: »Je mehr das teleologische Princip mit dem Begriffe eines ausserweltlichen Verstandes zusammengehängt«, so Hegel, »destomehr schien es sich von der wahren Naturforschung zu entfernen, welche die Eigenschaften der Natur nicht als fremdartige, sondern als immanente Bestimmtheiten erkennen will, und nur solches Erkennen als ein Begreiffen gelten lässt.« Eine Zweckmäßigkeit, die die Einheit des Zwecks dogmatisch und ohne Rücksicht auf seine besonderen Bestimmungen voraussetze, führe zu einer theoretischen Diskreditierung des Zweckbegriffs selbst. Im Falle der äußeren Zweckmäßigkeit werde der Zweck als etwas Formales dargestellt, dessen Inhalt dem Begriff und der Mannigfaltigkeit der objektiven Welt von außen gegeben ist. Dann aber erscheine der Zweck keineswegs als »unendliche Totalität«, sondern als »zufällig«, »endlich« und »unbedeutend«. Es lässt sich leicht erkennen, warum die Zweckmäßigkeit zur Angriffsfläche wird, unabhängig davon, welche Zwecke als Beispiele für intelligentes Design angeführt werden: Die zweckmäßige Beziehung zwischen den Gegenständen erscheine als »Spielerey«, die nur Kontingenz, aber keine Notwendigkeit offenbare.[26]

26 Georg Wilhelm Friedrich Hegel, »Wissenschaft der Logik« [1812-1816], in: Fried-

Diese von Kant wie Hegel kritisierte naive Version der Zweckmäßigkeit, die der Natur Zwecke zuschreibt, wo immer sie mit einer gewissen (egal wie hohen) Plausibilität auftauchen, wurde von vielen Zeitgenossen Kants befürwortet, inspiriert von der wolffschen Interpretation der leibnizschen Theodizee. Wie von Ernst Cassirer scharfsinnig beobachtet, hatte zur Zeit Kants die Identifizierung von Zweckmäßigkeit mit Nützlichkeit die wichtige metaphysische Idee der Theodizee auf die pedantische und triviale akademische Übung reduziert, in jedem Aspekt der kosmischen Ordnung den Nutzen für den Menschen und damit die Weisheit und Güte des Schöpfers zu erkennen.[27] Obwohl sich Kant schon früh zum physikotheologischen Gottesbeweis hingezogen fühlte, war er sich im Gegensatz zu vielen seiner deutschen Zeitgenossen seiner Grenzen bewusst. Schon der frühe Essay *Der einzig mögliche Beweisgrund zu einer Demonstration des Daseins Gottes* von 1763 verdeutlicht seine einzigartige Position zu diesem Thema. Hier warnt Kant vor Theoretikern, die sich bei jeder Wissenslücke auf teleologische Grundlagen und intelligentes Design berufen, und fordert seine Zeitgenossen auf, sich nicht in Voltaires berechtigtem Spott zu verrennen: »Sehet da, warum wir Nasen haben; ohne Zweifel damit wir Brillen darauf stecken könnten« (*Bew*, 131).

Obwohl Kant in diesem frühen Text nicht klar zwischen universellen und partikulären Naturgesetzen unterscheidet,[28] ähneln die

rich Hogemann, Walter Jaeschke (Hg.), *Gesammelte Werke, Bd. 12,* Hamburg 1981, S. 155 f.

27 »Das Tageslicht«, so zitiert Cassirer spöttisch Wolff, »schaffet uns großen Nutzen; denn bei demselben können wir unsere Verrichtungen bequem vornehmen, die sich des Abends teils gar nicht, oder doch wenigstens nicht so bequem und mit einigen Kosten vornehmen lassen.« Siehe Ernst Cassirer, *Kants Leben und Lehre* [1918], Darmstadt 1994, S. 361 f.

28 Einer der wichtigsten Unterschiede bleibt die newtonsche Perspektive, die Kant in der ersten *Kritik* entschieden vertritt und die ihn davon abhält, die Physikotheologie auf die in der »transzendentalen Ästhetik« und in der »Analytik« behandelten Themen auszudehnen. Eine der wichtigsten Implikationen der kopernikanischen Wende ist, dass die Voraussetzung universeller Harmonie zwischen den Objekten möglicher Erfahrung und den Kategorien des Verstandes völlig unnötig ist. Der Verstand in seinem reinen Gebrauch hat keinen Grund, sich auf die Idee einer zuvor festgelegten Harmonie zu berufen, um die Übereinstimmung zwischen *res cogitans* und *res extensa* zu erklären. Das Prinzip einer universellen und notwendigen Kompatibilität von Subjekt und Objekt ersetzt die Idee einer vermittelnden Teleologie. Zweckmäßigkeit ist hier nicht nötig, da die Kategorien keine »sub-

Regeln der von der Physikotheologie vorgeschriebenen Methode einigen der im »Anhang zur transzendentalen Dialektik« der ersten *Kritik* skizzierten Lösungen. Auch in *Der einzig mögliche Beweisgrund* meint Kant, dass es klüger sei, nicht jeden Nutzen der Natur als das Produkt eines weisen Weltbaumeisters zu betrachten, sondern dem Studium ihrer mechanischen Gesetze den Vorrang zu geben. Die Aufmerksamkeit für die Vorzüge und die Harmonie der Natur enthalte zwar den »Geist wahrer Weltweisheit«, sollte aber die Suche nach notwendigen allgemeinen Gesetzen nicht behindern. Insbesondere sollte man die Einheit dieser Gesetze bewahren und es vermeiden, ihre Ursachen unnötig zu vervielfachen (*Bew*, 136 f.). Obwohl also die physikotheologische Methode für die Verknüpfung der Idee eines wohlwollenden Gesetzgebers mit der Beobachtung der Zweckmäßigkeit der Natur lobenswert sei, sei sie nicht vor Problemen gefeit. Natürlich bleiben viele Anordnungen der Natur vom Standpunkt der allgemeinen Naturgesetze aus kontingent, und als solche haben sie »keinen andern Grund als die weise Absicht desjenigen, der gewollt hat, daß sie so und nicht anders verknüpft werden sollten«. Aber, so heißt es weiter, »man kann nicht umgekehrt schließen«. Auch wenn also natürliche Ursachen mit einer weisen Absicht im Einklang seien, folge daraus nicht, dass sie »durch künstliche Fügung außerordentlich fest gesetzt worden« sind (*Bew*, 121 f.). Eine derartige Argumentation sei der Physikotheologie eher schädlich als nützlich, denn so könne jede Harmo-

jektive, uns mit unserer Existenz zugleich eingepflanzte Anlagen zum Denken wären, die von unserm Urheber so eingerichtet worden, daß ihr Gebrauch mit den Gesetzen der Natur, an welchen die Erfahrung fortläuft, genau stimmte«, da dann »den Kategorien die Notwendigkeit mangeln würde, die ihrem Begriffe wesentlich angehört«. Eine so verstandene Zweckmäßigkeit würde letztlich den Skeptizismus schüren (so wie es der dogmatische Rationalismus getan hat), denn universelle und notwendige Begriffe wie der der Ursache würden dann von einer »beliebigen uns eingepflanzten subjektiven Notwendigkeit« abhängen. Unsere ganze vermeintliche Objektivität wäre letztlich nur Illusion (*KrV*, B 167 f.). Im Unterschied dazu behauptet Kant in *Der einzig mögliche Beweisgrund*, dass es eine systematische Einheit gebe, die höher sei als die von der Natur gegebene, auch wenn es um die »Gründe der Wohlgereimtheit desjenigen, was mechanisch oder auch geometrisch nothwendig ist, mit dem Besten des Ganzen« gehe. Diese Einheit erstrecke sich »selbst [auf] die Eigenschaften des Raumes« und könne durch Verweis auf die »Einheit in dem großen Mannigfaltigen desselben« erhellt werden (*Bew*, 127).

nie, die einst für kontingent gehalten und später durch empirische Gesetze erklärbar wurde, als Einwand gelten, und die Gültigkeit der Physikotheologie würde immer weiter eingeschränkt. Aus der bloßen Beobachtung von Harmonie in der Natur auf eine oberste Ursache zu schließen, wäre eine Erniedrigung der Vernunft:

> Die erniedrigte Vernunft sieht gerne von einer weiteren Untersuchung ab, weil sie solche hier als Vorwitz ansieht, und das Vorurtheil ist desto gefährlicher, weil es den Faulen einen Vorzug vor dem unermüdeten Forscher giebt durch den Vorwand der Andacht und der billigen Unterwerfung unter den großen Urheber, in dessen Erkenntniß sich alle Weisheit vereinbaren muß (*Bew*, 119).

Dasselbe Problem wird in der *Kritik der reinen Vernunft* im Zusammenhang mit der Frage thematisiert, ob der Idee eines höchsten Wesens, die der architektonischen Einheit des Systems der Vernunft zugrunde liegt, konstitutive Gültigkeit zugeschrieben werden könne. Es ist das Problem, das Cicero mit dem Begriff der *ignava ratio* bezeichnete und das laut Kant die Vernunft dazu bringe, alle dem Leben internen Zwecke zu vernachlässigen, da sie ihre Suche als abgeschlossen betrachtet, sobald Spuren von intelligentem Design gefunden zu sein scheinen.[29] »Faule Vernunft«, so stellt Kant auch in den Vorlesungen zur Metaphysik klar, sei es, wenn man »von der *ratione proxima* [dem nächsten Grund] gleich *ad remotissimam* [zum entferntesten] geht, ohne die *rationes intermedias* [Zwischengründe] zu berühren« (*MM*, 932).

Man beachte jedoch, dass in der *Kritik der reinen Vernunft* genau dieser Fehler durch den Vorschlag vermieden wird, nicht nur einige Teile der Natur, sondern das universelle Bindeglied zwischen der systematischen Einheit der Natur und der Idee einer höchsten Intelligenz unter dem Gesichtspunkt der Zwecke zu betrachten. Wir sollen die Zweckmäßigkeit in Übereinstimmung mit den allgemeinen Naturgesetzen »zum Grunde [legen], von denen keine besondere Einrichtung ausgenommen, sondern nur mehr oder weniger kenntlich für uns ausgezeichnet worden« ist. So erhalten

29 Auch Leibniz hat das Problem der *ignava ratio* in seiner Theodizee bereits erwähnt, und zwar in Anlehnung an Bayle, der dieses Argument in seiner Kritik der Teleologie befürwortete. Siehe G. W. Leibniz, *Die Theodizee von der Güte Gottes, der Freiheit des Menschen und dem Ursprung des Übels* [1710], Frankfurt/M. 2007.

wir »ein regulatives Prinzip der systematischen Einheit einer teleologischen Verknüpfung«, die wir nicht im Voraus bestimmen; vielmehr dürfen wir »nur in Erwartung derselben die physischmechanische Verknüpfung nach allgemeinen Gesetzen verfolgen« (*KrV*, A 691 f./B 719 f.). Vom regulativen Gebrauch der Vernunftideen gelangen wir zum transzendentalen Prinzip der Systematizität in der Natur, und von diesem zu nichts Geringerem als der kritischen Theodizee.

6. Schlussfolgerung

Kants Oszillation bezüglich der transzendentalen Deduktion der Ideen spiegelt die komplexe Beziehung zwischen dem logischen und dem transzendentalen Prinzip der systematischen Einheit der Natur wider. Dieses Problem wird im »Anhang zur transzendentalen Dialektik« ständig thematisiert, aber nie gelöst. Es besteht in der Beziehung zwischen Zweckmäßigkeit und Physikotheologie, zwischen natürlicher Zweckmäßigkeit und intelligentem Design, und der Rolle der Ideen der Vernunft bei der Artikulation dieser Verbindung. Obwohl sich Kants Gedanken zu diesem Thema seit der Zeit seiner vorkritischen Schriften deutlich weiterentwickelt haben, ist die Entwicklung nicht so stark, wie man meinen würde. Die Gründe für die Spannung liegen in dem zweideutigen Status der transzendentalen Ideen, in einem Schwanken zwischen der rein hypothetischen Akzeptanz ihrer Gültigkeit, die eine Art Glauben an ein unbestimmtes höchstes, durch die Vernunftideen schematisiertes Wesen erfordert, und der Notwendigkeit, die Existenz eines solchen Wesens als Postulat der Vernunft anzuerkennen. Wie wir gesehen haben, ist es das, was die Vernunft verlangt und braucht. Die Natur dieses Bedürfnisses liegt in einem Interesse der Vernunft begründet, das sich nicht auf ein Interesse spekulativ-theoretischer Natur reduzieren lässt, sondern auch eine wichtige praktische Dimension hat. Später, in der *Kritik der praktischen Vernunft*, wird diese praktische Dimension der Vernunft nicht nur neben ihrer theoretischen Dimension anerkannt, sondern hat sogar ein »Primat« inne. Der Vorrang des Praktischen wird als »Vorzug« verstanden, »der erste Bestimmungsgrund der Verbindung mit allen übrigen zu sein«, und wird durch »das Bewusstsein des moralischen Gesetzes«

begründet (*KpV*, 119-121).[30] Eine explizite Analyse der Grundlagen des »Moralgesetzes« ist in der ersten *Kritik* jedoch nicht zu finden. Es gibt lediglich häufige Verweise auf eine praktische Perspektive, durch die wir den theoretischen Vernunftgebrauch erweitern können und die sich als vorteilhaft für ihr generelles Bestreben nach systematischer Einheit erweise.

Wie bereits dargelegt, ist die »Architektonik der reinen Vernunft« nicht der einzige Abschnitt der *Kritik*, in dem Kant die zentrale Bedeutung des praktischen Gebrauchs der Ideen für ein Verständnis der Beziehung zwischen Zweckmäßigkeit, Ideen und systematischer Einheit der Erfahrung betont. Im »Anhang zur transzendentalen Dialektik« wird die praktische Dimension der reinen Vernunftbegriffe zwar nicht explizit erwähnt, aber Kants Zurückhaltung bei der Deduktion der Ideen verweist auf die Schwierigkeiten einer Analyse des systematischen Status des Prinzips der Zweckmäßigkeit ohne Bezugnahme auf eine solche praktischer Perspektive. Er erklärt im »Anhang«, dass die zweckmäßige Einheit der Dinge die höchste formale Einheit sei und eine solche Einheit auf Vernunftbegriffen beruhe. Aber welche Begriffe? Und mittels welchen Gebrauchs der Vernunft wendet man sie an? Der »Anhang« schweigt dazu. Da Kant jedoch eindeutig nicht den Gebrauch der Ideen vom Standpunkt der theoretischen Vernunft aus erörtert und da die Vernunft nur zwei Arten des Gebrauchs ihrer Prinzipien kennt, könnte man folgern, dass er sich auf ihren praktischen Gebrauch bezieht.[31] Die interessante Implikation wäre, dass die Rechtfertigung eines Leitfadens, der der Erfahrung in ihrer Komplexität Einheit zu geben vermag, und die Fähigkeit, diesen Leitfaden näher zu bestimmen, von einer möglichen Verbindung zwischen theoretischem und praktischem Vernunftgebrauch abhingen. Jede Darstellung der Verwendung zweckmäßiger Prinzipien im »Anhang«, die von der Verbindung zwischen Zweckmäßigkeit und der praktischen Verwendung der Ideen der Vernunft abstra-

30 Hervorragende Diskussionen über den Vorrang der praktischen Vernunft finden sich in Sebastian Gardner, »The Primacy of Practical Reason«, in: Graham Bird (Hg.), *A Companion to Kant*, Oxford 2006, S. 259-274, und Marcus Willaschek, »The Primacy of Practical Reason and the Idea of a Practical Postulate«, in: Andrew Reath, Jens Timmermann (Hg.), *Kant's Critique of Practical Reason: A Critical Guide*, Cambridge 2010, S. 168-198.

31 Siehe Scaravelli, *Scritti kantiani*, S. 386.

hiert, läuft deshalb Gefahr, stark verkürzt zu sein. Der Begriff der Zweckmäßigkeit bleibt dann im Hintergrund als eine problematische Idee der Vernunft mit einem etwas anderen Stellenwert als die kosmologischen und psychologischen Ideen des Ganzen, die im »Anhang« ebenfalls untersucht werden.[32]

Das Interessante am »Anhang« ist nicht die Ähnlichkeit der hier aufgeworfenen Fragen zu denen, auf die Kant in der dritten *Kritik* mit neuen begrifflichen Mitteln zurückkommt. Die Neuartigkeit der dritten *Kritik* besteht nicht bloß in der Strenge, mit der der Begriff der Zweckmäßigkeit erörtert wird, und in seiner Verbindung zur reflektierenden Urteilskraft. Sie besteht auch nicht in der Frage, wie Natur und Vernunft in einem einheitlichen System zu denken sind: Wie wir gesehen haben, hat schon die »Architektonik der reinen Vernunft« sich diesem Problem gewidmet. Die Neuheit der dritten *Kritik* besteht in dem Versuch, das Prinzip der Zweckmäßigkeit als reflexives Prinzip zu denken und die Idee der Zweckmäßigkeit als Normativität von der Idee der Zweckmäßigkeit als Design zu trennen. In der dritten *Kritik* ist das einzig mögliche Subjekt einer natürlichen Zweckmäßigkeit der Mensch. Ein Übergang von dieser Zweckmäßigkeit zur Physikotheologie ist hier unmöglich, da die einzige Bedingung für das Postulat der Natur als System von Zwecken in der praktischen Autonomie des Menschen besteht. Hierin liegt die eigentliche Lösung für das Problem der Verbindung von Zweckmäßigkeit und systematischer Einheit, und deshalb konnte die *Kritik der reinen Vernunft*, die noch in einem Begriff der Zweckmäßigkeit als Design wurzelte, das Problem nicht lösen.

Um dies zu verstehen, ist es wichtig, die Verbindung zwischen dem praktischen Gebrauch der Vernunftideen und dem Begriff der Freiheit in seiner Beziehung zum Moralgesetz zu untersuchen. Dieses Thema wird in der ersten *Kritik* ganz anders formuliert als in den nachfolgenden Schriften Kants. Wie wir im folgenden Kapitel sehen werden, hat das Fehlen einer expliziten Verteidigung der transzendentalen Freiheit in der ersten *Kritik* Kant dazu veranlasst, die Einheit des Systems in einer problematischen Idee des Ganzen zu verankern. Diese Idee wird als höhere Intelligenz verstanden und

32 Siehe Marcucci, *Introduzione a Kant*, S. 123 f., und Scaravelli, *Scritti kantiani*, S. 43-98.

so schematisiert, dass sie sowohl der Summe der spekulativen Erkenntnisse der Vernunft (wie der »Anhang« verdeutlicht) als auch ihren vielfältigen praktischen Zwecken (wie wir noch sehen werden) Einheit verleiht.

Ich begann dieses Kapitel mit einem Rätsel bezüglich der transzendentalen Deduktion der Ideen und dem Versuch, einige der gängigsten Interpretationen dieses Abschnitts infrage zu stellen. Ohne mich vollständig auf die Seite derer zu stellen, die den selbstwidersprüchlichen Charakter von Kants Argument betonen, habe ich die Schwäche von Lesarten illustriert, die das Problem durch eine Betonung des rein hypothetischen Charakters der Ideen oder des rein praktischen Charakters des Unterfangens zu lösen versuchen. Meine Interpretation ist ein Versuch, die Relevanz der transzendentalen Theologie für Kants Behauptung der Einheit der Vernunft an diesem Punkt seines Werks zu zeigen. Die Forderung nach Einheit ist sowohl theoretisch als auch praktisch, aber um den Übergang von einem Gebiet zum anderen zu vollziehen, benötigt Kant ein transzendentales Prinzip der Zweckmäßigkeit, das in der ersten *Kritik* nur schwer vom Begriff der Zweckmäßigkeit als Design zu trennen ist. Um sein Versprechen einer Deduktion einzulösen, muss er die natürliche Zweckmäßigkeit mit der Physikotheologie verbinden. Die Wichtigkeit der Letzteren für die Vereinheitlichung der Vernunft einzuräumen, gefährdet allerdings das gesamte kritische Projekt. Obwohl Kant die Physikotheologie im »Anhang« nicht explizit erwähnt, können wir, wenn wir seine Bemerkungen hier mit den Vorlesungen über Religionsphilosophie und anderen wichtigen Aufsätzen vor und nach der kritischen Wende in Verbindung bringen, leicht erkennen, dass die Physikotheologie ständig im Hintergrund der Beziehung zwischen systematischer Einheit der Natur und der Idee einer höchsten Intelligenz steht.[33] Es sei hier daran erinnert, dass der einzige Begriff von Zweckmäßigkeit, der Kant an diesem Punkt seiner Schriften zur Verfügung steht, der der Zweckmäßigkeit als Design ist. Dies ist einer der wichtigsten und am stärksten vernachlässigten Aspekte, der den Unterschied

33 Es ist interessant, dass selbst die wenigen Autoren, die sich der zentralen Bedeutung der Idee Gottes im »Anhang« bewusst sind, den Zusammenhang mit der Physikotheologie übersehen. Siehe etwa Peter McLaughlin, »Transcendental Presuppositions and Ideas of Reason«, in: *Kant-Studien* 105 (4) (2014), S. 554-557.

zwischen dem Begriff der Zweckmäßigkeit in der ersten und der dritten *Kritik* markiert.

Der Begriff der Zweckmäßigkeit als Normativität in der dritten *Kritik* ist klar in einer Auffassung von praktischer Vernunft verwurzelt, in der die konstitutive und praktische Natur der Ideen eindeutig ist und der praktische Gebrauch der Vernunft sich in unserem Bewusstsein des Moralgesetzes offenbart. Obwohl die erste *Kritik* einige vage Hinweise auf die praktischen Forderungen und Bedürfnisse der Vernunft gibt, zeigt sie uns keinen Weg auf, auf solche Bedürfnisse zu reagieren. Der gescheiterte Versuch, eine überzeugende transzendentale Deduktion der Ideen zu liefern, verdient eine viel genauere Untersuchung, als wir ihm bisher zu widmen bereit waren. Er ist einer der interessantesten Blickwinkel, um die Wege zu erkunden, die in der ersten *Kritik* unbeschritten bleiben, und um zu erhellen, was wir für den Erfolg des Vereinigungsprojekts der Vernunft benötigen. Der Versuch ist aber kein unproblematischer oder einer, den wir durch eine voreilige Berufung auf Kants praktische Wendung übergehen können. Denn wie wir im nächsten Kapitel sehen werden, steht in der *Kritik der reinen Vernunft*, soweit sie Platz für einen praktischen Gebrauch der Vernunft lässt, die systematische Einheit der praktischen Vernunft im Widerspruch zu dem hier vertretenen Freiheitsbegriff. Diesem möchte ich mich nun zuwenden.

6. Die Rolle der Ideen aus praktischer Perspektive

1. Die Geographie des kritischen Projekts

Um den Status des Prinzips zu verstehen, das für die Vereinigung der praktischen und theoretischen Forderungen der Vernunft erforderlich ist, müssen wir zu den geographischen und baulichen Metaphern zurückkehren, die Kant in der ersten *Kritik* zur Erklärung seiner architektonischen Ambitionen verwendet. Die Vernunft, so beschreibt er es in der »Analytik der Grundsätze«, könne ihre Ansprüche nur in einem klar umrissenen Territorium durchsetzen, in einem »Land der Wahrheit«. Dieses Land sei eine »Insel« (*KrV*, A 235/B 295), auf der die Konstruktion eines einheitlichen Systems, »dazu wir wenigstens die Idee in uns haben« (*KrV*, A 707/B 735), ausgeführt werden soll. An dieser Stelle des Werks werden sowohl die Form des Projekts als auch seine Grenzen deutlich. Wie Kant es im Aufsatz über die Fortschritte der Metaphysik formuliert, seien zwar das »Bauzeug, zusammt der Verzeichnung vorhanden«, aber der Bau selbst müsse »beständig bewohnt, und im baulichen Wesen erhalten werden [...], wenn nicht Spinnen und Waldgeister, die nie ermangeln werden, hier Platz zu suchen, sich darin einnisteln, und es für die Vernunft unbewohnbar machen sollen« (*FM*, 310). Kant erklärt jedoch nicht weiter, was es bedeutet, dass die Konstruktion der Vernunft von einer »Idee« inspiriert sei, welche Art von Idee er dabei im Sinn hat und was erforderlich ist, um die Solidität der Struktur der Vernunft zu gewährleisten. Die Passagen können aber im Lichte der Verwendung geographischer Metaphern in der »transzendentalen Elementarlehre« interpretiert werden. Hier finden wir wichtige Verweise auf das »Wohnhaus«, das den menschlichen Bedürfnissen entspreche und in dessen Bau die systematischen Ambitionen der Vernunft erfüllt werden.

Die Diskussion auf den einleitenden Seiten der »Methodenlehre« entwickelt die Analyse der Einleitung der ersten *Kritik* weiter, wo Kant im Gegensatz zur dogmatischen metaphysischen Tradition behauptet, dass konstruktive Bestrebungen erst sinnvoll seien, nachdem eine Analyse der Erkenntnisse und Prinzipien der Vernunft, ihres Status und ihrer Grundlegung stattgefunden habe und gefragt worden sei, »welchen Umfang, Gültigkeit und Wert sie haben mögen« (*KrV*, A 3/B 7). Diese Analyse wird in der »Methodenlehre« weiterentwickelt, wo Kant sein Projekt mittels einiger geographischer Metaphern illustriert. Solche Metaphern, wie er sie in der Reflexion über die Architektonik der Vernunft verwendet, waren ein bekanntes Mittel der skeptischen Tradition. So wie Kant vor den Gefahren warnt, das »Land der Wahrheit« zu verlassen, um den »weiten und stürmischen Ozeane« zu befahren, den »eigentlichen Sitze des Scheins« (*KrV*, A 236/B 295), sprachen auch andere Autoren vom festen Land der Erfahrung und den unruhigen Gewässern der Metaphysik. Sowohl Hume als auch Locke verglichen die solide Philosophie mit der *terra firma* und betrachteten die metaphysischen Ambitionen der Vernunft als einen weiten und gefährlichen Ozean, in dem der Mensch ohne Wissen um seine Grenzen nicht sicher segeln könne. Für den Seemann, so Locke, sei es entscheidend, »die Länge seiner Lotleine zu kennen, auch wenn er damit nicht alle Tiefen des Weltmeeres ergründen kann«. Ohne die Vermessung des Wissens, die Analyse der Kraft des Verstandes und der Dinge, denen er angemessen sei, »fingen wir [...] am verkehrten Ende an und suchten vergeblich Befriedigung in einem sicheren und ungestörten Besitz von Wahrheiten, die für uns von höchster Wichtigkeit seien, da wir unseren Gedanken auf dem unermeßlichen Ozean des Seienden freien Lauf lassen«.[1] Auch Hume ermahnte die Philosophie, ein »so dunkles und verworrenes Gebiet« wie das der Metaphysik zu verlassen und mit »angemessener Bescheidenheit in ihr wahres und eigenes Reiche« zurückzukehren, dem Studium des »praktischen Lebens«. Sie würde dort »Schwierigkeiten genug für ihre Untersuchungen antreffen, ohne sich in ein so grenzenloses Meer von Zweifeln, Ungewißheiten und Widersprüchen zu stürzen«.[2]

Kants Berufung auf dieselben Metaphern, um auf die Grenzen der menschlichen Vernunft zu verweisen, geht mit einem Hinweis der Vorsicht vor Humes Skeptizismus einher. Bezüglich des Bilds des Ozeans der Metaphysik in den *Prolegomena* schreibt Kant, dass Hume »sein Schiff, um es in Sicherheit zu bringen, auf den Strand (den Scepticism) setzte, da es denn liegen und verfaulen mag«. Für Kant hingegen war es wichtig, das Abenteuer nicht gänzlich auf-

1 Siehe Locke, *Versuch über den menschlichen Verstand*, S. 27.

2 Manfred Kühn (Hg.), David Hume, *Eine Untersuchung über den menschlichen Verstand* [1748], übersetzt von Raoul Richter, Hamburg 2015, S. 115.

zugeben, sondern ihm »einen Piloten zu geben, der nach sicheren Principien der Steuermannskunst, die aus der Kenntniß des Globus gezogen sind, mit einer vollständigen Seekarte und einem Compaß versehen, das Schiff sicher führen könne, wohin es ihm gut dünkt« (*Prol*, 262). Ohne solche Leitprinzipien sei die Metaphysik »ein uferloses Meer, in welchem der Fortschritt keine Spur hinterläßt, und dessen Horizont kein sichtbares Ziel enthält, an dem, um wieviel man sich ihm genähert habe, wahrgenommen werden könnte« (*FM*, 259).

Kompasse, Karten, gute Reisevorbereitungen und eine Antizipation möglicher Gefahren waren für Geographen und Entdecker des 18. Jahrhunderts, die sich ungewissen Schicksals und voller Angst vor unwirtlichen Reisebedingungen und Verirrungen in bislang unbekannte Gebiete aufmachten, unerlässlich. Für Kant war auch Hume eine Art Entdecker, ein »Geograph der menschlichen Vernunft«, aber sein Skeptizismus könne nur »ein Ruheplatz für die menschliche Vernunft« sein, kein »Wohnplatz zum beständigen Aufenthalte«. Denn ein ständiger Wohnsitz könne nur in einer »völligen Gewißheit« gefunden werden, sei es in der Gewissheit »der Erkenntnis der Gegenstände selbst, oder der Grenzen, innerhalb denen alle unsere Erkenntnis von Gegenständen eingeschlossen ist« (*KrV*, A 761/B 789 f.).

Kant stimmte mit Hume darin überein, dass die Philosophie das »Land des reinen Verstandes« fest besetzen müsse. Er sah jedoch auch, dass die skeptische Tradition keine Antwort auf die Frage geben konnte, inwieweit die Erfahrung auch konvergieren und die »wesentlichen Zwecke der Menschheit« fördern sollte.[3] Die »Methodenlehre« ist der Punkt, an dem Kants Projekt eine andere Richtung einzuschlagen beginnt. Um zu untersuchen, inwieweit theoretisches und praktisches Wissen miteinander innerhalb desselben systematischen Projekts vereinigt werden können, schlägt Kant vor, die »Karte des Landes [...], das wir eben verlassen wollen«, erneut zu betrachten, um zu fragen, ob wir »mit dem, was es in sich enthält, nicht allenfalls zufrieden sein könnten, oder auch aus Not zufrieden sein müssen, wenn es sonst überall keinen Boden gibt, auf dem wir uns anbauen könnten« (*KrV*, A 236/B 295).

3 Siehe zu einer Diskussion dieses Problems auch Helmut Holzhey, *Kants Erfahrungsbegriff*, Basel, Stuttgart 1970.

In der »transzendentalen Dialektik« finden wir einen positiven Verweis auf das Gebäude, das die Vernunft zu errichten habe, mit einer neuen wichtigen Klarstellung: Die Philosophie habe die Aufgabe, »den Boden zu jenen majestätischen sittlichen Gebäuden eben und baufest zu machen, in welchem sich allerlei Maulwurfsgänge einer vergeblich, aber mit guter Zuversicht, auf Schätze grabenden Vernunft vorfinden« (*KrV*, A 319/B 375 f.). Die Aufgabe der kritischen Philosophie bestehe an dieser Stelle darin, einen Kompass, ein Leitprinzip zu finden, auf dessen Grundlage ein solches Gebäude errichtet werden könne, aufbauend auf der Arbeit früherer Generationen, deren planlose und unvollständige Bemühungen es in systematischer Einheit zusammenführt. Wie identifiziert Kant das für diese Einheit erforderliche Prinzip?

2. Die Bestimmung der menschlichen Vernunft

Um zu verstehen, wie die Gesamtheit der Vernunfterkenntnisse und die höchsten Zwecke der Vernunft Teil eines einheitlichen Systems sein können, so betont Kant in der »Architektonik der reinen Vernunft«, benötigen wir eine Idee des Ganzen, die den »einigen obersten und inneren Zwecke« der gesamten Konstruktion (in theoretischer wie praktischer Hinsicht) enthält und nur in Übereinstimmung mit einem »Schema« der wesentlichen Zwecke der Vernunft dargestellt werden könne (*KrV*, A 833/B 861). Wie wir schon festgestellt haben, erläutert Kant die Natur eines solchen Schemas in der »Architektonik« nicht. Er versucht auch nicht, diese Verwendung des Begriffs, der an anderen Stellen in der *Kritik* eine zwar verwandte, aber andere Rolle spielt, zu rechtfertigen. Wir erinnern uns, dass der Schematismus zuvor dann eine Rolle spielte, wenn heterogene Elemente miteinander integriert werden sollten, um einen einheitlichen Erfahrungsbegriff zu ermöglichen. Wie der Begriff der Urteilskraft in der dritten *Kritik* wird der des Schematismus am Ende der ersten *Kritik* benötigt, um zwischen verschiedenen Verwendungen der Ideen der Vernunft zugunsten der Behauptung von Systematizität zu vermitteln. Aber um welche Art von Erfahrung geht es hier? Welches sind die Elemente, zwischen denen der Schematismus vermittelt?

Um diesen Fragen nachzugehen, wandten sich die vorangegangenen Kapitel einigen wichtigen Definitionen der reinen Vernunftbegriffe zu und betonten den positiven Gebrauch der Ideen für unser systematisches Erfassen der Erfahrung, einschließlich der kontingenten Erfahrung. Die Analyse des »Anhangs zur transzendentalen Dialektik« hat gezeigt, dass die reinen Verstandesbegriffe nicht in der Lage sind, die Ideen in ihrer systematischen, vereinheitlichenden Rolle zu ersetzen. Auch wurde versucht zu erklären, warum die Berufung auf den Schematismus der Vernunft unerlässlich ist, um die Idee des Ganzen darzustellen, die für die systematische Einheit der Vernunft notwendig ist. Wie wir gesehen haben, verwendet Kant den Begriff »Schema« in dem Versuch, eine Deduktion der Ideen zu liefern, während er zugleich die eigentümliche Natur einer solchen Deduktion einräumt, die uns ihren Status als Deduktion überhaupt infrage stellen lassen könnte. Zugleich besteht Kant auf der Bedeutung von Schemata für die Vermittlung zwischen der Summe rationaler und empirischer Begriffe und der Idee eines höchsten Wesens, das sich durch maximale Harmonie und Einheit auszeichnet: Eine solche Idee sei als rationale Voraussetzung für die systematische Einheit der Erfahrung notwendig. Ohne die Idee des Ganzen wären wir unfähig, die Natur als ein nach einheitlichen Gesetzen verbundenes System darzustellen. Wir könnten dann auch nicht erkennen, dass die Annahme eines systematischen Zusammenhangs zwischen verschiedenen Naturgesetzen in der Projektion von Einheit wurzelt, die wir durch die Schematisierung der Idee eines rationalen Wesens, das für den empirischen Gebrauch der Verstandesbegriffe erforderlich ist, erhalten. Kurz gesagt, ohne die Idee des Ganzen zu schematisieren, wären wir unfähig, Erfahrungen als kohärent in ihrer Komplexität zu analysieren.

Die bisher vorgebrachte Interpretation besagt, dass die Funktion des Schematismus der Vernunft in der ersten *Kritik* im Wesentlichen der des Prinzips der Zweckmäßigkeit in der dritten *Kritik* entspricht. Das Schema stützt sich auf die praktischen Zwecke der Vernunft, um die Idee des Ganzen darzustellen, die notwendigerweise jedes Mal angenommen werden muss, wenn Zwecke in der empirischen Welt gesetzt werden. Und doch ist es, wie wir bemerkt haben, in Ermangelung einer genaueren Analyse der Beziehung zwischen der Zweckmäßigkeit der Vernunft und der Zweckmäßigkeit der Natur schwer zu erklären, warum die gesamte Architektonik der Vernunft diese teleologische Struktur aufweist. Durch den Übergang von der Notwendigkeit eines logischen Prinzips für die Einheit empirischer Gesetze zur Notwendigkeit eines transzendentalen Prinzips für die Einheit der Erfahrung verbindet Kant den heuristischen Gebrauch von Zweckprinzipien mit der Annahme von natürlicher Zweckmäßigkeit. Doch was rechtfertigt diese Verbindung?

Im »Anhang« finden wir nur vereinzelte Hinweise auf Kants Antwort auf diese Frage. Hier wie auch an anderer Stelle deutet er an, dass die Idee der natürlichen Zweckmäßigkeit mit der Bestimmung der menschlichen Vernunft verbunden sei, aufgrund derer die praktische Ausrichtung der Vernunft den theoretischen Gebrauch der Ideen sinnvoll erweitern könne. Diese Antwort bedarf jedoch weiterer Ausarbeitung. Wenn wir uns auf die These beschränken, dass die Vernunft die Idee des Ganzen zu schematisieren vermöge, weil sie das Vermögen der Einheit der Verstandesregeln sei, und dass sie das Vermögen der Einheit der Verstandesregeln sei, weil sie die Idee des Ganzen durch ihre wesentlichen Zwecke schematisieren könne, so landen wir bei einer zirkulären Erklärung, die Kants besonderen Fokus auf die »Bestimmung« der Vernunft nicht erklärt. Dieser Fokus erfordert es, sich der spezifischen Verbindung zwischen dem praktischen Gebrauch der Ideen und dem transzendentalen Prinzip der Zweckmäßigkeit zuzuwenden, einem Problem, das die *Kritik der reinen Vernunft* in der gesamten »Methodenlehre« aufwirft, das sie aber erst ganz zum Schluss wirklich angeht.

Um die Verbindung zwischen theoretischer und praktischer systematischer Einheit zu untersuchen, sollten wir auf den von Kant betonten »natürlichen Hang« der Vernunft zurückkommen, mit dem bloß logischen Gebrauch der Ideen unzufrieden zu sein. Es liege in der Natur der Vernunft, über die bloße analytische Zusammensetzung und Trennung der verschiedenen Erkenntnisse im Lichte der theoretischen Einheit des Systems hinauszuschauen. Die höchste Einheit, nach der die Philosophie strebe, sei nicht nur theoretisch und gehöre nicht in das *Gebiet* des Verstandes: Sie sei nicht auf die transzendentale Einheit des Selbstbewusstseins reduzierbar. Es gebe einen unvermeidlichen, wenngleich etwas rätselhaften Hang der Vernunft, nicht nur nach der Möglichkeit von Wissen, sondern auch nach dem Wert dieses Wissens zu fragen – nicht nur zu fragen, wie Gegenstände überhaupt möglich sind, sondern auch für wen und zu welchem Zweck. Dieses Streben nach Wert erkläre den ständigen Hang der Vernunft, ihre epistemischen Grenzen zu überschreiten und die Konstruktion eines Systems zu verlangen, das den theoretischen und praktischen Gebrauch der Vernunft vereint (*KrV*, A 642/B 670).

Im »Anhang zur transzendentalen Dialektik« entwickelt Kant diese Analyse weiter, indem er sich auf den hypothetischen Gebrauch der Vernunft und die Idee des Unbedingten konzentriert, die den systematischen Horizont bilde, innerhalb dessen eine architektonische Einheit denkbar sei. Er stellt schon in der »transzendentalen Analytik« klar, dass ohne ein Prinzip, das für den Verstand im empirischen Bereich gesetzgeberisch tätig ist, die »Natur überhaupt« nicht denkbar wäre (*KrV*, B 165).[4] Ohne die Ideen der Vernunft und den Begriff des Unbedingten würden die Zwecke der Natur jedoch denen der Vernunft widersprechen.

Unter dem alleinigen Gesichtspunkt des spekulativen Gebrauchs der Ideen betrachtet, führt diese Überlegung zu einer Reihe aporetischer Schlussfolgerungen (darunter vor allem diejenige über den Status der Physikotheologie), die im Mittelpunkt der »Dialektik« stehen. Die »Dialektik« ist jedoch nicht der einzige Abschnitt, in dem der systematische Beitrag der Rolle der Ideen erforscht wird. In der »Architektonik der reinen Vernunft« schlägt die Analyse eine viel konkretere und klarere Richtung ein, indem Einsichten aus dem »Anhang« weiterentwickelt und mit der expliziten Diskussion des praktischen Gebrauchs der Ideen im »Kanon der reinen Vernunft« verbunden werden. Während der »Anhang zur transzendentalen Dialektik« mit der Schlussfolgerung endet, dass dem Schema für die systematische Einheit der Erkenntnisse die Idee des Unbedingten als Begriff der vollständigen Einheit der Bedingungen zugrunde liege, entwickelt die »Architektonik der reinen Vernunft« diese Schlussfolgerung weiter und erklärt, wie wir sie verstehen sollen. Kant kommt hier auf den Begriff des Schematismus zurück, der die Darstellung der Idee der Totalität ermögliche. Er betont auch, dass wir nur unter Berufung auf diese Idee die Beziehung zwischen den wesentlichen Zwecken der Vernunft und dem obersten und inneren Zweck des Systems erklären können. Kurz gesagt:

4 »[...] so müssen alle mögliche Wahrnehmungen, mithin auch alles, was zum empirischen Bewußtsein immer gelangen kann, d. i. alle Erscheinungen der Natur, ihrer Verbindung nach, unter den Kategorien stehen, von welchen die Natur (bloß als Natur überhaupt betrachtet), als dem ursprünglichen Grunde ihrer notwendigen Gesetzmäßigkeit (als *natura formaliter spectata*), abhängt.«

Die praktische Rolle der Ideen für die architektonische Einheit des Systems wird durch eine Analyse der Art und Weise geklärt, wie die verschiedenen Zwecke der Vernunft in einem teleologischen System systematisch miteinander verbunden sind.

Das Interesse der »Architektonik« an systematischer Einheit hat zwei verschiedene Quellen, die durch den Begriff der Zweckmäßigkeit vereint werden: Zum einen das theoretische Interesse an einer systematischen Konzeption von Wissen, die für das Denken eines Systems im Unterschied zum Aggregat erforderlich ist. Diese theoretische Einheit ist wesentlich, um die kritische Philosophie auf die Idee einer vollständigen Einheit der Erfahrung zu lenken. Kants Versuch, die systematische Einheit im »Anhang zur transzendentalen Dialektik« unter dem Gesichtspunkt des theoretischen Interesses der Vernunft zu verteidigen, ist jedoch nur ein Teil seines Projekts. Er fügt hinzu, dass das Interesse an der Systematizität der Vernunft auch mit einem anderen, praktischen Gebrauch der Prinzipien der reinen Vernunft verbunden und für die Erfüllung der moralischen Bestimmung der menschlichen Vernunft notwendig sei. Aber woher kommt dieser praktische Gebrauch der Ideen der Vernunft? Wie hängt die zweckmäßige Struktur der Vernunft mit dem freien Willen und indirekt mit der Idee der natürlichen Zweckmäßigkeit zusammen? Um diese Frage zu beantworten, müssen wir Kants Überlegungen über den praktischen Gebrauch der Ideen im »Kanon der reinen Vernunft« untersuchen.

3. Das Problem der Freiheit in der Anwendung praktischer Prinzipien

Kant beginnt seine Analyse des »Kanons der reinen Vernunft« wie folgt:

Die Vernunft führete uns in ihrem spekulativen Gebrauche durch das Feld der Erfahrungen, und, weil daselbst für sie niemals völlige Befriedigung anzutreffen ist, von da zu spekulativen Ideen, die uns aber am Ende wiederum auf Erfahrung zurückführeten, und also ihre Absicht auf eine zwar nützliche, aber unserer Erwartung gar nicht gemäße Art erfülleten. Nun bleibt uns noch ein Versuch übrig: ob nämlich auch reine Vernunft im praktischen Gebrauche anzutreffen sei, ob sie in demselben zu den Ideen führe, welche die höchsten Zwecke der reinen Vernunft, die wir eben angeführt haben, erreichen, und diese also aus dem Gesichtspunkte ihres praktischen Interesse nicht dasjenige gewähren könne, was sie uns in Ansehung des spekulativen ganz und gar abschlägt (*KrV*, A 804/B 832).

Der Titel des ersten Abschnitts des »Kanons der reinen Vernunft« lautet »Von dem Ideal des höchsten Guts, als einem Bestimmungsgrunde des letzten Zwecks der reinen Vernunft« – eine perfekte Zusammenfassung von Kants Projekt in diesem Abschnitt. Die Aufgabe besteht darin, zu erklären, wie die Vernunft in ihrem praktischen Gebrauch die Bedürfnisse befriedigen kann, die die Vernunft in ihrem theoretischen Gebrauch im »Anhang zur transzendentalen Dialektik« zweideutig lassen musste. Die reine Vernunft in ihrem praktischen Gebrauch enthalte Prinzipien, die sich wesentlich von denen ihres spekulativen Gebrauchs unterscheiden. Es seien Prinzipien der Möglichkeit von Erfahrung, aber diese Erfahrung sei von anderer Art als die theoretische. Das, was im »Kanon« als Erfahrung zählt, ist eine bestimmte Art von menschlichen Handlungen, solche nämlich, die in Übereinstimmung mit »sittlichen Vorschriften« erfolgen und

in der Geschichte des Menschen anzutreffen sein könnten. Denn, da sie [die reine Vernunft] gebietet, daß solche geschehen sollen, so müssen sie auch geschehen können, und es muß also eine besondere Art von systematischer Einheit, nämlich die moralische, möglich sein, indessen daß die systematische Natureinheit nach spekulativen Prinzipien der Vernunft nicht bewiesen werden konnte, weil die Vernunft zwar in Ansehung der Freiheit überhaupt, aber nicht in Ansehung der gesamten Natur Kausalität hat, und moralische Vernunftprinzipien zwar freie Handlungen, aber nicht Naturgesetze hervorbringen können (*KrV*, A 807 f./B 835 f.).

Der »Kanon der reinen Vernunft« trägt zur Analyse des Problems der systematischen Einheit bei, indem er die im »Anhang« offengelassene Perspektive auf die Zweckmäßigkeit mit den rationalen Voraussetzungen moralischen Handelns verbindet. Im »Anhang« erklärte Kant, dass die Idee des Unbedingten und seine Beziehung zur Natur als System von Zwecken zwar notwendig sei, aus spekulativer Sicht aber problematisch bleibe. Kant zufolge können wir nicht für eine systematische natürliche Einheit plädieren, wenn wir uns *nur* auf spekulative Prinzipien beziehen. Die Möglichkeit systematischer Einheit könne aber aus einem anderen Gebrauch der Ideen abgeleitet werden: ihrem praktischen Gebrauch. Die zweckmäßige Struktur der Vernunft sei den moralischen Zwecken, die sie fördert, immanent. Im »Kanon« beginnen wir zu sehen, wie das Argument funktioniert.

Die reine Vernunft habe in ihrem praktisch-moralischen Gebrauch eine eigene Art von Kausalität, die unabhängig von allen empirischen Bedingungen ausgeübt werden könne und die einen Gebrauch der Ideen jenseits des rein regulativen Gebrauchs legitimiere. Die Prinzipien der reinen Vernunft, so betont Kant, haben »in ihrem praktischen, namentlich aber, dem moralischen Gebrauche, objektive Realität«. Solche Prinzipien der Möglichkeit der Erfahrung seien »Imperative« oder »objektive Gesetze der Freiheit«, die festlegen, »was geschehen soll«, unabhängig davon, »was geschieht« (*KrV*, A 802/B 830). Was in der Natur notwendigerweise geschehe, werde von den Naturgesetzen erfasst; was in der Geschichte geschehen könne, sei von moralischen Zwecken bestimmt. Der Zweck der Vernunft in ihrem praktischen Gebrauch sei rein *a priori* gegeben: Ideen entstehen unabhängig von empirischen Bedingungen, enthalten den richtigen Gebrauch der Vernunft und zeigen, wie Handlungen in Übereinstimmung mit moralischen Prinzipien Erfahrung einer bestimmten, historischen Art erzeugen. Daher könne es einen Kanon der Vernunft nur im praktischen Bereich geben, wo wir den richtigen Gebrauch solcher Prinzipien finden.

Das Argument scheint in seinen Grundzügen klar zu sein, wirft aber bei näherer Betrachtung eine Reihe komplizierter Fragen auf. In dem zitierten Absatz behauptet Kant, praktische Prinzipien seien Prinzipien der »Möglichkeit der Erfahrung«. Aber wie sollen wir angesichts von Kants Analyse in den vorangegangenen Teilen der *Kritik der reinen Vernunft* verstehen, was »Erfahrung« hier bedeutet? Kant scheint unter moralischer Erfahrung »Handlungen, die den sittlichen Vorschriften gemäß in der Geschichte des Menschen anzutreffen sein könnten« zu verstehen. Die menschliche Geschichte ist die Dimension der Erfahrung, in der die praktischen Ideen gesetzgebend sind: »Da sie gebietet, daß solche geschehen sollen, so müssen sie auch geschehen können.« Wie trägt dieses Verständnis von Erfahrung zur Vollendung der kritischen Aufgabe bei? Wie hilft es der Vernunft, aus praktischer Perspektive das zu erreichen, was sie aus spekulativer Perspektive nicht erreichen konnte?

Kants Beitrag zur Analyse des Verhältnisses zwischen systematischer Einheit und dem praktischen Gebrauch der Ideen im »Kanon« läuft entscheidend auf den Unterschied zwischen der Art von

Regelmäßigkeit, die wir in der Natur finden, und derjenigen, die wir in der Geschichte erwarten können, hinaus. Letztere lässt sich auf den moralischen Charakter der Anforderungen der Vernunft an die Welt der menschlichen Beziehungen zurückführen. So wie theoretische Prinzipien Naturgesetze herbeiführen, *könnten* praktische Prinzipien moralisch zweckmäßige historische Ereignisse verursachen. Die Erwartung von Ereignissen, die mit den Forderungen der Vernunft übereinstimmen, wird durch die besondere Kausalität der Vernunft im praktischen Bereich gerechtfertigt: Diese Kausalität beruht auf der Fähigkeit des Menschen, eine Welt zu schaffen, die dem moralischen Vermögen der Vernunft entspricht.

Kant zufolge können die praktischen Prinzipien mit Sicherheit zur Rechtfertigung systematischer moralischer Einheit und womöglich auch zur Rechtfertigung der systematischen Einheit der Natur *durch* systematische moralische Einheit beitragen. Aber worauf stützt sich diese Behauptung? Kant glaubt, dass die Rechtfertigung der objektiven Realität praktischer Prinzipien auf die freie Kausalität der Vernunft gestützt werden könne. Die Möglichkeit systematischer moralischer Einheit fußt wiederum auf zwei weiteren Annahmen: 1. dass rationale moralische Prinzipien freie Handlungen (wenngleich keine Naturgesetze) hervorbringen können; und 2. dass, wenn die Vernunft bestimmte moralische Handlungen befiehlt, solche Handlungen auch möglich sein müssen. Die erste Annahme impliziert, dass Freiheit eine Ursache ist und den Bereich des Möglichen eröffnet. Die zweite besagt, dass sie die Welt tatsächlich verändern kann, und setzt bestimmte feststehende Wirkungen voraus. Wenn wir aber betonen, dass menschliche Handlungen sowohl rational sind als auch in einer von Naturgesetzen determinierten Welt stattfinden, müssen wir versuchen zu verstehen, wie (wenn überhaupt) die Freiheit in diesem Prozess eine Rolle spielt und inwiefern dieser besondere praktische Gebrauch der Ideen die systematische moralische Einheit plausibel macht.

4. Praktische und transzendentale Freiheit

Bei näherer Betrachtung reicht die bloße Definition des *Praktischen* als »alles, was durch die Freiheit möglich ist« (*KrV*, A 800/B 828) nicht aus, um zu erklären, wie der praktische Gebrauch der Ideen die Grundlage der moralischen Erfahrung sein kann und warum die Annahme systematischer moralischer Einheit dieser Betrachtung immanent ist. Im »Kanon der reinen Vernunft« ist das Verhältnis zwischen dem Vermögen der Vernunft, sich von praktischen Ideen leiten zu lassen, und der Rolle der Freiheit bei der Ausübung dieses Vermögens höchst umstritten. Kant scheint davon auszugehen, dass die menschliche Vernunft nur durch die Freiheit zum Bestimmungsgrund für praktisches Handeln werden kann. Aber welche Art von Freiheit? Wie verhält sich die Freiheit zum zweckmäßigen Charakter der Vernunft? Einerseits warnt Kant seine Leserschaft, dass wir unseren Blick nun »auf einen Gegenstand werfen, der der transzendentalen Philosophie fremd ist«. Andererseits fügt er hinzu, dass es notwendig sei, dass er sich »so nahe als möglich am Transzendentalen halte«, um nicht »die Einheit des Systems zu verletzen« und »von seinem neuen Stoff zu wenig« zu sagen (*KrV*, A 801/B 829). Eine transzendentale Perspektive sei notwendig, um die Einheit des Systems zu bejahen; sie scheint aber auch in gewisser Weise störend zu sein. Kant ist es wichtig, zwischen der Realität praktischer und transzendentaler Freiheit zu unterscheiden, denn ohne diese Unterscheidung müsste er erklären, wie eine übersinnliche Ursache (die nur als prinzipiell möglich oder als nichtwidersprüchlich anerkannt wird) empirische Phänomene begründen kann. Dies wird in der ersten *Kritik* jedoch ausdrücklich ausgeschlossen. Einerseits kommt die Moralphilosophie nicht umhin, zur Begründung der *notwendigen* Verbindlichkeit praktischer Normen die Realität transzendentaler Freiheit anzunehmen. Andererseits können wir uns nicht auf die transzendentale Freiheit berufen, wenn die Analyse der moralischen Handlungen sich in irgendeiner Weise auf ihre empirische Realität beziehen soll.[5]

Im »Kanon« beschränkt sich Kants Analyse der Moral auf die praktische Freiheit, die mit der Fähigkeit zur freien Wahl (*arbitrium liberum*) identifiziert wird. Wie er erklärt, wird alles, was mit der so verstandenen Freiheit zusammenhängt, ob als Grund oder Folge, »praktisch« genannt. Das praktische Vermögen lasse sich »durch Erfahrung« nachweisen, durch unsere Fähigkeit, »durch Vorstellungen von dem, was selbst auf entferntere Art nützlich oder schäd-

5 Zu einer Diskussion dieses Problems siehe Gonnelli, *Guida alla lettura della Critica della ragion pratica di Kant*, S. 17.

lich ist, die Eindrücke auf unser sinnliches Begehrungsvermögen zu überwinden« (*KrV*, A 802/B 830). Aber der transzendentale Grund dieses Vermögens und die Frage, ob *moralische* Imperative gegenüber regelgeleitetem Verhalten im Allgemeinen etwas Besonderes sind, ist für Kant in diesem Stadium von geringer Bedeutung. Denn ob »die Vernunft selbst in diesen Handlungen, dadurch sie Gesetze vorschreibt, nicht wiederum durch anderweitige Einflüsse bestimmt sei, und das, was in Absicht auf sinnliche Antriebe Freiheit heißt, in Ansehung höherer und entfernterer wirkenden Ursachen nicht wiederum Natur sein möge, das geht uns im Praktischen [...] nichts an« (*KrV*, A 803/B 831).

Das Verhältnis zwischen transzendentaler und praktischer Freiheit in der *Kritik der reinen Vernunft* hat Generationen von Kantforscherinnen gespalten. Aus exegetischer Sicht geht es um die Kontinuität zwischen Kants Ausführungen in der »Dialektik« und im »Kanon«, aus philosophischer Sicht geht es um die Grundlagen der Moral in der Transzendentalphilosophie. Für einige Interpreten sind die Analysen der Freiheit in der »Dialektik« und im »Kanon« schlicht unvereinbar,[6] für andere lassen sie sich zusammenführen.[7] Die erste, sogenannte »Patchwork«-Interpretation besagt, dass die Darstellung der Freiheit im »Kanon« ein empiristisches oder psychologisches Verständnis von Freiheit biete, das Spuren von Kants vorkritischem Werk trägt, während die später verfasste »Dialektik«

6 Zu einigen Diskussionen siehe Bernard Carnois, *The Coherence of Kant's Doctrine of Freedom*, Chicago 1987; Gueroult, »Canon de la raison pure et critique de la raison pratique«, S. 357; Kemp Smith, *A Commentary to Kant's Critique of Pure Reason*, S. 569-570. Zu einem umfassenden Überblick über das Problem, der mit der »Patchwork«-These übereinstimmt, siehe Dieter Schönecker, *Kants Begriff transzendentaler und praktischer Freiheit*, Berlin 2005.

7 Zu einer frühen Erklärung der Möglichkeit einer solchen Versöhnung siehe Lewis White Beck, *A Commentary on Kant's Critique of Practical Reason*, Chicago 1960, S. 190, Anm. 40, und Lewis White Beck, *Studies in the Philosophy of Kant*, Indianapolis, New York 1965, S. 32, Anm. 43, und S. 189, Anm. 33. Zu neueren Diskussionen siehe Henry Allison, »Practical and Transcendental Freedom in the Critique of Pure Reason«, in: *Kant-Studien* 73 (1-4) (2009), S. 271-290; Julio Esteves, »The Alleged Incompatibility Between the Concepts of Practical Freedom in the Dialectic and in the Canon of the Critique of Pure Reason«, in: *Kant-Studien* 105 (3) (2014), S. 336-371; Markus Kohl, »Transcendental and Practical Freedom in the Critique of Pure Reason«, in: *Kant-Studien* 105 (3) (2014), S. 313-335; und Saša Josifović, »Das ›Kanon-Problem‹ in Kants Kritik der reinen Vernunft«, in: *Kant-Studien* 106 (3) (2015), S. 487-506.

eine ausgefeiltere Analyse der Beziehung zwischen transzendentaler und praktischer Freiheit vorlege und damit Einsichten aus Kants späteren Schriften vorwegnehme. Die zweite Lesart, die wir als Kontinuitätsthese bezeichnen können, räumt zwar ein, dass Kants Theorie der Freiheit in den nachfolgenden *Kritiken* wichtige Entwicklungen erfährt, betont aber, dass kein Widerspruch zwischen der Darstellung der transzendentalen Freiheit in der »Dialektik« und der im »Kanon« dominanten praktischen Freiheit vorliege.

Obwohl ich mit der neueren Forschung darin übereinstimme, dass der in der »Patchwork«-These dargelegte Kontrast zwischen der »Dialektik« und dem »Kanon« zu stark sein mag, halte ich es für wichtig, zu betonen, warum Kant die in der ersten *Kritik* vorgestellte Theorie der Freiheit später als unzulänglich betrachtete.[8] Wie einige Autoren erklärt haben, ist der *Begriff* der praktischen Freiheit im »Kanon« mit der in der »Dialektik« artikulierten *Idee* der transzendentalen Freiheit vereinbar. Das heißt jedoch nicht, dass das Faktum der praktischen Freiheit auf dem Faktum der transzendentalen Freiheit beruht.[9] Kants Begriff der praktischen Freiheit in der ersten *Kritik* ist zwar intuitiv plausibel, aber kaum spezifisch *kantisch*, zumindest dann nicht, wenn wir den Kern seiner Moralphilosophie in der *Grundlegung* oder der *Kritik der praktischen Vernunft* sehen. Kants Ausführungen im »Kanon« beschränken sich darauf, zu betonen, dass praktisch zu handeln für den Menschen bedeutet, nicht auf der Grundlage unmittelbarer Neigungen zu handeln (*arbitrium brutum*), sondern rational, auf der Grundlage allgemeiner Regeln und Prinzipien, geleitet von Sollensaussagen. Das ist es, was Kant als das Wesen des *arbitrium liberum* betrachtet (*KrV*, A 802/B 830).

Diese Sichtweise hat zwar ihren Reiz, wurzelt aber in einer Moraltheorie, die leicht für ein Verständnis von Moral Platz hat, nach dem diese in einer Vorstellung vom eigenen Wohlsein gründet oder konventionalistisch ist. In späteren Werken hebt Kant die Unzulänglichkeit dieser Interpretationen hervor und betont, dass vernünftiges Handeln nicht ausreiche, dass es wichtige Unterschiede

8 Hier stimme ich mit Henry Allisons Einwänden gegen Lewis White Becks Lesart überein. Siehe Allison, »Practical and Transcendental Freedom in the Critique of Pure Reason«, S. 272, Anm. 8.

9 Dies ist ebenfalls Allisons Lesart. Siehe »Practical and Transcendental Freedom in the Critique of Pure Reason«, S. 279.

zwischen Klugheitsregeln und moralischen Regeln gebe und dass der Mensch nur insofern moralisch handle, als er es in Übereinstimmung mit seinem freien Willen tue. Transzendentale Freiheit ist nicht einfach eine der Ideen der Vernunft, die von der praktischen Freiheit toleriert wird, aber keineswegs notwendig für sie ist. Transzendentale Freiheit ist die Grundlage der Moral.

Der Versuch, die praktische Freiheit in der ersten *Kritik* zu verteidigen und dabei zugleich hinsichtlich der Realität transzendentaler Freiheit agnostisch zu bleiben, bringt eine Fokusverschiebung im »Kanon« mit sich: weg von der Analyse, wie praktische Freiheit moralische Ereignisse verursachen kann, und hin zu den Implikationen und den Voraussetzungen des Arguments. Praktische Freiheit könne auf dreierlei Weise eine Ursache sein: durch das Abstrahieren von Neigungen und das Befolgen moralischer Regeln; durch das Hervorbringen einer besonderen Art von Erfahrung, nämlich der moralischen Erfahrung, die in der menschlichen Geschichte beobachtbare Ereignisse prägt; und als Bedingung einer Ordnung, die durch sie verwirklicht werden kann (die Ordnung, die als Grundlage der Verfolgung praktischer Zwecke dient).[10] Ich werde auf all diese Dinge im folgenden Kapitel zurückkommen. Für den Moment ist wichtig, dass Kants Analyse der moralischen Handlungen zwischen zwei verschiedenen Perspektiven schwankt: einer, die sich auf den Ursprung moralischer Gesetze und die Notwendigkeit bestimmter Arten von Handlungen konzentriert, und einer, deren Fokus auf den Folgen der Befolgung solcher Gesetze liegt.[11] In der *Kritik der reinen Vernunft*, wie auch im ersten Teil der *Metaphysik der Sitten*, geht es Kant nicht darum, eine Erklärung für den Ursprung praktischer Pflichten zu liefern. Im Gegenteil, er betont, dass es zum Verständnis der Notwendigkeit moralischer Normen ausreiche, sich auf das moralische Urteil eines jeden Menschen zu berufen. Dies erfordere kein Bekenntnis zur transzendentalen Freiheit. Es genüge, Willensfreiheit vorauszusetzen, definiert als unsere Kraft, »durch Vorstellungen von dem, was selbst auf entferntere Art nützlich oder schädlich ist, die Eindrücke auf unser sinnliches Begehrungsvermögen zu überwinden« (*KrV* A 802/B 830). Die Ideen in ihrem praktischen Gebrauch konstituieren die moralische Er-

10 Siehe Gueroult, *Canon de la raison pure et critique de la raison pratique*, S. 331-357.

11 Zu einer Diskussion dieser Zweideutigkeit siehe auch Kohl, »Transcendental and Practical Freedom in the Critique of Pure Reason«, S. 332-334.

fahrung, aber die Vernunft hat kein besonderes *Gebiet*, auf dem sie ihre praktische Gesetzgebung in Übereinstimmung mit der transzendentalen Freiheit ausübt.

Angesichts von Kants Agnostizismus hinsichtlich der transzendentalen Freiheit erscheint seine Strategie, die praktische Freiheit auf Grundlage der Erfahrung moralischen Handelns zu verteidigen, äußerst plausibel. Im »Kanon« leugnet Kant nicht, dass moralisches Handeln empirisch motiviert sein kann; es ist im Gegenteil gerade unsere empirische Erfahrung der Moral, die uns zeigt, dass Menschen moralisch sein können. Die Unterscheidung zwischen Klugheitsregeln und kategorischen Normen wird zwar gelegentlich angeführt, spielt aber keine *systematische* Rolle für die Rechtfertigung moralischer Normen. Das ist der Grund, warum Kants Bekenntnis zur Realität praktischer Freiheit und sein Glaube an die Willensfreiheit mit seinem Agnostizismus bezüglich transzendentaler Freiheit vereinbar bleiben können. Es ist auch der Grund, warum ihm die Frage nach dem Verhältnis von praktischer und transzendentaler Freiheit, die er als »bloß spekulativ« abtut, letztlich »ganz gleichgültig« ist. Kant zufolge sollten wir uns vielmehr dafür interessieren, ob wir der Vernunft in ihrem praktischen Interesse das zugestehen können, was wir aus theoretischer Sicht verneinen, nämlich eine Antwort auf die beiden metaphysischen Fragen schlechthin: »Ist ein Gott? Ist ein künftiges Leben?« (*KrV*, A 803/B 831).

Wie wir im folgenden Kapitel sehen werden, stehen diese Fragen im Mittelpunkt von Kants Analyse, warum die praktische Zweckmäßigkeit auf der Grundlage des praktischen Gebrauchs der Vernunftideen gerechtfertigt ist und wie diese Rechtfertigung wiederum eine Analyse der Natur als insgesamt zweckmäßiges System bedingt. An dieser Stelle geht es mir jedoch darum, die Implikationen der Darstellung des Verhältnisses zwischen transzendentaler und praktischer Freiheit im »Kanon« für die Umsetzung der architektonischen Ambitionen der *Kritik* aufzuzeigen. Die Unterscheidung zwischen praktischer und transzendentaler Freiheit ist zwar für sich genommen plausibel, hat aber wichtige Auswirkungen darauf, wie die *Kritik der reinen Vernunft* die theoretischen und praktischen Interessen der Vernunft in einem einheitlichen System vereint und wie sie die Rolle des für diese Einheit verantwortlichen Prinzips der Zweckmäßigkeit artikuliert. Auf diesen Aspekt des Problems, der von Interpretationen, die sich auf die Entwicklung der Unterscheidung zwischen transzendentaler und praktischer Freiheit in Kants moralischen Schriften konzentrieren, oft vernachlässigt wurde, möchte ich nun zurückkommen.

5. Das Feld, der Boden und das Gebiet der Erfahrung

Um die Frage nach dem Prinzip zu beantworten, an dem sich die Konstruktion der systematischen Einheit in der ersten *Kritik* orientiert, und um zu sehen, inwiefern sich die Antworten dieses Werks von denen in späteren Schriften unterscheiden, lohnt es sich, auf die Gebäudemetaphern zurückzukommen, mit denen wir begonnen haben. Insbesondere ist es nützlich, über die Verwendung des Begriffs des »Bodens« als Verweis auf den Raum nachzudenken, in dem das moralische Gebäude der Vernunft errichtet werden soll. Wie schon betont, sind räumliche Metaphern im 18. Jahrhundert im Zusammenhang mit der architektonischen Aufgabe der Philosophie alles andere als ungewöhnlich. Das Besondere an Kants Berufung auf solche Metaphern ist sein Bemühen, verschiedene Traditionen in der Forderung zu vereinen, den »Boden«, auf dem die Vernunft ihre »majestätischen sittlichen Gebäude« errichten müsse, solide genug zu machen, um praktischen Bedürfnissen gerecht zu werden *und* sich dabei der theoretischen Grenzen der Vernunft bewusst zu sein (*KrV*, A 319/B 375 f.).

Derselbe Begriff des *Bodens*, auf den sich Kant in der »Methodenlehre« beruft, um über den Aufbau des Systems nachzudenken, taucht an einer entscheidenden Stelle der dritten *Kritik* in einem anderen Kontext wieder auf. Hier geht es um die Erklärung, wie die Erfahrung in ihrer Komplexität zu verstehen sei – unter Berücksichtigung sowohl des theoretischen als auch des praktischen Gebrauchs der Vernunft. Begriffe, so erklärt Kant in der *Kritik der Urteilskraft*, haben ihr *Feld*, »sofern sie auf Gegenstände bezogen werden, unangesehen ob eine Erkenntniß derselben möglich sei oder nicht [...]. Der Theil dieses Feldes, worin für uns Erkenntniß möglich ist, ist ein Boden (*territorium*) für diese Begriffe und das dazu erforderliche Erkenntnißvermögen.« Und weiter: »Der Theil des Bodens, worauf diese gesetzgebend sind, ist das Gebiet (*ditio*) dieser Begriffe und der ihnen zustehenden Erkenntnißvermögen« (*KU*, 174).

In der *Kritik der Urteilskraft* dienen die Begriffe *Feld*, *Boden* und

Gebiet dazu, die systematische Rolle des transzendentalen Prinzips der Urteilskraft zu erläutern, das zwischen einem Verständnis von Erfahrung als durch Naturgesetze bestimmt und einem Begreifen derselben als Gegenstand freien menschlichen Handelns vermittelt. Der *Boden* der Erfahrung sei »der Inbegriff der Gegenstände aller möglichen Erfahrung, sofern sie für nichts mehr als bloße Erscheinungen genommen werden«, sonst »würde keine Gesetzgebung des Verstandes in Ansehung derselben gedacht werden können« (*KU*, 174). Die Analyse des »Bodens« ist in der dritten *Kritik* extrem wichtig, um zu erklären, warum trotz der Unmöglichkeit eines unmittelbaren Übergangs vom *Gebiet* der Naturbegriffe zum *Gebiet* der Freiheitsbegriffe die Fähigkeit, Erfahrung als systematisch in ihrer Komplexität zu begreifen, durch die Vermittlung zwischen diesen Gebieten mithilfe der Urteilskraft erreicht wird.

Nichtsdestotrotz wurzelt die Möglichkeit der Vermittlung zwischen theoretischem und praktischem Vernunftgebrauch in der dritten *Kritik* durch die Urteilskraft in einem Begriff von Zweckmäßigkeit als Normativität, der mit dem Vermögen der Vernunft verbunden ist, praktische moralische Zwecke im Gebiet der Erfahrung zu setzen. Die praktische Vernunft hat hier ihr eigenes gesetzgebendes *Gebiet* auf dem Boden der Erfahrung, und die Urteilskraft verankert die Annahme der Zweckmäßigkeit im menschlichen Vermögen, moralische Zwecke zu setzen. Die Forderung nach Systematizität fußt also auf einem Begriff von Zweckmäßigkeit, der auf der Verbindung des als *Faktum der Vernunft* verstandenen Moralgesetzes und der transzendentalen Freiheit, die seine *ratio essendi* darstellt, beruht. Die *Kritik der Urteilskraft* geht davon aus, dass die Gesetzgebung der Vernunft durch Freiheitsbegriffe ihr eigenes *Gebiet* in der Erfahrung habe, ihren eigenen Raum, in dem die Vernunftbegriffe praktisch gesetzgebend sind. Nur die auf transzendentaler Freiheit beruhende Autonomie des Praktischen kann der Forderung der Vernunft nach Systematizität Autorität verleihen.

In der *Kritik der reinen Vernunft* nehmen sowohl die Rechtfertigung der praktischen Orientierung der Vernunft als auch die damit verbundene Analyse der Systematizität eine andere Form an. Hier werden keine separaten Gebiete erörtert, sondern es wird nur allgemein der »Boden« der Erfahrung beschrieben, auf den sich die Forderung der Vernunft nach Systematizität beziehen muss. Denn wie die Unterscheidung zwischen transzendentaler und praktischer

Freiheit verdeutlicht, gibt es kein Gebiet, in dem der Wille autonom *gesetzgebend* ist. Die Systematizität der Vernunft wird untermauert durch ihre richtungsweisende Rolle für die Verstandestätigkeit, durch eine Reflexion über das Zusammenspiel der theoretischen und praktischen Funktion der Ideen und eine Schematisierung der Idee des Ganzen im Dienste einer einheitlichen Konzeption des kritischen Systems. Die Implikationen dieser Analyse sind weitreichend für den Begriff der Systematizität, den Kant in der »Architektonik« erarbeitet, und für die Beziehung zwischen den Ideen der Vernunft und dem Begriff der Zweckmäßigkeit, die sein erstes kritisches Werk prägt.

In der *Kritik der reinen Vernunft* stützt sich Kant auf die Analyse des »Kanons der reinen Vernunft«, um sowohl die Quelle moralischer Verpflichtungen als auch ihre Anwendung in der empirischen Welt zu erklären. Der »Kanon« erklärt jedoch nicht, wie es der Vernunft möglich sein soll, bedingungslos zu gebieten, moralische Handlungen zu bewirken und eine Art von systematischer Einheit zu rechtfertigen, die von der systematischen Einheit der Natur unabhängig ist und uns dennoch nicht dazu verpflichtet, die Grenzen des Reichs der Erfahrung zu überschreiten. Es ist klar, dass der empirisch beweisbare *praktische* Freiheitsbegriff nicht ausreicht, um die Vernunft mit einem unbedingt gültigen moralischen Zweck auszustatten; dies können wir nur, wenn wir die Realität der transzendentalen Freiheit annehmen, die sich in unserem Bewusstsein des kategorischen Imperativs zeigt. Transzendentale Freiheit setzt jedoch die objektive Gültigkeit der Unabhängigkeit der Vernunft von allen empirischen, durch Naturgesetze bestimmten Ursachen voraus. Dies liefe auf das Zugeständnis eines konstitutiven Bereichs für den Gebrauch der reinen Vernunftbegriffe hinaus, was wiederum im Lichte von Kants Freiheitsbegriff, wie er in der »Dialektik« formuliert ist, sehr problematisch wäre.

Die Frage der systematischen Einheit aus der Perspektive des praktischen Gebrauchs der Ideen stößt daher auf ernste Schwierigkeiten. Wie die hier vorgenommene Analyse zu zeigen versucht hat, hat die Vernunft in der ersten *Kritik* keinen *Boden*, auf dem ihre Begriffe gesetzgebend sind, trotz der Versuche Kants, praktische Verpflichtung als einen gesetzgeberischen Akt der Vernunft zu definieren (*KrV*, A 803/B 831). Dies liegt einerseits daran, dass die Quelle des kategorischen Imperativs und seine Unterscheidung von hypothetischen Imperativen noch nicht hinreichend untersucht worden ist, und andererseits daran, dass der Begriff der Freiheit mit dem freien Willen statt mit transzendentaler Freiheit identifiziert wird.

Auf die Folgen dieser Analyse für die Annahme systematischer Zweckmäßigkeit geht Kant in der ersten *Kritik* nirgends ein. Natürlich beharrt diese auf den praktischen Interessen der Vernunft für den Aufbau des gesamten Systems, indem sie der Philosophie die Aufgabe zuweist, »den Boden zu jenen majestätischen sittlichen Gebäuden eben und baufest zu machen«. Entscheidend ist jedoch, dass die Analyse in Begriffen des praktischen »Interesses« und nicht des praktischen »Gebiets« formuliert ist, das heißt in Begriffen der Folgen, nicht der Quellen moralischer Verpflichtungen. Selbst dort, wo Kant betont, dass die theoretische Systematizität vom praktischen Vernunftgebrauch profitiere, fällt ein gewisses Herunterspielen des Erreichten auf: Die Konstruktion sei »nicht so glänzend, aber doch auch nicht verdienstlos« (*KrV*, A 319/B 376). Man vergleiche die Bescheidenheit dieser Zeilen in der ersten *Kritik* mit dem Enthusiasmus der zweiten: »Der Begriff der Freiheit, so fern dessen Realität durch ein apodiktisches Gesetz der praktischen Vernunft bewiesen ist, macht nun den *Schlußstein von dem ganzen Gebäude eines Systems der reinen, selbst der speculativen Vernunft* aus« (*KpV*, 4, meine Hervorhebung). Was hat sich geändert? Und welche Auswirkungen hat diese Veränderung auf den Begriff der Zweckmäßigkeit, auf dem die architektonische Einheit beruht?

Anders als in der ersten *Kritik* ist die transzendentale Freiheit in der zweiten *Kritik* nicht länger ein problematischer Begriff im Verhältnis zur praktischen Freiheit (*KrV*, A 803/B 831). Die Ideen haben nicht nur einen praktischen *Gebrauch*, sondern auch eine eigene praktische *Gesetzgebung*, die sie zu einem eigenen »Gebiet« mit eigenen Prinzipien und Gegenständen ermächtigt. Praktische Verpflichtungen werden nicht durch die Idee des »freien Willens« ermöglicht, sondern durch die transzendentale Freiheit. Diese neue Richtung verändert nicht nur radikal die Beschaffenheit des Bodens der Erfahrung (der die Gegenstände der Natur und der Freiheit umfasst), sondern wirft auch neues Licht auf die Errichtung des Gebäudes der Vernunft. Auf diesen Errungenschaften baut Kants Analyse der Urteilskraft und des reflexiven Prinzips der Zweckmäßigkeit auf, um die Einheit des Systems und die Möglichkeit eines Übergangs von der Natur zur Freiheit zu erklären. In der ersten

Kritik ist die Einheit der Vernunft eine Aufgabe, die durch den regulativen Gebrauch der Ideen vollendet wird, doch der Status der Ideen bleibt zweideutig und am Boden der theoretischen Vernunft verankert. In der *Kritik der Urteilskraft* rekonfiguriert Kant die Beschaffenheit dieses Bodens im Lichte der Realität transzendentaler Freiheit, die in der *Kritik der praktischen Vernunft* behauptet wird. Die unterschiedliche Analyse der Verbindung von transzendentaler und praktischer Freiheit hat wichtige Auswirkungen auf den Status des Begriffs der Zweckmäßigkeit, auf den sich Kant zur Verteidigung der systematischen Einheit der Vernunft stützt.

6. Schlussfolgerung

Der »Kanon der reinen Vernunft« bietet sehr wenig bis gar nichts, um die praktische Freiheit mit der transzendentalen Freiheit zu verbinden; er schließt die Ableitung transzendentaler Freiheit aus praktischen Zwecken sogar ausdrücklich aus. Wenn wir uns nur auf die Analyse der Quellen moralischer Verpflichtung stützen, die Kant in diesem Abschnitt der ersten *Kritik* anbietet, bleibt unverständlich, wie die Vernunft ihre eigene Kausalität im praktischen Gebiet haben und eine besondere Art von Erfahrung begründen kann. Auch bleibt unklar, warum der praktische Gebrauch der Ideen für die in diesem Werk so oft thematisierte systematische Einheit so grundlegend ist.

Gleichwohl schreibt Kant oft so, als sei die praktische Kausalität der Vernunft bei der Begründung der besonderen Art von Erfahrung, die die moralische Erfahrung ist, unkontrovers. Wie wir gesehen haben, beharrt er auf der objektiven Gültigkeit der Idee der systematischen moralischen Einheit, die es uns ermögliche, den Gebrauch der reinen Vernunftbegriffe produktiv auf die Schematisierung der Idee des Ganzen des Systems auszuweiten. Schon auf den ersten Seiten der »Methodenlehre«, auf denen die Ideen im Allgemeinen erörtert werden, wird ihr positiver, praktischer Gebrauch als Lösung des Problems der Systematizität genannt, das die Vernunft, wie die Analyse des »Anhangs« verdeutlich hat, vom theoretischen Standpunkt aus nicht lösen kann. Vom theoretischen Standpunkt aus denken wir uns eine Idee als das »absolute Ganze aller Erscheinungen«, können aber »dergleichen niemals im Bilde entwerfen«. Da es im praktischen Gebrauch der Vernunft aber »ganz allein um die Ausübung nach Regeln zu tun ist, so kann die Idee der praktischen Vernunft jederzeit wirklich, ob zwar nur zum Teil, *in concreto* gegeben werden«. Diese Idee des Ganzen sei »die unentbehrliche Bedingung jedes praktischen Gebrauchs der Vernunft« (*KrV*, A 328/B 385). Was erklärt diesen Zusammenhang?

Indem wir der Analyse der Ideen im »Anhang zur transzendentalen Dialektik« folgten, wurden wir zu einem Prinzip der Zweckmäßigkeit als Grundlage der systematischen Einheit geführt. Wir haben aber auch gesehen, dass dieses Prinzip einen zweideutigen Status hat. Kant erklärt, dass wir vom Standpunkt des spekulativen Vernunftgebrauchs aus nie ganz begreifen können, wie die sinnliche Erfahrung eine Vorstellung der Idee des Ganzen bieten könne, obwohl er ebenso darauf besteht, dass diese Idee durch praktische Zwecke schematisiert werden könne. Seine Verweise auf die praktische Erfahrung deuten die Möglichkeit an, dass ein Gebrauch der Vernunftideen, der über den theoretischen Gebrauch hinausgeht, eine andere Art von Erfahrung begründe. Aus praktischer Perspektive könne die Vernunft Gegenstände auf eine Weise begreifen, die sich von der des theoretischen Vernunftgebrauchs unterscheide und die dennoch für die systematische Erkenntnis von Nutzen ist. Aber um welche Art von Gegenständen geht es hier? Wie verhalten sie sich zur praktischen Tätigkeit der Vernunft?

Zur Beantwortung dieser Fragen wendet sich der »Kanon« zwei wichtigen Themen zu: der Spezifizierung der Art von Erfahrung, die praktische Prinzipien ermöglichen, und der Erklärung des Verhältnisses zwischen der Idee des Ganzen und dem Begriff des Zwecks in Bezug auf die moralische Erfahrung. Bezüglich des ersten Aspekts sind die Ergebnisse der Analyse leicht enttäuschend. Wie in diesem Kapitel zu zeigen versucht wurde, ist die Rolle der Idee der Zweckmäßigkeit im Projekt der systematischen Vereinigung aufgrund des unklaren Status der transzendentalen Freiheit problematisch. Die Grundlagen einer transzendental-praktischen Dimension der Vernunft in der ersten *Kritik* werden nie klar artikuliert, weil eine solche Idee als Bedingung ihrer Möglichkeit eine transzendentale Idee der Freiheit voraussetzt, die den kategorischen Imperativ begründet. Dies ist ein Thema, das im »Kanon der reinen Vernunft« nicht explizit erörtert wird – aus gutem Grund, wie wir gesehen haben. Kant widmet sich dem Thema erst explizit in der

Grundlegung zur Metaphysik der Sitten und der *Kritik der praktischen Vernunft*, und die Analyse der Zweckmäßigkeit als Normativität, die wir in der *Kritik der Urteilskraft* finden, ist ein Ergebnis dieser Leistungen.

Vom Standpunkt der Begründung moralischer Pflichten aus lässt Kants Behandlung des Problems der systematischen moralischen Einheit im »Kanon« mehr Fragen offen, als sie beantwortet. Das soll nicht heißen, dass die Analyse des praktischen Gebrauchs der Ideen und der Freiheit im »Kanon der reinen Vernunft« gar keine Erkenntnisse zur Frage der systematischen Einheit böte. Auch abseits der Suche nach den Gründen für moralische Verpflichtungen können wir uns aus gutem Grund für ihre Folgen interessieren. Dies ist, wie wir geklärt haben, schließlich Teil des kantischen Verständnisses moralischen Handelns im »Kanon«. Kant bleibt der Idee verpflichtet, dass der praktische Gebrauch der Ideen das Versprechen der systematischen Einheit aus praktischer Sicht auf eine Weise einlösen kann, die auch der theoretischen Einheit zugutekommt und das architektonische Projekt der ersten *Kritik* vollendet. Wie glaubt er das Problem lösen zu können? Während die Berufung auf transzendentale Freiheit – der Schlüssel zu Kants späterer Analyse der Zweckmäßigkeit – in diesem Stadium nutzlos ist, wird ein anderer Weg zur Erweiterung der theoretischen Vernunft durch den praktischen Gebrauch der Ideen beschritten. Um zu sehen, warum und mit welchen Folgen er sich in diese Richtung wagt, ist es wichtig, über die Beziehung zwischen moralischen Grundsätzen und ihren Wirkungen in der sinnlichen Welt im »Kanon« nachzudenken. Betrachtet werden muss daher auch das Verhältnis zwischen dem im Moralgesetz enthaltenen Zweck, den die Vernunft bedingungslos vorschreibt, und dem praktischen Gebrauch der Ideen zur Ermöglichung einer systematischen moralischen Einheit unter dem Gesichtspunkt der Folgen moralischen Handelns. Wie das nächste Kapitel zeigen wird, finden wir darin Kants ausführlichste Erklärung, wie der praktische Gebrauch der Ideen mit dem Prinzip der natürlichen Zweckmäßigkeit verbunden ist und die architektonische Einheit der Vernunft vollendet.

7. Das Reich der Zwecke

1. Die Einheit der Vernunft im Lichte ihrer moralischen Anforderungen

Im vorigen Kapitel wurde begonnen, das Verhältnis zwischen dem praktischen Gebrauch der Ideen und dem für die architektonische Einheit von Kants System erforderlichen Begriff der Zweckmäßigkeit zu untersuchen. Die Aufgabe des »Kanons der reinen Vernunft« besteht darin, zu erklären, wie sich die Ideen in ihrem praktischen Gebrauch zur Idee des Ganzen verhalten: Sie richten den Plan aus, auf dessen Grundlage das »Gebäude« der Vernunft errichtet werden kann. Dieses Gebäude soll sowohl die Grenzen der Vernunft anerkennen als auch ihren Bedürfnissen entsprechen. In der ersten *Kritik* wird häufig auf die »Produktivität« und »Fruchtbarkeit« des praktischen Gebrauchs der Vernunft verwiesen. Dies ist Teil des Versuchs, eine *kritische Metaphysik* zu rechtfertigen, die erklären kann, inwiefern die Disziplin der Vernunft ihrem praktischen Interesse entspricht und wie dieses praktische Interesse die systematische Einheit begründen kann. Die Forderung nach architektonischer Einheit ist unerlässlich für eine systematische, harmonische Integration der vielfältigen Erkenntnisse, die die Vernunft im Laufe der Kritik ihrer eigenen Aktivitäten ansammelt, mit ihren praktischen Zwecken und Interessen im Gebiet der Moral.

Die für den »Kanon der reinen Vernunft« zentrale Beziehung zwischen Ideen und Zwecken wird in einer wichtigen, aber leicht rätselhaften Aussage der ersten *Kritik* thematisiert, in der Kant an die platonische Definition der Ideen erinnert und ihre Beziehung zur Ordnung der Zwecke hervorhebt: Der »Geistesschwung des Philosophen«, der die physischen Kopien in der Weltordnung betrachte und dann zu ihrer architektonischen Verbindung nach Zwecken, das heißt nach Ideen, aufsteige, sei »eine Bemühung, die Achtung und Nachfolge verdient«. Im Falle der theoretischen Vernunft projizieren die Ideen, wie wir gesehen haben, Einheit auf die Ordnung der Natur. Im praktischen Bereich hingegen leisten sie ein »ganz eigentümliches Verdienst«, wenn es um die »Prinzipien der Sittlichkeit, der Gesetzgebung und der Religion« geht. Hier *projizieren* die Ideen nicht nur Zweckmäßigkeit, sondern sie *sind* selbst Zwecke, oder sie machen, wie Kant es ausdrückt, »die Erfahrung selbst (des Guten) allererst möglich«. Daher leisten sie ein »ganz eigentümliches Verdienst, welches man nur darum nicht erkennt, weil man es durch eben die empirischen Regeln beurteilt, deren Gültigkeit, als Prinzipien, eben durch sie hat aufgehoben werden sollen« (*KrV*, A 318/B 375).

Diese Untersuchung der Beziehung zwischen Ideen und Zwecken ist entscheidend für das Verständnis der Forderung nach systematischer Einheit in Bezug auf das Reich der Natur (die natürliche Ordnung und die Naturzwecke) sowie das Reich der Zwecke (den Bereich der Moral). Die hier ausgedrückte Forderung nach architektonischer Einheit hat sowohl eine theoretische als auch eine praktische Seite. Aus theoretischer Sicht ist die Annahme von Zweckmäßigkeit in der natürlichen Welt entscheidend für die Fähigkeit der Vernunft, vielfältige Naturgesetze unter einheitliche Prinzipien zu bringen – eine Tätigkeit, die wiederum für den Prozess der taxonomischen Anordnung der Verstandeserkenntnisse zentral ist. Ohne das Postulat einer zweckmäßigen Ordnung der Natur wäre eine solche Einheit unmöglich. Aber während die Einheit der Natur auf einem hypothetischen Prinzip der Vernunft beruht, das die tatsächliche zweckmäßige Anordnung der Naturgesetze postuliert, haben wir nur vom Standpunkt der moralischen Erfahrung Beweise für die Vernunft als Vermögen, das immanent und konstitutiv auf Zwecke ausgerichtet ist. Dies ist, wie wir sehen werden, der entscheidende, wenngleich problematische Eckpfeiler, auf dem die Einheit der Vernunft in der ersten *Kritik* beruht.

Der besondere Charakter der praktischen Forderungen zeigt sich in Kants Argument, dass die praktischen Ideen »Kausalität [haben], das wirklich hervorzubringen, was ihr Begriff enthält« und dass eine solche zweckmäßige Ausrichtung der Vernunft »jederzeit höchst fruchtbar und in Ansehung der wirklichen Handlungen unumgänglich notwendig« sei (*KrV*, A 328/B 385). Wie wir betont haben, konnte die Art von systematischer Einheit, die dem spekulativen Verstandesgebrauch zugrunde liegt, nur unbestimmt angenähert und vorausgesetzt werden (daher die Problematik des Verhältnisses von Teleologie und Physikotheologie). Im Gegensatz dazu beziehen sich die praktischen Ideen auf das Streben nach moralischen Zwecken, die wichtige Auswirkungen auf die empirische

Welt haben. Die Art der praktischen Handlungen, die gemäß den Ideen hervorgebracht werden, bezieht sich notwendigerweise auf die Idee eines systemischen Ganzen, die sowohl in der Tätigkeit der Vernunft vorausgesetzt als auch in Bezug auf diese Tätigkeit geschaffen wird. Diese Idee ist, wie ich in diesem Kapitel erläutern werde, die Idee des »Guten«.

2. Die zentrale Bedeutung des »Guten« für die zweckmäßige Tätigkeit der Vernunft

Um die Bedeutung des Begriffs des »Guten« für die zweckgerichtete Tätigkeit der Vernunft zu verstehen, ist es wichtig, zu begreifen, warum laut Kant in allem, was die Prinzipien der Moral, des Rechts und der Religion betrifft, »Ideen« die »Erfahrung des Guten« ermöglichen. Offensichtlich geht es hier nicht einfach um die Organisation äußerer Erkenntnisse gemäß einer Idee der Einheit, die als Heuristik für die systematische Forschung notwendig ist. Es geht vielmehr um die äußere Projektion der Art von innerer Einheit, die die praktischen Ideen charakterisiert, auf die sinnliche Welt. Diese Einheit muss vorausgesetzt werden, damit die Ideen der Vernunft als Zwecke fungieren und zugleich einen vereinheitlichenden Fokus für ihre zweckmäßige Tätigkeit bieten können.

Der Begriff des Guten, auf den die praktische Tätigkeit der Vernunft gerichtet ist, ist entscheidend für das Verständnis des Verhältnisses von Ideen und Zweckmäßigkeit, das Kant als Platons markantesten und wichtigsten Beitrag zur Philosophie hervorhebt. In der Erfahrung des Guten wird ein Zweck nicht von außen gegeben, sondern aus dem Inneren der Vernunft heraus postuliert: Das Bestreben besteht darin, die Welt gemäß dieser Idee zu gestalten, nicht umgekehrt.[1] Genau das meint Kant damit, dass die platonische Republik keineswegs eine utopische Flucht vor der Realität darstelle, sondern eine notwendige Idee, die man nicht nur »im ersten

1 Zu einer nützlichen Klärung dieser Unterscheidung siehe Hegel, *Die Wissenschaft der Logik*, S. 231: »Die Thätigkeit des Zwecks ist daher nicht gegen sich gerichtet, um eine gegebene Bestimmung in sich aufzunehmen und sich zu eigen zu machen, sondern vielmehr die eigene Bestimmung zu setzen und sich vermittelst des Aufhebens der Bestimmungen der äusserlichen Welt die Realität in Form äusserlicher Wirklichkeit zu geben.«

Entwurfe einer Staatsverfassung, sondern auch bei allen Gesetzen zum Grunde legen muß« (*KrV*, A 315 f./B 372 f.). Nichts schade der Moralphilosophie mehr als die Berufung auf eine »vorgeblich widerstreitende Erfahrung«, denn eine solche negative Erfahrung hätte es gar nicht gegeben, wenn »jene Anstalten zu rechter Zeit nach den Ideen getroffen würden, und an deren statt nicht rohe Begriffe eben darum, weil sie aus Erfahrung geschöpft worden, alle gute Absicht vereitelt hätten« (*KrV*, A 316/B 373). Das Modell einer Verfassungsidee nach der »größten menschlichen Freiheit nach Gesetzen, welche machen, daß jede Freiheit mit der andern ihrer zusammen bestehen kann«, sei ein Beispiel für den zweckmäßigen Charakter praktischer Ideen, das ihre Objektivität und ihre Funktion als rationale Voraussetzungen realer Handlungen unterstreicht.

Kant kommt in verschiedenen Phasen seines Werks auf die Beziehung zwischen Ideen und Zwecken zurück. Ein Regent, so erklärt er in den *Vorlesungen über Religionsphilosophie*, gestalte seinen Staat nach der Idee der vollkommensten Republik, um ihn dieser Idee immer näher zu bringen (*RP*, 993; siehe auch *Ped*, 444). In den *Vorlesungen über Logik* wird diese Idee mit der architektonischen Idee gleichgesetzt, an der wir uns orientieren müssen, um zu vermeiden, dass wir unseren Instinkten folgen oder uns blind Autoritäten unterwerfen (*LJ*, 93). In späteren politischen Schriften sowie in der *Religion innerhalb der Grenzen der bloßen Vernunft* wird das Argument in noch strengerer Form dargelegt. Die Harmonie zwischen Natur und Vernunft, die als Garantie des weltbürgerlichen Rechts vorausgesetzt wird, so Kant im *ewigen Frieden*, sei eine »Idee«, die »zwar in theoretischer Absicht überschwenglich, in praktischer aber (z. B. in Ansehung des Pflichtbegriffs vom ewigen Frieden [...]) dogmatisch und ihrer Realität nach wohl gegründet« sei (*ZeF*, 362; auch *Rel*, 62).

Die Idee der architektonischen Einheit, die im praktischen Vernunftgebrauch begründet ist, ist wesentlich für die Behauptung einer systematischen Ordnung, in der Natur- und Vernunftzwecke harmonisch verbunden sind. Hier wird der normative Charakter der Vernunft nicht nur als eine Reihe abstrakter Verpflichtungen dargestellt, sondern als eine konkrete Synthese, die mit der Zeit durch Praktiken wie die in der ersten *Kritik* erwähnten verwirklicht werden muss: durch Recht, Religion und Moral. Dies ist auch der Grund, warum, wie Kant unter Bezugnahme auf Rousseau in der *Danziger Rationaltheologie* erklärt, der Moralist die Tugend »in der Idee« vorstelle, der Geschichtsschreiber hingegen so, »wie sie die Menschen wirklich besessen haben« (*DR*, 1274). Praktische Ideen sind normative Forderungen, die den selbstkorrigierenden, sich selbst entwickelnden und moralisch zweckmäßigen Charakter der Vernunft offenbaren: Diese Zweckmäßigkeit zu leugnen, hieße ihren normativen Charakter zu leugnen. Aber was genau ist die Beziehung zwischen dem normativen Charakter der Vernunft und der Idee des Guten? Warum behauptet Kant, dass der Begriff des Guten für die Beziehung zwischen der für die architektonische Einheit notwendigen Idee der Zweckmäßigkeit und dem praktischen Gebrauch der Vernunft wesentlich sei?

Um diese Fragen zu beantworten, sollten wir zunächst fragen, warum Kant glaubt, dass dem praktischen Gebrauch der Ideen eine zweckmäßige Struktur inhärent sei. Zur Erklärung dieser zweckmäßigen Struktur müssen wir nicht auf einen Begriff der Zweckmäßigkeit zurückgreifen, der außerhalb der Gegenstände der Erfahrung liegt (wie es beim theoretischen Gebrauch der Ideen der Fall ist). Wir benötigen keinen höheren Anker, um die Autorität unserer Normen und deren selbstkorrigierenden Charakter zu beweisen. Aus moralischer Sicht zeigt sich die architektonische Einheit dynamisch im Prozess des praktischen Gebrauchs der Vernunft, indem ihre Forderungen die Möglichkeit von Handlungen in der Welt bedingen. Wie Kant im »Kanon« erklärt, offenbare sich die Normativität in der Geschichte, und zwar nicht nur in der individuellen Geschichte, sondern in der Geschichte der Menschheit, die kollektiv Institutionen zur Verwirklichung dieser Forderungen entwickle.

Die Analyse der zweckmäßigen Struktur der praktischen Vernunft reicht jedoch nicht aus, um die andere Frage zu beantworten, die im »Kanon« im Zusammenhang mit dem Erfordernis der systematischen Einheit aufgeworfen wird: Was garantiert, dass die moralischen Forderungen der Vernunft für den Menschen verbindlich sind, der sowohl diesen Forderungen *als auch* natürlichen (nichtmoralischen) Grenzen unterworfen ist? Was garantiert, dass sich die selbstkorrigierende Natur der Vernunft durchsetzt und der Prozess der Generierung moralischer Normen angemessen weitergeführt wird?

Diese Fragen führen uns zurück zum Problem des Verhältnisses zwischen der Ordnung der Natur und der Ordnung der Zwecke, der Verbindung zwischen systematischer moralischer Einheit und der systematischen Einheit der Natur. Ohne die systematische Integration des Reichs der Natur und des Reichs der Zwecke zu erklären, können wir auch nicht erklären, wie moralische Normen für Menschen bindend sein können, deren moralische Motive stets mit nichtmoralischen vermischt sind. Was für uns noch wichtiger ist: Ohne die Garantie, dass moralische Normen für Menschen auf koordinierte und kontinuierliche Weise bindend sein können, würden sich die Lernprozesse, durch die die Vernunft ihren selbstkorrigierenden Charakter entwickelt, nicht in die Richtung entwickeln, in der sie den Skeptizismus zu besiegen vermögen. Und dann würden die architektonischen Anforderungen der Vernunft insgesamt unbefriedigt bleiben.

Nicht nur im »Kanon der reinen Vernunft«, sondern auch in seinem Essay *Was heißt: Sich im Denken orientiren?* verweist Kant auf die Notwendigkeit der systematischen Einheit von natürlichen und moralischen Zwecken. Im Falle des theoretischen Vernunftgebrauchs sei die Forderung nach Systematizität entscheidend, wenn wir über die Gründe für die Existenz kontingenter Gegenstände in der Welt urteilen und das transzendentale Prinzip der Zweckmäßigkeit rechtfertigen wollen, das der logischen Forderung nach einer systematischen Einheit der Natur zugrunde liegt. Die Notwendigkeit der Systematizität im praktischen Vernunftgebrauch sei jedoch viel wichtiger, weil dieser Gebrauch der Vernunft bedingungslos sei – nicht nur regulativ, sondern konstitutiv für die Erfahrung der Moral. Die Vernunft gebiete bedingungslos die Befolgung ihrer praktischen Pflichten. Wie Kant es ausdrückt, müssen wir die Harmonie zwischen natürlichen und moralischen Zwecken nicht nur voraussetzen, »wenn wir urtheilen wollen, sondern weil wir urtheilen müssen« (*WhDO*, 139).

Die Notwendigkeit des Postulats systematischer Einheit hat im Falle der Moral mit der Art von Erfahrung zu tun, die der praktische Gebrauch der Ideen ermöglicht. Moralische Zwecke werden in einer Welt gesetzt, die sowohl von moralischen Normen als auch von Naturgesetzen beherrscht wird. Das Mitglied des Reichs der Zwecke ist daher faktisch kein Souverän: Der Erfolg seines moralischen Handelns hängt nicht nur davon ab, was es tut, um die Forderungen der praktischen Vernunft umzusetzen, sondern auch von den Handlungen anderer Menschen, von den empirischen

Kontingenzen und Beschränkungen, auf die es stößt. Daher ist es prinzipiell denkbar, dass die Welt mit dem moralischen Gebrauch der Vernunft nicht vereinbar ist oder ihn gar behindert. Der konstitutive Charakter der praktischen Ideen, die Forderung, ihre Vorschriften unabhängig von allen empirischen Gegebenheiten zu verwirklichen, macht jedoch eine Versöhnung dieses Dualismus notwendig. Eine Welt, in der die Naturgesetze den praktischen Gebrauch der Vernunft behinderten, ließe alle Versuche der Beförderung moralischer Zwecke absurd werden.

Hier wird die Idee systematischer moralischer Einheit, mit der das Reich der Zwecke verbunden ist, wichtig. Das Reich der Zwecke ist ein Bereich, in dem moralische Handlungen koordiniert werden, in dem die praktischen Zwecke jedes individuellen Menschen Teil eines zweckmäßigen Ganzen sind und wo die Schaffung der Bedingungen, unter denen die Moralität eines jeden gedeihen kann, eine Aufgabe der gesamten menschlichen Gattung ist. Es ist nicht einfach ein Reich, von dem jeder Mensch erwarten kann, Mitglied zu sein. Vielmehr stellt es alle Individuen vor die kollektive historische Aufgabe, ihren Teil zur Förderung der Interessen der Vernunft beizutragen und dabei allmählich ihre Beschränkungen zu überwinden. Wie wir gesehen haben, wird das Reich der Zwecke bei Kant als ein moralisches Gebot mit geschichtlichen Auswirkungen verstanden. Seine Verwirklichung setzt bewusste menschliche Handlungen voraus, die auf die fortschreitende Koordinierung und Fortführung moralischer Bemühungen abzielen. Die menschlichen Handlungen, die für sich genommen nur ein Aggregat empirischer Manifestationen sittlichen Wollens bilden können, müssen also die Grenzen der individuellen Sittlichkeit überschreiten und sich organisch in ein systematisches Ganzes integrieren, durch das sie koordiniert und erhalten werden.

3. Das höchste Gut: Tugend und Glückseligkeit

Die Notwendigkeit der Beurteilung der Welt als mit dem praktischen Vernunftgebrauch in Harmonie befindlich ist einerseits mit der Darstellung der Moral im »Kanon« verbunden. Andererseits hängt sie auch damit zusammen, wie die moralischen Handlungen der Vernunft durch ihren »letzten Zweck« informiert werden: das höchste Gut in der Welt. Um die Rolle des Begriffs des höchsten Gutes für die systematische moralische Einheit zu verstehen, müssen wir verstehen, wie Tugend und Glückseligkeit im Verständnis des höchsten Guts miteinander verbunden sind und inwiefern der Begriff der Glückseligkeit einen wesentlichen Bestandteil moralischen Handelns bildet. Wie wir gesehen haben, bezieht sich Kants Analyse moralischer Verpflichtung im »Kanon« sowohl auf die Quellen *als auch* die Folgen moralischen Handelns. Der praktische Vernunftgebrauch sei kein bloßes Streben nach Lustbefriedigung. Dieser Unterschied hänge mit der Rolle zusammen, die der Begriff der Glückseligkeit, im »Kanon« definiert als Zustand der »Befriedigung aller unserer Neigungen«, bei der Analyse moralischen Handelns spiele. Lustbefriedigung ziele darauf ab, uns an der Glückseligkeit teilhaben zu lassen, während das Moralgesetz darauf abziele, uns der Glückseligkeit würdig zu machen. Erstere beruht auf empirischen Prinzipien, denn »anders als vermittelst der Erfahrung kann ich weder wissen, welche Neigungen dasind, die befriedigt werden wollen, noch welches die Naturursachen sind, die ihre Befriedigung bewirken können«. Das Sittengesetz dagegen abstrahiere sowohl von den natürlichen Neigungen als auch von den Mitteln zu ihrer Befriedigung und »betrachtet nur die Freiheit eines vernünftigen Wesens überhaupt, und die notwendigen Bedingungen, unter denen sie allein mit der Austeilung der Glückseligkeit nach Prinzipien zusammenstimmt« (*KrV*, A 806/B 834).

Wie wir im vorigen Kapitel gesehen haben, beruft sich Kant sowohl auf die Tradition der Moralphilosophie als auch auf den gesunden Menschenverstand, um festzustellen, dass es tatsächlich moralische Prinzipien gebe, die »den Gebrauch der Freiheit eines vernünftigen Wesens überhaupt« bestimmen (*KrV*, A 807/B 835). Wie aber ebenfalls versucht wurde zu betonen, werden diese moralischen Prinzipien (durch die die Vernunft danach strebt, der Glückseligkeit würdig zu werden) in der sinnlichen Welt aufgestellt, die wir zwar als einheitliche Ordnung begreifen können, die wir aber nicht selbst schaffen. Deshalb ist es prinzipiell denkbar, dass die Natur mit dem sittlichen Vernunftgebrauch unvereinbar ist. Und doch verlangt die unbedingte Pflicht zur Befolgung des Moralgesetzes von uns, diesen Dualismus in Einklang zu bringen. Vernünftige Sinnenwesen wie wir verfolgen ihre Zwecke in der empirischen Welt und können nicht anders, als sich für die Folgen ihres Handelns zu interessieren und zu fragen, was sie durch die Befolgung moralischer Gebote erhoffen können. Eine Welt, in der die Naturgesetze den praktischen Gebrauch der Vernunft behinderten, ließe alle Versuche der Beförderung moralischer Zwecke absurd werden. Daher billige die Vernunft die Glückseligkeit nur insoweit, als sie als »Würdigkeit, glücklich zu sein« begriffen werde.

Aber selbst dann seien die Moral allein und die so verstandene Glückseligkeit »noch lange nicht das vollständige Gut. Um dieses zu vollenden, muß der, so sich als der Glückseligkeit nicht unwert verhalten hatte, hoffen können, ihrer teilhaftig zu werden«. Die beiden Elemente, Tugend und Glückseligkeit, müssen also so miteinander verbunden sein, dass »die moralische Gesinnung, als Bedingung, den Anteil an Glückseligkeit, und nicht umgekehrt die Aussicht auf Glückseligkeit die moralische Gesinnung zuerst möglich mache«. Kant folgert daraus: »Glückseligkeit also, in dem genauen Ebenmaße mit der Sittlichkeit der vernünftigen Wesen, dadurch sie derselben würdig sein, macht allein das höchste Gut einer Welt aus, darin wir uns nach den Vorschriften der reinen aber praktischen Vernunft durchaus versetzen müssen« (*KrV*, A 813/B 841).

Das höchste Gut ist also nicht einfach ein Zustand, den jeder Mensch erreichen kann, sondern eine moralische Pflicht. Für Kant prägen die Ideen der Vernunft die Geschichte des Menschen. Die Verwirklichung des höchsten Guts erfordere bewusste menschliche Anstrengungen, die darauf abzielen, schrittweise eine Synthese von Tugend und Glückseligkeit zu erreichen, die wiederum für die Ideen in ihrem praktischen Gebrauch notwendig ist. Daher sei das höchste Gut unmittelbar mit der Idee einer moralischen Welt verbunden, die als »*corpus mysticum* der vernünftigen Wesen in ihr, so fern deren freie Willkür unter moralischen Gesetzen sowohl mit sich selbst, als mit jedes anderen Freiheit durchgängige systematische Einheit an sich hat« verstanden wird (*KrV*, A 808/B 836). In einer solchen intelligiblen Welt abstrahieren wir von allen Hindernissen der Moral (einschließlich aller menschlichen Neigungen) und legen die Idee einer Ordnung zugrunde, in der die Individuen dem Moralgesetz folgen, in der Hoffnung, dass ihre Glückseligkeit entsprechend ihrer moralischen Würdigkeit verteilt werde und ihre individuellen Anstrengungen zur Verwirklichung des höchsten Guts beitragen. Eine solche intelligible Welt wird in Analogie zu

Leibniz' Reich der Gnaden beschrieben, wo Moral und Glückseligkeit ein einheitliches System bilden, das auf der Idee eines weisen und regierenden Urhebers der Welt beruht. Zwar sei es eine Pflicht, gemäß dem Moralgesetz zu handeln, doch wäre dies unmöglich, wäre die Vernunft nicht mit der Idee einer »wirkenden Ursache verknüpft, welche dem Verhalten nach demselben einen unseren höchsten Zwecken genau entsprechenden Ausgang, es sei in diesem, oder einem anderen Leben, bestimmt« (*KrV*, A 812/B 840). Ohne einen weisen und regierenden Urheber der Welt und der Idee eines Reichs der Zwecke »sind die herrlichen Ideen der Sittlichkeit zwar Gegenstände des Beifalls und der Bewunderung, aber nicht Triebfedern des Vorsatzes und der Ausübung, weil sie nicht den ganzen Zweck, der einem jeden vernünftigen Wesen natürlich und durch eben dieselbe reine Vernunft *a priori* bestimmt und notwendig ist, erfüllen« (*KrV*, A 813/B 841).

Aber warum sollten wir Letzteres glauben? Worin besteht dieser Glaube? Die Antwort findet sich in einer der früheren Passagen der *Kritik*, wo Kant behauptet, dass die vernünftigen Ideen »von den Naturbegriffen zu den praktischen einen Übergang möglich machen, und den moralischen Ideen selbst auf solche Art Haltung und Zusammenhang mit den spekulativen Erkenntnissen der Vernunft verschaffen können« (*KrV*, A 329/B 386). Was beinhaltet dieser Übergang? Die Antwort auf diese Frage ermöglicht es, uns endlich mit dem Problem zu befassen, wie der theoretische und der praktische Gebrauch der Ideen bei der Lösung des Problems der architektonischen Einheit zusammenkommen.

4. Die praktische Notwendigkeit moralischer Zweckmäßigkeit

Die Analyse der architektonischen Forderung der Vernunft im Prozess des Aufstellens verbindlicher moralischer Normen hat uns zu der Idee der Zweckmäßigkeit geführt, die für das Verständnis dieser Forderung entscheidend ist. Dies warf die Frage auf, wie genau wir diesen Begriff und die Verbindung zwischen der Ordnung der Natur und der Ordnung der moralischen Zwecke verstehen sollen. Dass es eine Verbindung zwischen beiden geben muss, liegt auf der Hand: Wenn die Vernunft ihre Imperative in der empirischen Welt verwirklichen soll, in der neben moralischen Geboten auch natürliche Neigungen existieren, muss die Verwirklichung solcher Zwecke möglich sein. Die Koordination und Kontinuität moralischer Zwecke, das heißt ihre systematische Integration in einer Weise, die die Interessen der Vernunft schützt und ihre Lernprozesse bewahrt, muss also gewährleistet sein.

Bei der Erörterung von Kants Argumenten für die Notwendigkeit systematischer moralischer Einheit unter dem Gesichtspunkt des praktischen Gebrauchs der Ideen können wir zwischen drei verschiedenen Interpretationen unterscheiden. Diese entsprechen grob den Belangen der moralischen Motivation, der psychologischen Notwendigkeit und der rationalen Konsistenz. Nach der Lesart der moralischen Motivation wird die Annahme systematischer moralischer Einheit dadurch begründet, dass für moralisch handelnde Wesen die Ideen der Moral ohne die Idee eines weisen Welturhebers zwar »Gegenstände des Beifalls und der Bewunderung, aber nicht Triebfedern des Vorsatzes und der Ausübung« wären, wie Kant es im »Kanon« formuliert (*KrV*, A 813/B 841).[2] Nach der zweiten, psychologischen Lesart ist die Annahme systematischer moralischer Einheit gerechtfertigt, weil die gegenteilige Annahme einer Kluft zwischen unseren guten moralischen Absichten und den erhofften Ergebnissen unserer Handlungen endliche Akteure wie uns demoralisieren würde und verzweifeln ließe.[3] Dem Argument der rationalen Konsistenz zufolge beruht die systematische moralische Einheit schließlich auf der Annahme, dass ein Akteur bei der Verfolgung eines bestimmten moralischen Zwecks genau dann rational ist, wenn er auch glaubt, diesen Zweck verwirklichen zu können.[4]

Im Folgenden möchte ich vorschlagen, dass die letztere Art von Argumentation die adäquateste Interpretation dafür bietet, warum

2 Dieses Argument findet sich bei Henry Allison, *Kant's Groundwork for the Metaphysics of Morals: A Commentary*, Oxford, New York 2011, S. 16.

3 Zu einem Beispiel für ein solches Argument siehe Andrew Chignell, »Rational Hope, Moral Order, and the Revolution of the Will«, in: Eric Watkins (Hg.), *Divine Order, Human Order, and the Order of Nature*, Oxford 2013, S. 197-218.

4 Zu einer Analyse dieser Bedingung siehe Willaschek, »The Primacy of Practical Reason and the Idea of a Practical Postulate«, und Marcus Willaschek, »Must We Believe in the Realizability of Our Ends? On a Premise of Kant's Argument for the Postulates of Pure Practical Reason«, in: Thomas Höwing (Hg.), *The Highest Good in Kant's Philosophy*, Berlin 2016, S. 223-244.

Kant die Idee systematischer moralischer Einheit für moralisch verpflichtend und daher für rational erforderlich hält. Ein Vorteil dieser Lesart ist, dass wir auch dann an ihr festhalten können, wenn wir die psychologischen und motivationalen Einwände, an denen Kants Rahmenprogramm in der ersten *Kritik* zerbrechen würde, ausklammern. Der Fokus auf die Forderung nach rationaler Konsistenz hilft uns, zu verstehen, warum der Glaube an das höchste Gut für Kant praktisch notwendig ist: Es wäre irrational, einen Zweck zu verfolgen, dessen Verwirklichung unmöglich ist.

Um die Frage nach der Notwendigkeit der moralischen Systematizität besser zu verstehen, ist es wichtig, zwei Merkmale moralischen Handelns in der ersten *Kritik* hervorzuheben: die Unbedingtheit der Forderungen der Vernunft in ihrem praktischen Gebrauch und die Grenzen, denen der Mensch in der natürlichen Welt begegnet. In einer rein intelligiblen Welt gäbe es keine Hindernisse für die Pflichten, die die praktische Vernunft vorschreibt. Die bloße Vorstellung der Zwecke der Vernunft würde ausreichen, um nicht nur die erfolgreiche Durchführung einzelner moralischer Handlungen, sondern auch die spontane Koordination aller individuellen Handlungen zu garantieren und die Verwirklichung der Zwecke der gesamten menschlichen Gattung zu gewährleisten. Eine solche intelligible Welt, eine »Welt, so fern sie allen sittlichen Gesetzen gemäß wäre (wie sie es denn, nach der Freiheit der vernünftigen Wesen, sein kann, und nach den notwendigen Gesetzen der Sittlichkeit, sein soll)«, sei jedoch dem Menschen in seinem empirischen Dasein nie gegeben. Die Idee sei trotzdem eine notwendige, »die wirklich ihren Einfluß auf die Sinnenwelt haben kann und soll, um sie dieser Idee so viel als möglich gemäß zu machen« (*KrV*, A 808/B 836). Die Pflicht zur Förderung des Reichs der Zwecke beschränkt sich dabei nicht auf die Kultivierung individueller Tugend, sondern betrifft die Förderung einer gesamten moralischen Welt. Sie stellt die authentische Bestimmung der menschlichen Vernunft und den Höhepunkt ihrer architektonischen Forderungen dar. Nur im Ideal einer moralischen Gemeinschaft können wir uns die wesentlichen Zwecke der Vernunft vorstellen und den Prozess des Hervorbringens moralischer Normen als selbstkorrigierend und selbstvalidierend denken.[5]

5 John R. Silber ist einer der wichtigsten Autoren, die die zentrale Bedeutung des Begriffs des höchsten Gutes für die Vollendung der architektonischen Einheit

Es ist wichtig, zu betonen, dass die Forderung der Verwirklichung des Reichs der Zwecke nicht auf die negative Forderung beschränkt ist, sich nicht von äußeren Motiven bestimmen zu lassen. Auch geht es nicht um die positive Fähigkeit, bestimmte moralische Handlungen in der empirischen Welt zu bewirken. Vielmehr geht es um die *kollektive* und *systematische* Fähigkeit, die Welt auf koordinierte und kontinuierliche Weise im Einklang mit moralischen Zwecken zu verändern. Die moralische Pflicht, die natürliche Welt gemäß den wesentlichen Forderungen der Vernunft umzugestalten, schließt alle vernünftigen Wesen als Mitglieder des Reichs der Zwecke und die Gesamtheit ihrer Bemühungen ein: Ihre kollektive Pflicht, das Reich der Zwecke zu verwirklichen, soll als »regulative Idee der Geschichte«[6] verstanden werden. Die Fähigkeit, die Natur einer solchen Umwandlung zu unterziehen, erfordert eine starke Garantie dafür, dass die Umweltbedingungen, in die die Zwecke eingreifen, für die Forderungen der Vernunft empfänglich sind,

der ersten *Kritik* herausgestellt haben. Siehe John R. Silber, »The Metaphysical Importance of the Highest Good as the Canon of Pure Reason in Kant's Philosophy«, in: *Texas Studies in Literature and Language* 1 (2) (1959), S. 233-244. Der Autor ist auch einer der wenigen, die sich auf die Verbindung zwischen der »Architektonik der reinen Vernunft« und den Postulaten der praktischen Vernunft konzentrieren, einschließlich ihrer Entwicklung in Kants nachfolgenden Werken. Siehe John R. Silber, »The Importance of the Highest Good in Kant's Ethic«, in: *Ethics* 73 (3) (1963), S. 179-197. Seine Interpretation unterscheidet sich von der Lewis White Becks und löste die sogenannte Beck/Silber-Kontroverse aus. Zu einer informativen Diskussion siehe J. G. Murphy, »The Highest Good as Content for Kant's Ethical Formalism«, in: *Kant-Studien* 56 (1) (1965), S. 102-110, und Thomas Auxter, »The Unimportance of Kant's Highest Good«, in: *Journal of the History of Philosophy* 17 (2) (1979), S. 121-134. Beide Autoren argumentieren, dass Silber einem Begriff zu viel Aufmerksamkeit widmet, der nur von untergeordneter Bedeutung für Kants praktische Philosophie sei. Zu einer anderen Interpretation, die die Bedeutung des höchsten Gutes und seine Beziehung zur architektonischen Einheit des Systems betont, sich aber nicht auf den Unterschied zwischen den *Kritiken* konzentriert, siehe Gerhard Krämling, »Das Höchste Gut als mögliche Welt. Zum Zusammenhang von Kulturphilosophie und systematischer Architektonik bei I. Kant«, in: *Kant-Studien* 77 (1-4) (1986), S. 273-288. Zu einer umfassenden neueren Analyse des Problems des höchsten Gutes in Kants Philosophie siehe Thomas Höwing (Hg.), *The Highest Good in Kant's Philosophy*, Berlin 2016.

6 Dieser Ausdruck (»the regulative idea of history«) erscheint in Yovel, *Kant and the Philosophy of History*, S. 7.

denn nur dann können wir sicher sein, dass unsere Bemühungen nicht behindert werden und von künftigen Generationen bewahrt werden können.

Das Problem der Garantie des höchsten Gutes steht im Mittelpunkt der letzten Seiten der ersten *Kritik*. Wenn moralische Prinzipien für den praktischen Gebrauch der Vernunft notwendig sind, so ist ebenso die Annahme notwendig, dass »jedermann die Glückseligkeit in demselben Maße zu hoffen Ursache habe, als er sich derselben in seinem Verhalten würdig gemacht hat, und daß also das System der Sittlichkeit mit dem der Glückseligkeit unzertrennlich, aber nur in der Idee der reinen Vernunft verbunden sei« (*KrV*, A 809/B 837).

Aber wie passt diese Behauptung zu Kants komplizierter Analyse der Beziehung von transzendentaler und praktischer Freiheit, die im vorigen Kapitel untersucht wurde? Diese Frage wird im »Kanon« nicht explizit beantwortet. Hier betont Kant nur: Wenn vernünftige Wesen ihre Zwecke nicht in der empirischen, sondern in einer intelligiblen Welt setzen würden, so wäre ein System der Glückseligkeit in Proportion zur Moralität eine transzendentale Gegebenheit. Die Freiheit wäre dann »selbst die Ursache der allgemeinen Glückseligkeit« und »die vernünftigen Wesen [wären] also selbst, unter der Leitung solcher Prinzipien, Urheber ihrer eigenen und zugleich anderer dauerhafter Wohlfahrt«. In der sinnlichen Welt indes sei jeder Mensch zur Befolgung des Moralgesetzes verpflichtet, unabhängig davon, ob die Natur oder andere Menschen seine moralischen Bemühungen unterstützen oder untergraben. Daher könne weder die »Natur der Dinge der Welt« noch die »Kausalität der Handlungen selbst« bestimmen, wie die Folgen solcher Handlungen sich zur Glückseligkeit verhalten. Die Vernunft könne nicht aufgrund von Evidenz aus der Natur wissen, inwieweit sich die Hoffnung, glücklich zu sein, mit der Anstrengung, der Glückseligkeit würdig zu werden, verbinden werde (*KrV*, A 809/B 837). Dennoch sei der praktische Glaube an eine solche Verbindung von Tugend und Glückseligkeit, »wenn eine höchste Vernunft, die nach moralischen Gesetzen gebietet, zugleich als Ursache der Natur zum Grunde gelegt wird«, aber notwendig. Dies entspreche der Idee des höchsten ursprünglichen Gutes, der Idee eines Wesens, in dem »der moralisch vollkommenste Wille, mit der höchsten Seligkeit verbunden, die Ursache aller Glückseligkeit in der Welt ist, so fern sie mit der Sittlichkeit (als der Würdigkeit glücklich zu sein) in genauem Verhältnisse steht« (*KrV*, A 810/B 838).

5. Zweckmäßigkeit und Physikotheologie

Der konstitutive Charakter des praktischen Gebrauchs der Ideen gibt uns zwei Möglichkeiten: Wir können die Realisierbarkeit der Idee des höchsten Guts und damit das Postulat eines weisen Urhebers und Regenten der Welt bejahen, oder wir können »die moralischen Gesetze als leere Hirngespinste [ansehen], weil der notwendige Erfolg derselben, den dieselbe Vernunft mit ihnen verknüpft, ohne jene Voraussetzung wegfallen müßte« (*KrV*, A 811/B 839). Man beachte, dass es sich hier nicht um eine Frage der psychologischen Motivation handelt: Es geht nicht darum, dass wir uns ohne Aussicht auf Erfolgt nicht dazu durchringen können, das Richtige zu tun. Vielmehr geht es um rationale Kohärenz: darum, ob von uns verlangt sein könnte, das Richtige zu tun, wenn sich die Welt als so geordnet erwiese, dass sie diese Forderung immer wieder untergrübe. Letzteres wäre rational absurd. Wie auch die *Vorlesungen in Religionsphilosophie* erklären, können wir in keiner Wissenschaft etwas Sichereres denken als die Moral: Wenn die Vernunft ihre moralischen Verpflichtungen leugnete, müsste sie aufhören zu existieren. Nur indem die Vernunft ihre Zwecke in der Welt setzt, offenbart sich der Mensch als Wesen mit einem von der Natur unabhängigen Handlungsvermögen – andernfalls wäre er »ein Thier, oder ein Ungeheuer« (*RP*, 1011).

Und doch ist der Mensch auch ein sinnliches Wesen, und wenn er versucht, gemäß den Vorschriften seiner vernünftigen Natur zu handeln, präsentieren ihm die Sinne oft »das Gegentheil in blendendem Glanze«. In diesem Fall verlange die Vernunft in ihrem eigenen Interesse und um nicht gegen ihre eigenen Kräfte zu handeln, »ein Wesen zu denken, dessen Wille eben jene Gebote sind, die er als für sich gegeben *a priori* apodiktisch gewiß erkennet« (*PR*, 1012). Ohne das Postulat eines allwissenden, allmächtigen, heiligen und gerechten Wesens widerspräche die Vernunft sich selbst: Sie verspräche durch ihre Gesetze einen moralischen Zustand, den sie nicht hervorbringen könnte. »Daß Gott die Welt nach moralischen Grundsätzen regieret«, so schreibt Kant, »ist eine Voraussetzung, ohne welche alle Moral wegfällt; denn kann diese mir keine Aussicht auf die Befriedigung meines Bedürfnisses, glücklich zu seyn, verschaffen; so kann sie mir auch nichts gebieten« (*RP*, 1116). Offensichtlich hat das Postulat Gottes keinen Bezug zu den Bedingungen der Möglichkeit der Moral, sondern nur zu ihren Konsequenzen. Doch ohne solche Voraussetzungen »verlieren alle subjektiv nothwendige Pflichten, die ich als vernünftiges Wesen zu leisten schuldig bin, ihre objektive Realität«. Ohne die Hoffnung auf einen Zustand, in dem diejenigen, die sittlich handeln und der Glückseligkeit würdig werden, auch tatsächlich an dieser Glückseligkeit teilhaben können, »wäre ein Widerspruch zwischen dem Laufe der Natur und der Moralität«. Der Vorteil dieser Moraltheologie gegenüber einer spekulativen sei, dass sie uns unfehlbar zum Glauben an die Existenz eines Wesens führe, das »allwissend, allmächtig, ewig und nicht in der Zeit« sei. Dies sei der Begriff eines Wesens, das die Vernunft in ihrem theoretischen Gebrauch nur hypothetisch annehmen könne, ohne jemals seine ontologischen Prädikate oder seine Universalität und Notwendigkeit erkennen zu können. Die Moral zeige uns nicht nur, dass wir Gott brauchen, sondern »lehret uns auch, daß er schon in der Natur der Sache liege, und daß die Ordnung der Dinge uns selbst darauf leite« (*RP*, 1072 f.).

Wir finden in diesen Passagen eine These, die über die der Widerspruchsfreiheit zwischen systematischer moralischer Einheit und praktischer Freiheit hinausgeht. Kant betont die notwendige positive Bestimmung eines Prinzips der Zweckmäßigkeit, das die Integration von sinnlicher und vernünftiger Natur erlaube und als Kriterium für die Erkenntnis der Natur als zweckmäßig fungiere. Die Idee einer intelligiblen Welt, in der die Sittlichkeit in genauem Verhältnis zur Glückseligkeit zu finden ist, sei eine praktisch notwendige Idee der Vernunft und stelle eine systematische Einheit all ihrer Zwecke her. Die Garantie für diese Einheit liege in der Annahme eines ursprünglichen höchsten Gutes als »oberste Ursache«, die »nach der vollkommensten Zweckmäßigkeit die allgemeine, obgleich in der Sinnenwelt uns sehr verborgene Ordnung der Dinge gründet, enthält und vollführet« (*KrV*, A 814/B 842).

Aber die Implikationen dieser Aussage gehen über das Interesse an der praktischen Verwirklichung der Ideen der Vernunft hinaus. Die Diskussion des höchsten Gutes, die Analyse der praktischen Theologie im Zusammenhang mit den wesentlichen Interessen der Vernunft und das Problem eines Systems von Zwecken, durch das die moralischen Pflichten mit dem natürlichen Lauf der Welt vereinbar sind, werfen auch aus theoretischer Sicht neues Licht auf die Frage der Zweckmäßigkeit der Natur. Es geht hier um die Notwendigkeit begrifflicher Werkzeuge, die zwischen völlig heterogenen und doch notwendigerweise voneinander abhängigen Sphären vermitteln können: Natur und Freiheit, Phänomena und Noumena, Möglichkeit der Moral und Wirklichkeit der Natur. In den *Vorlesungen über Religionsphilosophie* betont Kant, dass die Idee systematischer moralischer Einheit und die Notwendigkeit der Verwirklichung moralischer Zwecke in der empirischen Welt der Idee Gewicht gibt, dass »die ganze Welt [...] als ein allgemeines System aller Zwecke, sowohl durch Natur als durch Freiheit« angesehen werden könne. »Diese Lehre von den Zwecken heißt Teleologie. So wie es aber ein physisches System der Zwecke giebt, in welchem alle Naturdinge als Mittel auf gewisse Zwecke, die in den vernünftigen Geschöpfen zu finden sind, ihre Beziehung haben; so giebt es auch ein praktisches System der Zwecke, d. h. ein System nach den Gesetzen des freien Willens, in welchem alle vernünftige Geschöpfe unter sich, als gegenseitige Zwecke und Mittel, zusammenhängen« (*RP*, 1102).

Die Physikotheologie und die Moraltheologie sind also in ein einziges systematisches Projekt integriert, in dem der praktische Gebrauch der Ideen die von der theoretischen Vernunft gelassenen Lücken füllt. Nun endlich verstehen wir Kants Behauptung in der »Architektonik«, dass die Idee des Ganzen, die für die organische Einheit des Systems notwendig ist, durch die wesentlichen Zwecke der Vernunft schematisiert werde. In der Physikotheologie, so betont er in den *Vorlesungen über Religionsphilosophie*, werden alle vernünftigen Wesen »als mögliche Mittel zur Erreichung der durch die vernünftigen Geschöpfe zu erhaltenden Zwecke selbst angesehen«. Die Welt werde nicht nur als eine Reihe wirkender Ursache (*nexu effecivo*) dargestellt, sondern als »System aller Zwecke« (*nexu finali*). In der praktischen Theologie stehen die vernünftigen Wesen im »Centrum der Schöpfung«: Nicht nur beziehe sich alles in der Welt auf sie, sondern sie seien auch als »wechselseitige Mittel« aufeinander bezogen. Denn »so unordentlich und zwecklos uns auch die Geschichte das Verhalten der Menschen schildert; so darf uns dieses doch nicht irre machen, zu glauben daß dennoch dem Menschengeschlechte ein *allgemeiner Plan* zum Grunde lieget, nach welchem, trotz alles Mißbrauches ihrer Freiheit, doch endlich *die größtmöglichste Vollkommenheit desselben wird erreicht werden*. Denn bis jetzt übersehen wir ja nur *einzelne Theile und Bruchstücke*!« (*RP*, 1103). Die Ordnung der Natur und die Ordnung der Zwecke seien also in einem zweckmäßigen System verbunden, das die Begriffe der Natur und der Freiheit in Bezug auf die Idee Gottes integriert. Es ist diese Idee von Zweckmäßigkeit als Design, die die Geschichte nicht als blinde Entfaltung zufälliger Fakten, Ereignisse und Charaktere, sondern als Abfolge von Ereignissen verständlich macht, die einen Zweck haben: den Zweck, die koordinierte und kontinuierliche Integration moralischer Zwecke zu ermöglichen.

Die Idee des allgemeinen Plans, die hier als offensichtliche Implikation der teleologischen Analyse einer als System von Zwecken verstandenen Natur präsentiert wird, ist dieselbe Idee, die wir im Aufsatz zur allgemeinen Geschichte finden.[7] Dort ist der allgemeine Plan der Natur eine notwendige theoretische Hypothese, um die Entwicklung menschlicher Anlagen zu moralischen Zwecken zu erklären. Ohne eine solche Idee, so behauptet Kant, müssten wir die »Naturanlagen größtenteils als vergeblich und zwecklos« betrachten, was »alle praktischen Prinzipien aufheben und dadurch die Natur, deren Weisheit in Beurtheilung aller übrigen Anstalten sonst zum Grundsatze dienen muß, am Menschen allein eines kindlichen Spiels verdächtig machen würde« (*IaG*, 19). Ohne die Hypothese, dass die Natur »selbst im Spiele der menschlichen Freiheit nicht ohne Plan und Endabsicht verfahre«, wäre es unmöglich, einen »Leitfaden« zu finden, »ein sonst planloses *Aggregat* menschlicher Handlungen wenigstens im Großen als ein *System* darzustellen« (*IaG*, 29).

Später, im Essay *Über den Gebrauch teleologischer Principien in der Philosophie*, stellt Kant dieselbe Verbindung zwischen den architektonischen Forderungen der Vernunft und der Idee natürlicher Zweckmäßigkeit her. Bei der Analyse der Bedingungen, unter denen die Natur als System der Zwecke aufgefasst werden kann, in dem die moralischen Handlungen der Menschen harmonisch

7 Zur weiteren Diskussion der Parallele zwischen diesen Ausführungen und denen in der *Idee zu einer allgemeinen Geschichte in weltbürgerlicher Absicht* siehe Yovel, *Kant and the Philosophy of History*; Michel Despland, *Kant on History and Religion*, Montreal 1973; und William A. Galston, *Kant and the Problem of History*, Chicago 1975.

mit den Ereignissen außerhalb ihrer Kontrolle integriert sind, erklärt er: »Weil aber eine reine praktische Teleologie, d. i. eine Moral, ihre Zwecke in der Welt wirklich zu machen bestimmt ist, so wird sie deren Möglichkeit in derselben [...] nicht verabsäumen dürfen.« Bei der Beantwortung der Frage, wie die sittlichen Zwecke des Menschen in eine zweckmäßige, den Interessen der praktischen Vernunft dienende Naturlehre einzubeziehen seien, heißt es, dass die Moralteleologie sowohl Naturteleologie als auch Transzendentalphilosophie benötige, »um der praktischen reinen Zweckslehre objective Realität in Absicht auf die Möglichkeit des Objects in der Ausübung, nämlich die des Zwecks, den sie als in der Welt zu bewirken vorschreibt, zu sichern« (*TPP*, 183).

Man beachte, wie in *Über den Gebrauch teleologischer Principien* die Frage nach dem Verhältnis zwischen natürlicher und moralischer Teleologie, theoretischer und praktischer systematischer Einheit, Natur und Freiheit als eine reflexive Aufgabe dargestellt wird. Zugleich wird die transzendentale Freiheit als Bedingung der Möglichkeit moralischer Verpflichtung angenommen. In der *Kritik der reinen Vernunft* hingegen wird das Verhältnis von moralischer und transzendentaler Freiheit, wie wir im vorigen Kapitel gesehen haben, als einer systematischen Prüfung nicht würdig beiseitegelegt. Dies erklärt, warum die kritische Perspektive schließlich an den Rand gedrängt wird: Das Prinzip der Zweckmäßigkeit, das für die Idee der architektonischen Einheit notwendig ist und mit dem praktischen Gebrauch der Ideen identifiziert wird, wird zum Schlüssel für das Erkennen der Natur als zweckmäßiges System. Kant behauptet in der *Kritik der reinen Vernunft* ohne Zögern, die Idee einer systematischen Einheit der Zwecke führe in einer »Welt der Intelligenzen«, dem Reich der Zwecke, »unausbleiblich auch auf die zweckmäßige Einheit aller Dinge, die dieses große Ganze ausmachen, nach allgemeinen Naturgesetzen« und »vereinigt die praktische Vernunft mit der spekulativen« (*KrV*, A 815/B 843).

6. Das Reich der Zwecke und die Einheit des Systems

Die am Ende des vorigen Abschnitts hervorgehobenen Bemerkungen Kants über die Einheit der Vernunft sind der Schlüssel, um endlich zu verstehen, warum das Prinzip der Zweckmäßigkeit sowohl die Lösung als auch das Rätsel der architektonischen Einheit in der ersten *Kritik* beinhaltet – warum das System sowohl in diesem Prinzip gipfelt als auch einen neuen Anfang in Kants nachfolgenden Werken erfordert. Erinnern wir uns, wie Kant im Rahmen der Motivation des Vorhabens der »Methodenlehre« recht zaghaft andeutete, dass es sich lohnen würde, zu untersuchen, ob die Vernunftideen »im Grunde und unbemerkt dem Verstande zum Kanon seines ausgebreiteten und einhelligen Gebrauchs dienen« könnten, damit er »besser und weiter geleitet wird«. Erinnern wir uns auch daran, wie er versprach, dass die Analyse der Ideen »von den Naturbegriffen zu den praktischen einen Übergang möglich machen, und den moralischen Ideen selbst auf solche Art Haltung und Zusammenhang mit den spekulativen Erkenntnissen der Vernunft verschaffen« könne (*KrV*, A 329/B 386). Das Ende des Abschnitts »Von dem Ideal des höchsten Guts, als einem Bestimmungsgrunde des letzten Zwecks der reinen Vernunft« liefert einige wichtige Klarstellungen zur Beantwortung der Frage nach dem Status des Prinzips, das die Vollendung der systematischen Einheit der Vernunft ermöglicht. Um die systematische Einheit architektonisch zu verteidigen, müsse die Welt »als aus einer Idee entsprungen vorgestellet werden, wenn sie mit demjenigen Vernunftgebrauch, ohne welchen wir uns selbst der Vernunft unwürdig halten würden, nämlich dem moralischen, als welcher durchaus auf der Idee des höchsten Guts beruht, zusammenstimmen soll« (*KrV*, A 815 f./B 843 f.). Dies ist wichtig für ein Verständnis der zentralen Bedeutung des Begriffs des höchsten Guts für die effektive Realisierung des architektonischen Projekts und der Notwendigkeit einer mit dem letzten Zweck der Vernunft vereinbaren Idee. Der Schlüssel zur architektonischen Einheit von Kants System ist letztlich eine transzendentale Theologie, die auf dem Prinzip der Zweckmäßigkeit beruht. Doch was ist der Preis dieser Einheit?

Kants Ausführungen zu den Bedingungen, unter denen das höchste Gut als letzter Zweck der Vernunft gelten könne, führen zu problematischen Schlüssen bezüglich des Verhältnisses von Natur und Geschichte. Das zweckmäßige Prinzip, das zwischen dem Gebrauch der Ideen im theoretischen und praktischen Bereich vermitteln soll, die »zweckmäßige Einheit aller Dinge, die dieses große Ganze ausmachen«, gehört zu derselben teleologischen Lehre, die auch den Begriff der Physikotheologie enthält. Auf diesen Begriff bezieht sich Kant, um zu erklären, wie die Idee des Reichs der Zwecke, die wir aus der Vernunft in ihrem praktischen Gebrauch ableiten, auch neue Wege für das Verständnis der Ideen in ihrem theoretischen Gebrauch eröffnet: »Dadurch bekommt alle Naturforschung eine Richtung nach der Form eines Systems der Zwecke, und wird in ihrer höchsten Ausbreitung Physikotheologie.« Die Idee einer systematischen moralischen Ordnung, »als einer in dem Wesen der Freiheit gegründeten und nicht durch äußere Gebote zufällig gestifteten Einheit [...] bringt die Zweckmäßigkeit der Natur auf Gründe, die *a priori* mit der inneren Möglichkeit der Dinge unzertrennlich verknüpft sein müssen« (*KrV*, A 816/B 844). Dies, so Kant in den *Vorlesungen über Religionsphilosophie*, sei einer der größten Vorteile, die die Lehre von Gott biete: »daß dadurch *das Reich der Natur mit dem Reiche der Zwecke in eine genaue Verbindung gebracht wird*«. Dank dieser Verbindung »schließen wir ja, daß die ganze Naturordnung nach den göttlichen Zwecken eingerichtet sey, und mit ihnen zusammenstimme« (*RP*, 1116).

Die Idee, die der systematischen Einheit des theoretischen und praktischen Vernunftgebrauchs zugrunde liegt, beruht also auf einer »transzendentalen Theologie«, in der das »Ideal der höchsten ontologischen Vollkommenheit zu einem Prinzip der systematischen Einheit [...] nach allgemeinen und notwendigen Naturgesetzen alle Dinge verknüpft, weil sie alle in der absoluten Notwendigkeit eines einigen Urwesens ihren Ursprung haben« (*KrV*, A 816/B 844). Dies ist entscheidend, um die nachfolgende Entwicklung von Kants Philosophie zu verstehen und zu erklären, warum das Prinzip der Zweckmäßigkeit zugleich die Lösung und das Rätsel der Architektonik seines Systems ist. Die moralische Zweckmäßigkeit füllt die Lücke, die die Vernunft im theoretischen Gebrauch der Ideen lässt – um den Preis eines destruktiven Gleichgewichts, das das System der Zwecke in eine Physikotheologie und die kritische Metaphysik in eine besondere Art der Theodizee verwandelt. Wenngleich vorsichtiger, so knüpfen Kants Überlegungen doch an die metaphysischen Bemühungen von Leibniz und Wolff an. Die Idee Gottes taucht als grundlegender Begriff auf, um dem gesamten kritischen System eine Richtung zu geben: Sie ist ein notwendiges Postulat, um praktischem Handeln Bedeutung zu geben, und zugleich wesentlich, um theoretisches Wissen zu organisieren. Sie dient der Orientierung unseres Nachdenkens über die Bedingungen der Möglichkeit der Vielfalt empirischer Naturgesetze, erklärt aber auch, wie dieses System von Gesetzen moralischen Wert haben kann.

Die notwendige Gültigkeit des praktischen Gebrauchs der Vernunft und die Unbedingtheit der Pflicht, das höchste Gut in der Welt zu verwirklichen, erfordern eine Transzendentalphilosophie, die die Gesamtheit menschlicher Erfahrung in ihren phänomenalen und noumenalen Erscheinungsformen in ein kohärentes System zu bringen vermag. In der ersten *Kritik* bleibt die transzendentale Freiheit jedoch eine problematische Annahme. In Ermangelung eines *Faktums der Vernunft*, das die transzendentale Quelle der moralischen Verpflichtungen offenlegen kann, sind alle Versuche moralischen Handelns in der empirischen Welt zum Scheitern verurteilt. Wo aber die transzendentale Freiheit fehlt, kommt die transzendentale Theologie zu Hilfe. »Was können wir für einen Gebrauch von unserem Verstande machen, selbst in Ansehung der Erfahrung, wenn wir uns nicht Zwecke vorsetzen?«, fragt Kant. »Die höchsten Zwecke aber sind die der Moralität, und diese kann uns nur reine Vernunft zu erkennen geben« (*KrV*, A 816/B 844). Nur die reine Vernunft, insofern sie in der praktischen Welt Zwecke setzen kann, kann Gegenstand einer moralischen Teleologie sein. Aber unter welchen Bedingungen können wir solche Zwecke setzen? Auf diese Frage hat Kant in der ersten *Kritik* keine Antwort. Um die Lücke zu füllen, wendet er sich den Konsequenzen zu. Er stellt fest, dass die scheinbare Bedeutungslosigkeit der Natur negiert werden muss, um den Forderungen der praktischen Vernunft in der Welt gerecht zu werden. Das ist es, was die Idee Gottes mit sich bringt; das ist ihre Funktion innerhalb der Architektonik des Systems. Sobald jedoch die Idee Gottes, die den Kern der Zweckmäßigkeit als Design bildet, einen praktischen Glauben begründet, sind wir berechtigt, die Natur als System von Zwecken aus moralischer Perspektive zu betrachten. Und sobald die moralische Teleologie gerechtfertigt ist, kann auch die spekulative Teleologie nicht mehr ausgeschlossen werden.

Dies erklärt endlich die Bedeutung der Notwendigkeit moralischer Zweckmäßigkeit und ihren Bezug zur architektonischen Idee eines vollständigen Systems, das durch die wesentlichen Zwecke der Vernunft schematisiert wird. Kant hat uns eine Rechtfertigung für die Einheit des Systems gegeben, allerdings um den Preis einer

Behauptung der Objektivität natürlicher Zweckmäßigkeit, die mit der moralischen Zweckmäßigkeit verbunden ist. Ohne die Orientierung an moralischen Zwecken könnten wir die natürliche Welt nicht verstehen. Und doch fragt Kant, wie wir systematische Einheit postulieren könnten, »wo die Natur nicht selbst zweckmäßige Einheit hingelegt hat«. Ohne diese übergreifende zweckmäßige Einheit »hätten wir sogar selbst keine Vernunft, weil wir keine Schule für dieselbe haben würden, und keine Kultur durch Gegenstände, welche den Stoff zu solchen Begriffen darböten«. Es ist also notwendig, in der Natur eine letzte Einheit aller Zwecke vorauszusetzen; nicht als Ursache, sondern als »Wirkung von der praktischen Zweckmäßigkeit [...], die uns die reine Vernunft auferlegt« (*KrV*, A 816 f./B 845 f.).

Aber wie kann die Vernunft ihre systematischen Bedürfnisse befriedigen, indem sie einfach die Idee der Zweckmäßigkeit postuliert, die ihren praktischen und theoretischen Gebrauch integriert? Was rechtfertigt den Übergang von der moralischen Zweckmäßigkeit zur zweckmäßigen Ordnung der Natur und von dort zum physikotheologischen Gottesbeweis? Physikotheologie kann nie über den Glauben an die Existenz eines weisen und guten Urhebers der Welt hinausgehen – das Postulat, dass alles in der Natur zum Nutzen des praktischen Gebrauchs der Ideen der Vernunft wirkt.[8] Der Glaube an die Existenz Gottes mag ausreichen, um einzelne Individuen davon zu überzeugen, dass ihre guten Taten in unbestimmter Zukunft belohnt werden. Aber reicht er wirklich aus, um zu zeigen, dass die Natur als solche zweckmäßig ist? Wie kann die Physikotheologie dem Bedürfnis der Vernunft nach systematischer Einheit gerecht werden, ohne die Grenze zwischen Kritik und Metaphysik zu verwischen? Und wie unterstützt diese neue Metaphysik die am Ende der ersten *Kritik* so wichtige Erfüllung der Aufgabe der Philosophie nach ihrem »Weltbegriff« (*KrV*, A 838/B 866), der später ihre »weltbürgerliche Bedeutung« (*LJ*, 25) genannt wird?

8 Zu einer Diskussion der Modalität des Glaubens und der epistemischen Fragen, die er aufwirft, einschließlich der Frage, wie er sich vom Wissen unterscheidet, siehe Andrew Chignell, »Belief in Kant«, in: *Philosophical Review* 116 (3) (2007), S. 323-360. Zu einer historischen Diskussion siehe Lawrence Pasternack, »The Development and Scope of Kantian Belief: The Highest Good, the Practical Postulates and the Fact of Reason«, in: *Kant-Studien* 102 (3) (2011), S. 290-315.

7. Schlussfolgerung

Es ist nicht schwer, zu erkennen, dass Kants Argument zwar für die architektonischen Anforderungen der Vernunft notwendig, aber auch mit Schwierigkeiten behaftet ist. Wenn die Verwirklichung unserer moralischen Zwecke sich auf ein Postulat moralischer Ordnung stützen muss, das durch das weise Eingreifen der Natur (und einer damit verbundenen Autorität) garantiert wird, und nur so erklärt werden kann, wie moralische Normen auf koordinierte und kontinuierliche Weise verbindlich sein können, dann bricht das Argument in ein dogmatisches Credo zusammen – gleich dem, dem es ursprünglich zu entkommen versuchte. Das Postulat der systematischen Einheit moralischer Zwecke muss auf etwas anderem beruhen als der Annahme einer Natur, die die Entwicklung moralischer Zwecke progressiv begünstigt (oder eines weisen Urhebers derselben), schon weil diese beiden Ideen von Skeptikern leicht ins Lächerliche gezogen werden können: Es gibt nur sehr wenige Belege dafür, dass die Natur unsere Zwecke fördert – sie scheint uns vielmehr im Weg zu stehen und unsere Moralität mehr zu behindern als zu befördern. Auch Kant räumt ein, dass die Natur den Menschen nicht »zu ihrem besondern Liebling aufgenommen« habe; sie habe »ihn vielmehr in ihren verderblichen Wirkungen, in Pest, Hunger, Wassergefahr, Frost, Anfall von andern großen und kleinen Tieren u. d. gl. eben so wenig verschont, wie jedes andere Tier« (*KU*, 430).

Natürlich könnte man argumentieren, dass all dies letztlich höheren Zwecken dient und die moralischen Forderungen auf irgendeine Weise weiterentwickelt. Dies ist der Weg, den Kant in seinen früheren Aufsätzen über die Idee einer List der Natur, die das Reich der Zwecke fördert, beschreitet und auf den sich die *Kritik* in der Ausführung der Idee der architektonischen Einheit stützt. Es ist aber auch ein anderer, viel plausiblerer Weg möglich, der damit beginnt, die transzendentale Freiheit als Grund moralischer Normen eindeutig zu bejahen und anschließend über die für die systematische Einheit erforderliche Zweckmäßigkeit zu reflektieren, indem man die Natur in Analogie zum menschlichen Handeln betrachtet. Diesen Weg schlägt Kant in seinen folgenden Werken ein. Er erfordert ein Bekenntnis zu einer transzendentalen Idee der Freiheit, vor dem Kant in der *Kritik der reinen Vernunft* noch zurückscheut. In

Ermangelung einer solchen Idee ist der einzige Begriff von Zweckmäßigkeit, auf dessen Grundlage die erste *Kritik* arbeitet, ein Begriff von Zweckmäßigkeit als Design. Aber Zweckmäßigkeit als Design ist eine weit weniger vorsichtige Formulierung des Status des für die Einheit notwendigen architektonischen Prinzips als Zweckmäßigkeit als Normativität. Im ersten Fall (Zweckmäßigkeit als Design) fragen wir, wie die Natur für die Menschen sein sollte, damit sie ihre moralischen Zwecke verwirklichen können. Im zweiten Fall (Zweckmäßigkeit als Normativität) fragen wir, was die Menschen mit der Natur tun können, um Institutionen zu schaffen, die ihnen die Verwirklichung des Zwecks der Philosophie nach ihrem Weltbegriff ermöglichen. Im ersten Fall ist das Ergebnis eine Annäherung an die Physikotheologie, im zweiten eine Neuformulierung der Metaphysik in Richtung einer Geschichtsphilosophie. Mit Zweckmäßigkeit als Design enden alle sorgfältigen Bemühungen, Kritik von Metaphysik zu trennen, mit einer verfeinerten Version der Gottesidee der traditionellen Metaphysik. Mit Zweckmäßigkeit als Normativität erhalten wir indes einen Begriff der Urteilskraft, der den Schlüssel zu einer kritischen Analyse der systematischen Einheit enthält, die als historisches und philosophisches kumulatives Unternehmen verstanden wird.

Fazit: Jenseits der *Kritik der reinen Vernunft*

Dieses Buch begann mit der Frage, ob die bestehenden Interpretationen der *Kritik der reinen Vernunft* richtig damit liegen, Kants architektonisches Projekt als eine Verteidigung der Einheit der Vernunft gegenüber den Unzulänglichkeiten des Skeptizismus und des Dogmatismus zu interpretieren. Diese Lesarten, so habe ich betont, konzentrieren sich typischerweise auf die kumulative, ja fallibilistische Natur des kritischen Unternehmens. Sie legen nahe, dass der Prozess der Konstruktion eines einheitlichen Systems reflexiv gerechtfertigt werden könne, indem sie die kritische Methode im Lichte nachfolgender Schriften plausibilisieren und die Methode der Konstruktion eher mit einem Plan als einem fertigen Produkt vergleichen.[1] Ich habe versucht, die Konturen dieses Plans zu skizzieren, Kants Vollendung dieses Plans zu untersuchen und seine Schwächen aufzuzeigen.

Der architektonische Plan der Vernunft erfordert, wie wir gesehen haben, erstens Disziplin bei der Auswahl der im Bauprozess eingesetzten Werkzeuge, zweitens eine Orientierung durch das praktische Interesse an der Verwirklichung der wesentlichen Zwecke der Vernunft und drittens die Verbindung von Disziplin und Interesse in einem vollständigen, einheitlichen System. Diese methodologischen Vorschriften sind in der »Methodenlehre« der ersten *Kritik* enthalten und werden als »Disziplin«, »Kanon« und »Architektonik« der Vernunft bezeichnet. Die erste Aufgabe ist negativ: Die Disziplin der Vernunft legt nahe, arbiträre, einseitige oder unproduktive Verwendungen der Vernunft zu vermeiden und nur auf Erkenntnissen aufzubauen, die einer kritischen Prüfung standhalten, um die Strenge der vernünftigen Methode zu festigen. Die zweite Aufgabe ist positiv: Wir sollen uns von Grundsätzen leiten lassen, die unsere vernünftige Natur, das heißt unsere Fähigkeit zum Setzen und Verfolgen praktischer Zwecke, fördern, sowie von einem vernünftigen Interesse der Beförderung solcher Zwecke in der empirischen Welt. Schließlich führen die negative und die

1 Siehe z. B. O'Neill, *Constructions of Reason*.

positive Forderung zu einer dritten: der Forderung nach einer kohärenten Integration der Disziplin und der Interessen der Vernunft in einem sich selbst bestätigenden System, durch das sich der Inhalt der Normen und ihre Quelle gegenseitig stützen. Wir nennen dies die »architektonische Forderung«. Diese ist erfüllt, wenn sich die konstruierten Normen in ein systematisches Ganzes einfügen, das das Produkt der menschlichen Vernunft bleibt (das heißt kein dogmatisches Credo erfordert) und zugleich seine Gesetzmäßigkeit bewahrt (das heißt nicht zum Skeptizismus bezüglich ihrer Quelle und Gültigkeit führt).

Ein Mangel vieler Interpretationen der systematischen Einheit in der ersten *Kritik* ist die geringe Aufmerksamkeit, die der Idee der Zweckmäßigkeit als Kernbegriff zur Vollendung des Einheitsprojekts gewidmet wird. Wie ich in diesem Buch zu zeigen versucht habe, stellt die komplizierte Beziehung zwischen dem Prinzip der Zweckmäßigkeit und den Ideen der Vernunft die erste *Kritik* vor unüberwindliche Schwierigkeiten. Da die Rechtfertigung der praktischen Freiheit nicht in transzendentaler Freiheit begründet ist, führt die Integration des theoretischen und praktischen Gebrauchs der Vernunft zu einer Analyse im Sinne der Zweckmäßigkeit als Design, die letztlich Kants kritische Verpflichtungen untergräbt.

Kant wurde sich der Komplikationen bald bewusst, die seine Argumentation hervorrief. Seine Rückkehr zur Frage der Zweckmäßigkeit in Bezug auf die systematische Einheit in der dritten *Kritik* brachte einen neuen Begriff der Zweckmäßigkeit zutage: Zweckmäßigkeit als Normativität. Die Grundlage der systematischen Einheit bildete diesmal nicht die Ordnung der Natur, sondern die transzendentale Freiheit: die Fähigkeit des Willens, sich selbst durch autonome Gesetze zu leiten und die äußere Welt in Übereinstimmung mit moralischen Geboten zu gestalten. Mit der transzendentalen Freiheit kam es zu einer Verschiebung des Standpunkts: Statt zu fragen, was die Natur für den Menschen tut, fragte Kant nun andersherum, was der Mensch mit der Natur tut, um das Reich der Zwecke zu befördern. Die (politischen, rechtlichen, religiösen und sozialen) Institutionen, die Menschen im Laufe vieler Generationen kollektiv entwickeln, wurden hier als Beiträge zu einer kumulativen, systematischen Weiterentwicklung der Forderungen der Vernunft betrachtet.

Die Verschiebung der Perspektive wird deutlich, wenn wir über die systematische Rolle nachdenken, die nicht die Natur, sondern die Kultur in der *Kritik der Urteilskraft* spielt. Kultur ist der Prozess, durch den Menschen die Modalitäten ihrer Interaktionen verfeinern und versuchen, die Welt zu verstehen, zu interpretieren und zu verändern. An diesem Punkt wird die Frage irrelevant, inwiefern die Natur die menschlichen Bemühungen, sie zu verstehen und zu verändern, erleichtert: Die Frage ist nicht mehr, was die Natur *für* den Menschen tun kann, sondern was der Mensch *mit* der Natur tun kann. Die Vernunft rechtfertigt sich selbst reflexiv, aber der Prozess, durch den der Mensch um diese Rechtfertigung weiß, ist durch und durch historisch: Der für die Systematizität erforderliche praktische Glaube beinhaltet nicht, dass die Natur sich uns anpassen könne, sondern dass wir die Natur kollektiv verändern können. Der Mechanismus der Selbstbestätigung muss sich auf die Verbesserung der kollektiven Institutionen stützen, die Menschen gemeinsam schaffen, um sich zu disziplinieren und ihre vernünftigen Interessen und moralische Berufung zu fördern.

Durch den Begriff der Kultur können wir erklären, wie diese vernünftigen Interessen im Laufe ihrer historischen Entwicklung gefördert werden. Kultur, so Kant in der *Kritik der Urteilskraft*, sei die Fähigkeit, mit der sich der Mensch die Natur zunutze mache, um beliebige Zwecke zu befördern (*KU*, 297). Die Physikotheologie ist hier nicht länger relevant, sondern wird durch die ethische Theologie ersetzt, eine auf transzendentaler Freiheit beruhende Form des praktischen Glaubens. Kultur bezeichnet die subjektive Einstellung zur Förderung individueller Zwecke, die sich allmählich verfeinert und auf das Erreichen einer formalen Bedingung hinausläuft, unter der Menschen wechselseitige Ansprüche aneinander stellen können. In der dritten *Kritik* unterscheidet Kant zwischen zwei Weisen, über Kultur nachzudenken: als Kultur der Geschicklichkeit und als Kultur der Disziplin. Die Kultur der Geschicklichkeit garantiere die Koordination menschlicher Zwecke und bereite den Boden für die Einrichtung politischer Mechanismen, durch die »dem Abbruche der einander wechselseitig widerstreitenden Freiheit gesetzmäßige Gewalt in einem Ganzen, welches *bürgerliche Gesellschaft* heißt, entgegengesetzt wird« (*KU*, 432). Die Entstehung verschiedener politischer Systeme und die Konsolidierung unterschiedlicher Herrschaftsformen spiegelt also (im Guten wie im Schlechten) unsere Übung in der Kultur der Geschicklichkeit wider. Je bewusster sich dieser Prozess in politischen Institutionen widerspiegelt (etwa in der Republik), desto erfolgreicher sollte der Prozess der koordinierten Verfeinerung moralischer Normen sein.[2]

Ein zweiter Aspekt der Kultur, den Kant als »Kultur der Disziplin« bezeichnet, ist ebenfalls hilfreich, um zu sehen, wie der historische Prozess der Verwirklichung des Reichs der Zwecke den Anforderungen der Kontinuität bei der Förderung moralischer Zwecke gerecht wird. Im Gegensatz zur Kultur der Geschicklichkeit, die sich auf Zwangsmechanismen stützt, stützt sich die Kultur der Disziplin auf Gewohnheiten, soziale Normen, Bildung und Fortschritt in den Künsten und Wissenschaften, um den Prozess zu festigen, in dem Menschen lernen, die Welt gemäß dem Gesetz der Vernunft zu gestalten. Dank der Kultur der Disziplin werden die Errungenschaften der Vernunft Teil eines kollektiven Projekts, das von einer Generation zur nächsten weitergegeben werden kann. Durch sie stehen das gesamte Wissen der Menschheit und die Mittel zur Verfügung, um moralische Zwecke kontinuierlich zu bewahren.

Kants Ansichten über die Rolle der Kultur stellen die Entwicklung der systematischen Einheit als historischen Prozess dar, der sich im Laufe der Zeit vollzieht und dessen Errungenschaften durch eine Philosophie integriert werden müssen, die als kumulatives und kritisches Unternehmen verstanden wird. Die Modalitäten der Wissensvermittlung reichen von der Entwicklung neuer Fähigkeiten der menschlichen Spezies über die fortschreitende Unterwerfung unter politische Zwangsinstitutionen, die das wechselseitige Streben nach moralischen Zwecken regeln, bis hin zu Emanzipationsprozessen, durch die spezifische soziale Normen in bestimmte kulturelle und wissenschaftliche Artefakte eingebettet werden. Diese Darstellung wirft ein anderes Licht auf die Forderungen der architektonischen Einheit und ihre Rolle bei der Integration der theoretischen und praktischen Interessen der Vernunft. Die kulturelle Entwicklung des Menschen nimmt die Form einer generationenübergreifenden Bemühung an, mit der Natur auf eine Weise zu interagieren, die der Verwirklichung moralischer Zwecke förderlich ist. Systematische Einheit erfordert nicht länger die Schematisierung der Gottesidee. Die menschlichen Handlungen in der historischen Welt

2 Man beachte, dass moralisch angepasstes Verhalten nicht mit moralischem Verhalten identisch ist: Letzteres kann nur durch die freiwillige Befürwortung moralischer Normen, nicht durch externe Zwangsmechanismen herbeigeführt werden.

sind Ausdruck ihrer Freiheit, und zwar als Tatsache, nicht als bloße Meinung oder Glaube. Die Freiheit ist, wie Kant es ausdrückt, »die einzige unter allen Ideen der reinen Vernunft, deren Gegenstand Tatsache ist, deren Realität sich in wirklichen Handlungen, mithin in der Erfahrung, dartun läßt« (*KU*, 468).

Nichts davon ist in der *Kritik der reinen Vernunft* zu finden. Kants »Architektonik« ist letztlich unfähig, den Folgen einer praktischen Bejahung der transzendentalen Theologie für die Einheit des Systems zu begegnen. Das Prinzip der Zweckmäßigkeit, das im Zentrum der »Architektonik der reinen Vernunft« steht, erzeugt eine Spannung zwischen kritischen Verpflichtungen und systemischen Bestrebungen – eine Spannung, die Kant nicht auflösen kann, ohne an das Wohlwollen der Natur und ihres Urhebers zu appellieren. So läuft er Gefahr, einige wichtige Errungenschaften der ersten *Kritik* zu schwächen, darunter die Unterscheidung zwischen Glauben und Wissen, die Unmöglichkeit eines physikotheologischen Gottesbeweises und die Beschränkung seines Versuchs einer Wiederbelebung der Metaphysik als Wissenschaft auf den praktischen Bereich. Kants Rückkehr zu diesen Themen in der dritten *Kritik* und in späteren politischen Schriften muss im Lichte dieser Schwierigkeiten und der Gefahr, die kritische Grundlage der Metaphysik von der alten dogmatischen Tradition geradezu ununterscheidbar zu machen, beurteilt werden.

Doch obwohl die »Architektonik der reinen Vernunft« letztlich eine unbefriedigende Antwort auf das Problem der systematischen Einheit gibt, obwohl ihre Darstellung des Übergangs von der Natur zur Freiheit nicht überzeugen kann, bleibt sie einer der wichtigsten Abschnitte der ersten *Kritik*. Die Analyse ihrer Argumente zur systematischen Einheit hilft uns, das Verhältnis zwischen natürlicher und moralischer Zweckmäßigkeit und die Rolle der vernünftigen Religion in Kants Gesamtwerk zu erhellen. Die Untersuchung der »Architektonik« eröffnet eine Reflexion über die beste Art und Weise, die Philosophie als systematisches Unternehmen jenseits ihrer Aufteilung in einzelne Forschungsfelder zu begreifen; sie ermöglicht es, nicht nur zu fragen, was als verlässliches Wissen gilt, sondern auch, welchen Wert dieses Wissen für den Menschen hat. Erst nachdem wir die Grenzen von Kants erstem Versuch, die theoretischen und praktischen Interessen der Vernunft aus einheitlicher Perspektive zu denken, untersucht haben – ein Anliegen, das wir unverändert in der dritten *Kritik* und in den nachfolgenden politischen Schriften wiederfinden –, ist es möglich, die Relevanz von Kants Analyse der Urteilskraft richtig zu schätzen zu wissen. Nur dann können wir die systematische Rolle, die das Prinzip der Zweckmäßigkeit in Kants Theorie des Fortschritts und seiner Geschichtsphilosophie spielt, richtig verstehen. Nur dann begreifen wir, was in Kants Bestreben, den Begriff der Zweckmäßigkeit von der alten metaphysischen Tradition zu trennen, auf dem Spiel steht und warum dieses Bemühen ohne einen in der transzendentalen Freiheit begründeten kategorischen Imperativ zum Scheitern verurteilt ist. Und schließlich können wir erst dann, wie Hegel und Marx es später taten, beginnen zu fragen, ob wir Gott tatsächlich brauchen oder besser daran täten, auf eine solche Idee gänzlich zu verzichten.

Literaturverzeichnis

Allison, Henry, »The Gulf Between Nature and Freedom and Nature's Guarantee of Perpetual Peace«, in: Hoke Robinson (Hg.), *Proceedings of the Eighth International Kant Congress*, Milwaukee: Marquette University Press, 1995, S. 37-49.

Allison, Henry, »Practical and Transcendental Freedom in the Critique of Pure Reason«, in: *Kant-Studien* 73 (1-4) (2009), S. 271-290.

Allison, Henry, *Kant's Groundwork for the Metaphysics of Morals: A Commentary*, Oxford, New York: Oxford University Press, 2011.

Ameriks, Karl und Steve Naragon (Hg.), *Kant's Lectures on Metaphysics, The Cambridge Edition of the Works of Immanuel Kant*, New York: Cambridge University Press, 1997.

Andersen, Svend, *Ideal und Singularität. Über die Funktion des Gottesbegriffes in Kants theoretischer Philosophie*, Berlin: De Gruyter, 1983.

Auxter, Thomas, »The Unimportance of Kant's Highest Good«, in: *Journal of the History of Philosophy* 17 (2) (1979), S. 121-134.

Baensch, Otto, *Johann Heinrich Lamberts Philosophie und seine Stellung zu Kant*, Tübingen: Mohr, 1902.

Bauch, Bruno, »Parallelstellen bei Hume und Kant«, in: *Kant-Studien* 19 (1914), S. 521-524.

Baumgarten, Alexander Gottlieb, »Prolegomena Metaphysicorum«, in: *Metaphysica, Editio VI*, Halle (Saale): Hemmerde, 1768.

Bazil, Vezrik, *Ideal und Schema: zu »Anhang zur transzendentalen Dialektik« der Kritik der reinen Vernunft*, München: Universität München, 1995.

Beck, Lewis White, *A Commentary on Kant's Critique of Practical Reason*, Chicago: University of Chicago Press, 1960.

Beck, Lewis White, *Studies in the Philosophy of Kant*, Indianapolis, New York: Bobbs-Merrill, 1965.

Beiser, Frederick C., *The Fate of Reason: German Philosophy from Kant to Fichte*, Cambridge, MA: Harvard University Press, 1987.

Bennett, Jonathan, *Kant's Dialectic*, Cambridge: Cambridge University Press, 1974.

Bird, Graham, *The Revolutionary Kant: A Commentary on the Critique of Pure Reason*, Chicago: Open Court, 2005.

Brandt, Reinhard, »The Deductions in the Critique of Judgement«, in: Eckard Förster (Hg.), *Kant's Transcendental Deductions*, Stanford: Stanford University Press, 1989, S. 177-191.

Brandt, Reinhard, »L. Kreimendahl, Kant. Der Durchbruch von 1769«, in: *Kant-Studien* 83 (1992), S. 100-111.

Breitenbach, Angela, *Die Analogie von Vernunft und Natur: Ansatz zu einer Umweltphilosophie nach Kant*, Berlin: De Gruyter, 2009.
Breitenbach, Angela, »Teleology in Biology: A Kantian Perspective«, in: *Kant Yearbook* 1 (2009), S. 31-56.
Buchdahl, Gerd, *Kant and the Dynamics of Reason. Essays on the Structure of Kant's Philosophy*, Oxford: Blackwell, 1992.

Caimi, Mario, »Concerning a Neglected Deduction of Regulative Ideas – Kant Transcendental Dialectics«, in: *Kant-Studien* 86 (3) (1995), S. 308-320.
Carnois, Bernard, *The Coherence of Kant's Doctrine of Freedom*, Chicago: Chicago University Press, 1987.
Cassirer, Ernst, »Leibniz' System in seinen wissenschaftlichen Grundlagen« [1902], in: Birgit Recki (Hg.), Ernst Cassirer, *Werke*, Hamburg: Felix Meiner, 1998.
Cassirer, Ernst, *Kants Leben und Lehre* [1918], Darmstadt: Wissenschaftliche Buchgesellschaft, 1994.
Cassirer, Ernst, »Kant und das Problem der Metaphysik. Bemerkungen zu Martin Heideggers Kant-Interpretation«, in: *Kant-Studien*, 36 (1931), S. 1-26.
Cassirer, Ernst, *Die Philosophie der Aufklärung* [1932], Hamburg: Felix Meiner, 2007.
Chiereghin, Franco, »Finalità e idea della vita. La recezione hegeliana della filosofia di Kant«, in: *Verifiche* 19 (1990), S. 127-229.
Chignell, Andrew, »Belief in Kant«, in: *Philosophical Review* 116 (3) (2007), S. 323-360.
Chignell, Andrew, »Kant, Real Possibility, and the Threat of Spinoza«, in: *Mind* 121 (483) (2012), S. 635-675.
Chignell, Andrew, »Rational Hope, Moral Order, and the Revolution of the Will«, in: Eric Watkins (Hg.), *Divine Order, Human Order, and the Order of Nature*, Oxford: Oxford University Press, 2013, S. 197-218.
Conrad, Elfriede, *Kants Logikvorlesungen als neuer Schlüssel zur Architektonik der reinen Vernunft*, Stuttgart-Bad Cannstatt: Frommann-Holzboog, 1994.
Correira, Clara Pinto, *The Ovary of Eve. Egg, Sperm, and Preformation*, Chicago: University of Chicago Press, 1997.

Daval, Roger, *La métaphysique de Kant*, Paris: Presses Universitaires de France, 1951.
De Boer, Karin, »Transformations of Transcendental Philosophy: Wolff, Kant, and Hegel«, in: *Hegel Bulletin* 32 (1-2) (2011), S. 50-79.
De Boer, Karin, *Kant's Reform of Metaphysics: The Critique of Pure Reason Reconsidered*, Cambridge: Cambridge University Press, 2020.

Deligiorgi, Katerina, »Universalisability, Publicity, and Communication: Kant's Conception of Reason«, in: *European Journal of Philosophy* 10 (2) (2002), S. 143-159.

Descartes, René, *Abhandlung über die Methode* [1637], übersetzt von Artur Buchenau, Leipzig 1948.

Despland, Michel, *Kant on History and Religion*, Montreal: McGill University Press, 1973.

DiCenso, James, *Kant, Religion, and Politics*, Cambridge: Cambridge University Press, 2011.

Di Donato, Francesca, »Conoscenza e pubblicità del sapere. Le condizioni della repubblica scientifica a partire dall'Architettonica della ragion pura di Kant«, in: *Bollettino telematico di filosofia politica* (2005), S. 1-16.

Driesch, Hans, »Kant und das Ganze«, in: *Kant-Studien* 29 (1924), S. 365-376.

Düsing, Klaus, »Naturteleologie und Metaphysik bei Kant und Hegel«, in: H. F. Fulda, R. P. Horstmann (Hg.), *Hegel und die »Kritik der Urteilskraft«*, Stuttgart: Klett-Kotta, 1990, S. 139-146.

England, Frederick E., *Kant's Conception of God*, New York: Humanities Press 1968.

Erdmann, Benno, *Kants Prolegomena herausgegeben und historisch erklärt*, Leipzig: Leopold Voß, 1878

Esteves, Julio, »The Alleged Incompatibility Between the Concepts of Practical Freedom in the Dialectic and in the Canon of the Critique of Pure Reason«, in: *Kant-Studien* 105 (3) (2014), S. 336-371.

Ferrarin, Alfredo, *The Powers of Pure Reason: Kant and The Idea of Cosmic Philosophy*, Chicago: University of Chicago Press, 2015.

Fischer, Kuno, *Geschichte der neueren Philosophie*, Bd. IV, *Immanuel Kant und seine Lehre*, Bd. 1, Heidelberg: Friedrich Bassermann, 1898.

Fisher, Mark und Eric Watkins, »Kant on the Material Ground of Possibility: From ›The Only Possible Argument‹ to the ›Critique of Pure Reason‹«, in: *The Review of Metaphysics* 52 (2), S. 369-395.

Freudiger, Jürg, »Kants Schlußstein: Wie die Teleologie die Einheit der Vernunft stiftet«, in: *Kant-Studien* 87 (4) (1996), S. 423-435.

Friedman, Michael, *Kant and the Exact Sciences*, Cambridge, MA: Harvard University Press, 1992.

Friedman, Michael, *Dynamics of Reason*, Stanford: CSLI Publications, 2001.

Fugate, Courtney, *The Teleology of Reason: A Study of the Structure of Kant's Critical Philosophy*, Berlin: De Gruyter, 2014.

Fulda, Hans Friedrich und Jürgen Stolzenberg (Hg.), *Architektonik und System in der Philosophie Kants*, Hamburg: Felix Meiner, 2001.

Galston, William A., *Kant and the Problem of History*, Chicago: University of Chicago Press, 1975.

Gardner, Sebastian, »The Primacy of Practical Reason«, in: Graham Bird (Hg.), *A Companion to Kant*, Oxford: Blackwell, 2006, S. 259-274.

Garroni, Emilio, *Senso e paradosso. L'estetica, filosofia non speciale*, Roma, Bari: Laterza, 1986.

Gava, Gabriele, »Kant's Definition of Science in the Architectonic of Pure Reason and the Essential Ends of Reason«, in: *Kant-Studien* 105 (3) (2014), S. 372-393.

Gava, Gabriele und Robert Stern, *Pragmatism, Kant, and Transcendental Philosophy*, New York: Routledge, 2015.

Gava, Gabriele, »Kant, Wolff and the Method of Philosophy«, in: *Oxford Studies in Early Modern Philosophy* 8 (2018), S. 271-303.

Gava, Gabriele, »Kant and Crusius on Belief and Practical Justification«, in: *Kantian Review* 24 (1) (2019), S. 53-75.

Gava, Gabriele und Marcus Willaschek, »The Transcendental Doctrine of Method of the Critique of Pure Reason«, in: Sorin Baiasu, Mark Timmons (Hg.), *The Kantian Mind*, London: Routledge, 2020.

Gawlick, Günter und Lothar Kreimendahl, *Hume in der Deutschen Aufklärung. Umrisse einer Rezeptionsgeschichte*, Stuttgart-Bad Cannstatt: Frommann-Holzboog, 1987.

Ginsborg, Hannah, *The Normativity of Nature: Essays on Kant's Critique of Judgment*, Oxford: Oxford University Press, 2015.

Ginsborg, Hannah, »Why Must We Presuppose the Normativity of Nature?«, in: M. Massimi, A. Breitenbach (Hg.), *Kant and the Laws of Nature*, Cambridge: Cambridge University Press, 2017, S. 71-88.

Gonnelli, Filippo, *Guida alla lettura della Critica della ragion pratica di Kant*, Rom, Bari: Laterza, 1999.

Goy, Ina, *Architektonik oder die Kunst der Systeme*, Paderborn: Mentis, 2007.

Goy, Ina, »Epigenetische Theorien. Caspar Friedrich Wolff und Immanuel Kant«, in: Ina Goy, Eric Watkins (Hg.), *Kant's Theory of Biology*, Berlin 2014, S. 25-41.

Gracyk, Theodore A., »Kant's Doctrine of Heuristics: An Interpretation of the Ideas of Reason«, in: *The Modern Schoolman* 68 (3) (1990-1991), S. 191-210.

Grier, Michelle, *Kant's Doctrine of Transcendental Illusion*, Cambridge: Cambridge University Press, 2001.

Gueroult, Martial, »Canon de la raison pure et critique de la raison pratique«, in: *Revue Internationale de Philosophie* 8 (1954), S. 331-357.

Guyer, Paul, »The Unity of Reason: Pure Reason as Practical Reason in Kant's Early Conception of the Transcendental Dialectic«, in: *The Monist* 72 (1989), S. 139-167.

Guyer, Paul, »The Unity of Reason: Rereading Kant. Review of Kant and the Unity of Reason by S. Neiman«, in: *The Philosophical Review* 106 (2) (1997), S, 291-295.

Guyer, Paul (Hg.), Immanuel Kant, *Critique of the Power of Judgment*, Cambridge: Cambridge University Press, 2000.

Guyer, Paul, *Kant's System of Nature and Freedom*, Oxford: Oxford University Press, 2005.

Guyer, Paul, »The Revised Method of Physico-Theology«, in: Jeffrey K. McDonough (Hg.), *Teleology*, Oxford: Oxford University Press, 2020, S. 186-218.

Heidegger, Martin, »Ernst Cassirer: Philosophie der symbolischen Formen, 2. Teil: Das mythische Denken«, in: *Deutsche Literaturzeitung*, Berlin 1928 (5), S. 1000-1012.

Heidegger, Martin, *Kant und das Problem der Metaphysik*, Bonn: Friedrich Cohen, 1929.

Heimsoeth, Heinz, *Transzendentale Dialektik. Ein Kommentar zu Kants Kritik der reinen Vernunft, Vierter Teil, Die Methodenlehre*, Berlin: De Gruyter, 1971.

Henrich, Dieter, »Kant's Notion of a Deduction and the Methodological Background of the First Critique«, in: Eckard Förster (Hg.), *Kant's Transcendental Deductions*, Stanford: Stanford University Press, S. 29-46.

Herman, Barbara, *The Practice of Moral Judgment*, Cambridge, MA: Harvard University Press, 1993.

Hill, Thomas E., *Dignity and Practical Reason in Kant's Moral Theory*, Ithaca, NY: Cornell University Press, 1992.

Höffe, Otfried, »Architektonik und Geschichte«, in: Georg Mohr, Marcus Willaschek (Hg.), *Immanuel Kant: Kritik der reinen Vernunft*, Berlin: Akademie Verlag, 1998, S. 616-645.

Hogrebe, Wolfram, *Kant und das Problem einer transzendentalen Semantik*, Freiburg, München: Karl Alber, 1974.

Holzhey, Helmut, *Kants Erfahrungsbegriff*, Basel, Stuttgart: Schwabe, 1970.

Horstmann, Ralph Peter, »Why must there be a Transcendental Deduction in Kant's Critique of Judgment«, in: Eckart Förster, *Kant's Transcendental Deductions*, Stanford: Stanford University Press 1989, S. 157-176.

Höwing, Thomas, (Hg.), *The Highest Good in Kant's Philosophy*, Berlin: De Gruyter, 2016.

Huneman, Philippe, *Métaphysique et biologie. Kant et la constitution du concept d'organisme*, Paris: Éditions Kimé, 2008.

Jaspers, Karl, *Die großen Philosophen,* Bd. I, München: Piper, 1957.

Josifović, Saša, »Das ›Kanon-Problem‹ in Kants Kritik der reinen Vernunft«, in: *Kant-Studien* 106 (3) (2015), S. 487-506.

Kaulbach, Friedrich, »Architektonik, architektonisch«, in: J. Ritter (Hg.), *Historisches Wörterbuch der Philosophie*, Darmstadt 1971, S. 503-504.

Kemp Smith, Norman, *A Commentary to Kant's Critique of Pure Reason*, New York: Humanities Press, 1962.

Kinnaman, Ted, »Kant's Transcendental Deduction of the Ideas of Pure Reason«, in: *Proceedings of the Eighth International Kant Congress* 2 (1) (1995), S. 303-309.

Kinnaman, Ted, »Problems in Kant's Vindication of Pure Reason«, in: *Journal of the History of Philosophy* 39 (4) (2001), S. 559-580.

Kitcher, Philip, »Projecting the Order of Nature«, in: Robert E. Butts (Hg.), *Kant's Philosophy of Physical Science: Die metaphysischen Anfangsgründe der Naturwissenschaft, 1786-1986*, Dordrecht: Reidel, 1986, S. 201-238.

Kitcher, Philip, »The Unity of Science and the Unity of Nature«, in: Paolo Parrini (Hg.), *Kant and Contemporary Epistemology*, Dordrecht: Springer, 1994.

Kleingeld, Pauline, *Fortschritt und Vernunft: Zur Geschichtsphilosophie Kants*, Würzburg: Königshausen & Neumann, 1995.

Kleingeld, Pauline, »Kant on the Unity of Theoretical and Practical Reason«, in: *The Review of Metaphysics* 52 (2) (1998), S. 311-339.

Kleingeld, Pauline, »Kant on Historiography and the Use of Regulative Ideas«, in: *Studies in History and Philosophy of Science Part A* 39 (4) (2008), S. 523-528.

Kohl, Markus, »Transcendental and Practical Freedom in the Critique of Pure Reason«, in: *Kant-Studien* 105 (3) (2014), S. 313-335.

Kojève, Alexandre, *Kant*, Paris: Éditions Gallimard, 1973.

Konhardt, Klaus, *Die Einheit der Vernunft. Zum Verhältnis von theoretischer und praktischer Vernunft in der Philosophie Immanuel Kants*, Königstein: Forum Academicum, 1979.

Korsgaard, Christine M., *Creating the Kingdom of Ends*, Cambridge: Cambridge University Press, 1996.

Krausser, Peter, »On the Antinomies and the Appendix to the Dialectic in Kant's Critique and the Philosophy and Science«, in: *Synthese* 77 (3) (1988), S. 375-401.

Krämling, Gerhard, »Das Höchste Gut als mögliche Welt. Zum Zusammenhang von Kulturphilosophie und systematischer Architektonik bei I. Kant«, in: *Kant-Studien* 77 (1-4) (1986), S. 273-288.

Kreimendahl, Lothar, *Kant. Der Durchbruch von 1769*, Köln: Dinter, 1990.

Kreimendahl, Lothar (Hg.), David Hume, *Dialoge über natürliche Religion* [1779], übersetzt von Lothar Kreimendahl, Hamburg: Felix Meiner, 2016.

Krohn, Wolfgang, »Die natürlichen Ursachen der Zwecke. Kants Ansätze zu einer Theorie der Selbstorganisation«, in: *Jahrbuch für Komplexität in den Natur-, Sozial- und Geisteswissenschaften* 3 (1992), S. 31-50.

Krüger, Gerhard, *Philosophie und Moral in der Kantischen Kritik*, Tübingen: Mohr, 1931.

Kühn, Manfred (Hg.), David Hume: *Eine Untersuchung über den menschlichen Verstand* [1748], übersetzt von Raoul Richter, Hamburg 2015.

Lambert, Johann Heinrich, *Neues Organon*, Bd. 1, Leipzig: Wendler, 1764.

Lambert, Johann Heinrich, *Anlage zur Architectonic oder Theorie des Einfachen und des Ersten*, Bd. 1, Riga: Hartnoch, 1771.

Lambert, Johann Heinrich, »Anlage zur Architektonik« [1771], in: Hans Werner Arndt (Hg.), *Philosophische Schriften*, Bd. III, Hildesheim, 1965.

Lebrun, Gérard, *Kant et la fin de la métaphysique. Essai sur la »Critique de la faculté de juger«*, Paris: Colin, 1970.

Lehmann, Gerhard, »System und Geschichte in Kants Philosophie«, in: *Il pensiero* 1 (1958), S. 14-34.

Lehmann, Gerhard, »Zur Problemanalyse von Kants Nachlasswerk«, in: *Kants Tugenden: Neue Beiträge zur Geschichte und Interpretation der Philosophie Kants*, Berlin 1980, S. 96-140.

Leibniz, Gottfried Wilhelm, *Philosophische Schriften, Band 4: 1677 – Juni 1690. Teil A*, Berlin: Akademie Verlag, 2006.

Leibniz, Gottfried Wilhelm, »Betrachtungen über die Lebensprinzipien und über die plastischen Naturen« [1705], in: Ernst Cassirer (Hg.), *Gottfried Wilhelm Leibniz: Hauptschriften zur Grundlegung der Philosophie*, Hamburg: Felix Meiner, 1996, S. 317-326.

Leibniz, Gottfried Wilhelm, *Die Theodizee von der Güte Gottes, der Freiheit des Menschen und dem Ursprung des Übels* [1710], Frankfurt/M. 2007.

Locke, John, *Versuch über den menschlichen Verstand* [1690], übersetzt von Carl Winckler, Hamburg: Felix Meiner, 2006.

Longuenesse, Béatrice, *Kant on the Human Standpoint*, Cambridge: Cambridge University Press, 2005.

Lovejoy, Arthur O., *The Great Chain of Being*, Cambridge, MA: Harvard University Press, 1936.

Löwisch, Dieter-Jürgen, »Kants Kritik der reinen Vernunft und Humes Dialoge über natürliche Religion«, in: *Kant-Studien* 56 (1965), S. 170-207.

Lu-Adler, Huaping, *Kant and the Science of Logic: A Historical and Philosophical Reconstruction*, Oxford: Oxford University Press, 2018.

Manchester, Paula, »Kant's Conception of Architectonic in Its Historical Context«, in: *Journal of the History of Philosophy* 41 (2) (2003), S. 187-207.

Manchester, Paula, »Kant's Conception of Architectonic in its Philosophical Context«, in: *Kant-Studien* 99 (2) (2008), S. 132-151.

Marcucci, Silvestro, »Aspetti epistemologici e teoretici della deduzione trascendentale delle idee in Kant«, in: *Physis* 27, 1f. (1985).

Marcucci, Silvestro, *Studi kantiani*, Lucca: Pacini Fazzi, 1988.

Marcucci, Silvestro, »Sull'uso dei termini ›genere‹ e ›specie‹ nella filosofia di Kant«, in: *Studi kantiani*, Bd. 5 (1992), S. 11-45.

Marcucci, Silvestro, *Introduzione alla lettura della Critica della ragion pura di Kant*, Rom, Bari: Laterza, 1997, S. 112-130.

Marcucci, Silvestro, »La Deduzione ›Trascendentale‹ Delle Idee in Kant«, in: *Studi Kantiani* 18 (2005), S. 61-74.

Marques, Antonio, *Organismo e sistema em Kant. Ensaio sobre o sistema kantiano*, Lissabon: Editorial Presença, 1987.

Marty, François, *La naissance de la métaphysique chez Kant. Une étude sur la notion kantienne de l'analogie*, Paris: Beauchesne, 1980.

Massimi, Michela, *Kant and Philosophy of Science Today*, Royal Institute of Philosophy Supplement 63, Cambridge: Cambridge University Press, 2008.

Massimi, Michela und Angela Breitenbach (Hg.), *Kant and the Laws of Nature*, Cambridge: Cambridge University Press, 2017.

Mayr, Ernst, *The Growth of Biological Thought: Diversity, Evolution, and Inheritance*, Cambridge, MA: Belknap Press, 1982.

McLaughlin, Peter, »Transcendental Presuppositions and Ideas of Reason«, in: *Kant-Studien* 105 (4) (2014), S. 554-557.

McRae, Robert, »Kant's Conception of the Unity of the Sciences«, in: *Philosophy and Phenomenological Research* 18 (1) (1957), S. 1-17.

Meier, Georg F., *Auszug aus der Vernunftlehre*, Halle: Gebauer, 1752.

Menegoni, Francesca, »Finalità e scopo finale nelle introduzioni alla kantiana ›Critica del Giudizio‹«, in: *Verifiche* 17 (1988), S. 327-351.

Mensch, Jennifer, *Kant's Organicism: Epigenesis and the Development of Critical Philosophy*, Chicago: University of Chicago Press, 2013.

Messina, James, »Kant's Necessitation Account of Laws and the Nature of Natures«, in: M. Massimi, A. Breitenbach, *Kant and the Laws of Nature*, Cambridge: Cambridge University Press, 2017, S. 131-149.

Møller, Sofie, *Kant's Tribunal of Reason: Legal Metaphor and Normativity in the Critique of Pure Reason*, Cambridge: Cambridge University Press, 2020.

Mudd, Sasha, »Rethinking the Priority of Practical Reason in Kant«, in: *European Journal of Philosophy* 24 (1) (2016), S. 78-102.

Murphy, James G., »The Highest Good as Content for Kant's Ethical Formalism«, in: *Kant-Studien* 56 (1) (1965), S. 102-110.

Neiman, Susan, *The Unity of Reason: Re-Reading Kant*, New York: Oxford University Press, 1994.

Nuyen, A. T., »On Interpreting Kant's Architectonic in Terms of the Hermeneutical Model«, in: *Kant-Studien* 84 (2) (1993), S. 155-166.
Nuzzo, Angelica, *Kant and the Unity of Reason*, West Lafayette: Purdue University Press, 2004.

O'Neill, Onora, »The Public Use of Reason«, in: *Political Theory* 14 (4) (1986), S. 523-551.
O'Neill, Onora, *Constructions of Reason*, Cambridge: Cambridge University Press, 1989.
O'Neill, Onora, »Constructivisms in Ethics«, in: *Proceedings of the Aristotelian Society* 89 (1) (1989), S. 1-17.
O'Neill, Onora, »Vindicating Reason«, in: Paul Guyer (Hg.), *The Cambridge Companion to Kant*, Cambridge: Cambridge University Press, 1992, S. 280-308.

Pasternack, Lawrence, »The Development and Scope of Kantian Belief: The Highest Good, the Practical Postulates and the Fact of Reason«, in: *Kant-Studien* 102 (3) (2011), S. 290-315.
Paulsen, Friedrich, *Immanuel Kant, Sein Leben und seine Lehre*, Stuttgart: Frommann, 1899.
Philonenko, Alexis, »L'antinomie du jugement téléologique chez Kant«, in: *Revue de métaphysique et de morale* 82 (1977), S. 12-37.
Pozzo, Riccardo, »Prejudices and Horizons: G. F. Meier's Vernunftlehre and its Relation to Kant«, in: *Journal of the History of Philosophy* 43 (2) (2005), S. 185-202.
Proops, Ian, »Kant's Legal Metaphor and the Nature of a Deduction«, in: *Journal of the History of Philosophy* 41 (2) (2003), S. 209-229.

Rang, Bernhard, »Zweckmäßigkeit, Zweckursächlichkeit und Ganzheitlichkeit in der organischen Natur. Zum Problem einer teleologischen Naturauffassung in Kants ›Kritik der Urteilskraft‹«, in: *Philosophisches Jahrbuch der Görresgesellschaft* 100 (1993), S. 39-71.
Rawls, John, »Kantian Constructivism in Moral Theory«, in: *The Journal of Philosophy* 77 (9) (1980), S. 515-572.
Reath, Andrews, *Agency and Autonomy in Kant's Moral Theory*, Oxford: Clarendon Press, 2006.
Riehl, Alois, *Der philosophische Kritizismus*, Bd. 1, Leipzig: Wilhelm Engelmann, 1924.
Roe, Shirley A., *Matter, Life, and Generation. Eighteenth-Century Embryology and the Haller-Wolff Debate*, Cambridge: Cambridge University Press, 1981.

Salvucci, Pasquale, *L'uomo di Kant*, Urbino: Argalia, 1975.

Scaravelli, Luigi, *Scritti kantiani*, Florenz: Nuova Italia, 1968.
Schönecker, Dieter, *Kants Begriff transzendentaler und praktischer Freiheit*, Berlin: De Gruyter, 2005.
Schopenhauer, Arthur, »Kritik der kantischen Philosophie. Anhang«, in: Paul Deussen (Hg.), *Sämtliche Werke*, Bd. 4, München 1924, S. 610-625.
Silber, John R., »The Metaphysical Importance of the Highest Good as the Canon of Pure Reason in Kant's Philosophy«, in: *Texas Studies in Literature and Language* 1 (2) (1959), S. 233-244.
Silber, John R., »The Importance of the Highest Good in Kant's Ethic«, in: *Ethics* 73 (3) (1963), S. 179-197.
Sloan, Phillip R., »Performing the Categories: Eighteenth Century Generation Theory and the Biological Roots of Kant's A Priori«, in: *Journal of the History of Philosophy* 40 (2) (2002), S. 229-253.
Stadler, August, *Kants Teleologie und ihre erkenntnistheoretische Bedeutung*, Berlin: Dümmler, 1874.
Stadler, August, *Die Grundsätze der reinen Erkenntnistheorie in der kantischen Philosophie*, Leipzig: Hirzel, 1876.
Strawson, Peter, *Die Grenzen des Sinns: Ein Kommentar zu Kants Kritik der reinen Vernunft*, übersetzt von Ernst Michael Lange, Königstein: Hain, 1981.
Sturm, Thomas, *Kant und die Wissenschaften vom Menschen*, Paderborn: Mentis, 2009.
Switzer, Adrian, »The Traditional Form of a Complete Science: Baumgartens Metaphysica in Kants ›Architektonic of Pure Reason‹«, in: *Philosophica* 44 (2014), S. 149-164.

Timmermann, Jens, »The Unity of Reason – Kantian Perspectives«, in: Simon Robertson (Hg.), *Spheres of Reason*, Oxford 2009, S. 183-198.
Tonelli, Giorgio, *Kant's Critique of Pure Reason within the Tradition of Modern Logic*, Zürich: Olms, 1994.

Vaihinger, Hans, *Commentar zu Kants Kritik der reinen Vernuft, I*, Stuttgart: Spemann, 1881.

Walsh, William H., *Kant's Criticism of Metaphysics*, Edinburgh: Edinburgh University Press, 1975.
Wartenberg, Thomas E., »Reason and the Practice of Science«, in: Paul Guyer (Hg.), *The Cambridge Companion to Kant*, Cambridge: Cambridge University Press, 1992, S. 228-248.
Weil, Eric, »Sens et fait«, in: *Problèmes kantiens*, Paris: Vrin, 1970, S. 57-107
Weldon, Thomas Dewar, *Kant's Critique of Pure Reason*, 2. Aufl., Oxford: Clarendon Press, 1958.

Willaschek, Marcus, »The Primacy of Practical Reason and the Idea of a Practical Postulate«, in: Andrew Reath, Jens Timmermann (Hg.), *Kant's Critique of Practical Reason: A Critical Guide*, Cambridge: Cambridge University Press, 2010, S. 168-198.

Willaschek, Marcus, »Must We Believe in the Realizability of Our Ends? On a Premise of Kant's Argument for the Postulates of Pure Practical Reason«, in: Thomas Höwing (Hg.), *The Highest Good in Kant's Philosophy*, Berlin: De Gruyter, 2016, S. 223-244.

Wolff, Christian, *Vernünftige Gedanken von Gott, der Welt, und der Seele der Menschen, auch allen Dingen überhaupt, zu besserem Verstande und bequemerem Gebrauch derselben*, Frankfurt am Main: Andrea Verlag, 1724.

Wolff, Robert Paul, *Kant's Mental Activity: A Commentary to the Transcendental Analytic of the Critique of Pure Reason*, Oxford: Oxford University Press, 1963.

Wood, Allen, »Constructions of Reason: Explorations of Kant's Practical Philosophy«, in: *The Philosophical Review* 101 (1992), S. 647-650.

Yovel, Yirmiyahu, *Kant and the Philosophy of History*, Princeton: Princeton University Press, 1980.

Ypi, Lea, »Commerce and Colonialism in Kant's Philosophy of History«, in: K. Flikschuh, L. Ypi (Hg.), *Kant and Colonialism: Historical and Contemporary Perspectives*, Oxford: Oxford University Press, 2014, S. 99-126.

Ypi, Lea, »On Revolution in Kant and Marx«, in: *Political Theory* 42 (3) (2014), S. 262-287.

Zammito, John H., »Kant's Persistent Ambivalence towards Epigenesis, 1764-1790«, in: Philippe Huneman (Hg.), *Understanding Purpose: Kant and the Philosophy of Biology*, Rochester: University of Rochester Press, 2007, S. 51-74.

Zuckert, Rachel E., »Empirical Scientific Investigation and the Ideas of Reason«, in: M. Massimi, A. Breitenbach (Hg.), *Kant and the Laws of Nature*, Cambridge: Cambridge University Press, S. 89-107.

Register

Immanuel Kant
im Suhrkamp Verlag

Werkausgabe

stw-Werkausgabe in zwölf Bänden. Herausgegeben von Wilhelm Weischedel. (Die Ausgabe ist text- und seitenidentisch mit der 1968 erschienenen zwölfbändigen Theorie-Werkausgabe.) 12 Bände mit Gesamtregister in Kassette. 5245 Seiten. Die Bände sind auch einzeln lieferbar

- Band I: Vorkritische Schriften bis 1768/1. stw 186. 524 Seiten

- Band II: Vorkritische Schriften bis 1768/2. stw 187. 519 Seiten

- Band III/IV: Kritik der reinen Vernunft. Zwei Bände. stw 55. 724 Seiten

- Band V: Schriften zur Metaphysik und Logik 1. stw 188. 384 Seiten

- Band VI: Schriften zur Metaphysik und Logik 2. stw 189. 327 Seiten

- Band VII: Kritik der praktischen Vernunft. Grundlegung zur Metaphysik der Sitten. stw 56. 302 Seiten

- Band VIII: Die Metaphysik der Sitten. stw 190. 896 Seiten

- Band IX: Schriften zur Naturphilosophie. stw 191. 172 Seiten

- Band X: Kritik der Urteilskraft. stw 57. 468 Seiten

NF 130/1/6.09

- Band XI: Schriften zur Anthropologie, Geschichtsphilosophie, Politik und Pädagogik 1. stw 192. 404 Seiten
- Band XII: Schriften zur Anthropologie, Geschichtsphilosophie, Politik und Pädagogik 2. Register. stw 193. 532 Seiten

Schriften zur Ästhetik und Naturphilosophie. Herausgegeben von Manfred Frank und Véronique Zanetti. Zwei Bände und ein Kommentarband. stw 1517. 1400 Seiten

Theoretische Philosophie. Textausgabe und Kommentar. Herausgegeben von Georg Mohr. Drei Bände und ein Kommentarband. stw 1518. 1500 Seiten

NF 130/2/6.09

Nelli Motrošilova (Hg.). Zum Freiheitsverständnis des Kantischen und nachkantischen Idealismus. Neuere Arbeiten russischer Autoren. stw 1257. 140 Seiten

Manfred Riedel. Urteilskraft und Vernunft. Kants ursprüngliche Fragestellung. stw 774. 179 Seiten

Gerhard Schönrich. Kategorien und transzendentale Argumentation. Kant und die Idee einer transzendentalen Semiotik. 384 Seiten. Kartoniert

Gerhard Schönrich/Yasushi Kato (Hg.). Kant in der Diskussion der Moderne. stw 1223. 590 Seiten

Albrecht Wellmer. Ethik und Dialog. Elemente des moralischen Urteils bei Kant und in der Diskursethik. stw 578. 224 Seiten

NF 131/2/12.00

Georg Wilhelm Friedrich Hegel im Suhrkamp Verlag

stw-Werkausgabe in zwanzig Bänden. Redaktion: Eva Moldenhauer und Karl Markus Michel. Mit einem Registerband. (Die Ausgabe ist text- und seitenidentisch mit der 1969 ff. erschienenen Theorie-Werkausgabe.) 12618 Seiten

Die Bände sind auch einzeln lieferbar

1: Frühe Schriften. stw 601. 637 Seiten

2: Jenaer Schriften. 1801-1807. stw 602. 593 Seiten

3: Phänomenologie des Geistes. stw 603. 599 Seiten

4: Nürnberger und Heidelberger Schriften 1808-1817. stw 604. 623 Seiten

5: Wissenschaft der Logik I. Erster Teil. Die objektive Logik. Erstes Buch. stw 605. 457 Seiten

6: Wissenschaft der Logik II. Erster Teil. Die objektive Logik. Zweites Buch. Zweiter Teil. Die subjektive Logik. stw 606. 575 Seiten

7: Grundlinien der Philosophie des Rechts oder Naturrecht und Staatswissenschaft im Grundrisse. Mit Hegels eigenhändigen Notizen und den mündlichen Zusätzen. stw 607. 531 Seiten

8: Enzyklopädie der philosophischen Wissenschaften im Grundrisse 1830. Erster Teil. Die Wissenschaft der Logik. Mit den mündlichen Zusätzen. stw 608. 393 Seiten

NF 115/1/6.09

9: Enzyklopädie der philosophischen Wissenschaften im Grundrisse 1830. Zweiter Teil. Die Naturphilosophie. Mit den mündlichen Zusätzen. stw 609. 539 Seiten

10: Enzyklopädie der philosophischen Wissenschaften im Grundrisse 1830. Zweiter Teil. Die Naturphilosophie. Dritter Teil. Die Philosophie des Geistes. Mit den mündlichen Zusätzen. stw 610. 432 Seiten

11: Berliner Schriften 1818-1831. stw 611. 432 Seiten

12: Vorlesungen über die Philosophie der Geschichte. stw 612. 568 Seiten

13: Vorlesungen über die Ästhetik I. stw 613. 546 Seiten

14: Vorlesungen über die Ästhetik II. stw 614. 462 Seiten

15: Vorlesungen über die Ästhetik III. stw 615. 578 Seiten

16: Vorlesungen über die Philosophie der Religion I. stw 616. 442 Seiten

17: Vorlesungen über die Philosophie der Religion II. Vorlesungen über die Beweise vom Dasein Gottes. stw 617. 540 Seiten

18: Vorlesungen über die Geschichte der Philosophie I. stw 618. 560 Seiten

19: Vorlesungen über die Geschichte der Philosophie II. stw 619. 600 Seiten

20: Vorlesungen über die Geschichte der Philosophie III. stw 620. 566 Seiten

NF 115/2/6.09

Einzelausgaben

Die Philosophie der Kunst. Vorlesung von 1826. Herausgegeben von Annemarie Gethmann-Siefert, Jeong-Im Kwon und Karsten Berr. stw 1722. 297 Seiten

Die Philosophie des Rechts. Vorlesung von 1821/22. Herausgegeben von Hansgeorg Hoppe. stw 1721. 237 Seiten

Zu Georg Wilhelm Friedrich Hegel Eine Auswahl

Materialien zu Hegels ›Phänomenologie des Geistes‹. Herausgegeben von Hans Friedrich Fulda und Dieter Henrich. stw 9. 445 Seiten

Materialien zu Hegels Rechtsphilosophie. Herausgegeben von Manfred Riedel. Band 1. stw 88. 437 Seiten

Der Weg zum System. Materialien zum jungen Hegel. Herausgegeben von Christoph Jamme und Helmut Schneider. stw 763. 307 Seiten

Herbert Schnädelbach (Hg.). Hegels Philosophie – Kommentare zu den Hauptwerken. Drei Bände.
stw 1475-1477. 1500 Seiten

- Band 1: Ludwig Siep, der Weg der »Phänomenologie des Geistes«. stw 1475 384 Seiten
- Band 2: Herbert Schnädelbach, Hegels praktische Philosophie. stw 1476. 400 Seiten
- Band 3: Hegels »Enzyklopädie der philosophischen Wissenschaften« (1830). Von Hermann Drüe, Annemarie Gethmann-Siefert, Christa Hackenesch, Walter Jaeschke, Wolfgang Neuser und Herbert Schnädelbach. stw 1477. 568 Seiten

NF 115/3/6.09